죽지 않는 순교자 김익두

죽지 않는 순교자 김익두

초판 발행 2026년 4월 15일

지은이: 한춘근
펴낸이: 손영란

펴낸곳: 키아츠
주소: 강원도 화천군 간동면 용호길 33-13
이메일: kiatspress@naver.com
홈페이지: smartstore.naver.com/kiats
블로그: blog.naver.com/kiatspress
페이스북: www.facebook.com/kiatspress

ISBN: 979-11-6037-245-8(03230)

죽지 않는 순교자 김익두

한춘근 지음

키아츠

서문

성삼위 하나님께 감사와 영광을 드립니다.

삼가 이 책을 통해 복음의 빛이 어두운 그늘에 비쳐 수많은 사람의 심령에 더욱 주님의 은혜가 넘치기를 기원하는 바입니다.

세계 기독교 역사상 그 유례를 찾기 힘든 급진적인 부흥이 한국 교회 100년사에 나타났다고 기독교 역사가들은 증언하고 있습니다. 이러한 부흥의 배경에는 성령의 놀라우신 인도와 초기 한국 교회 시대를 이끌어간 훌륭한 영적 지도자들의 희생적인 봉사와 헌신이 있었습니다. 특히 길선주, 이성봉, 김익두 목사와 같은 능력 있는 하나님의 종들이 초대 한국교회 부흥을 위해 쏟은 기도와 땀과 순교의 피가 아니었다면, 결코 오늘날의 한국 교회가 성취되기는 어렵지 않았을까 생각합니다.

그 가운데 김익두 목사가 남긴 복음의 업적은 참으로 놀라운 것이었습니다. 그가 본격적으로 활동하던 1910년부터 1940년에 이르는 약 30년의 기간에 그는 무려 300만 명 이상의 결신자를 얻었고 300여 교회와 300여 어린이 선교원을 세웠습니다. 또한 많은 목회자를 양성하여 한국교회 부흥에 이바지하게 했으니, 참으로 그는 '한국의 무디'라고 불리기에 조금도 손색이 없는 복음 전도자임이 틀림없습니다. 이제 선교 2세기를 지향하는 한국교회에 김익두 목사와 같은 훌륭한 영적 지도자를 갈망하게 되는 것은, 세계 선교를 짊어질 중차대한 의무와 책임이 한국교회에 주어졌기 때문입니다.

저자는 1946년부터 1950년 10월 14일 새벽 김익두 목사가 순교한 그 시간까지 5년간을 황해도 신천서부교회의 사택에 함께 기거하면서 함께 생활했습니다. 당시 교회의 사무를 보고 있었기 때문에 거의 매일같이 김익두 목사님을 만났으며, 5년간 계속된 밤집회 성경 공부 시간에 빠짐없이 참석하여 그분의 사상과 체험과 생활 전반에 걸쳐 잘 알게 되었습니다. 그뿐만 아니라 김익두 목사의 순교 현장에 동참하여 최후의 순간을 목격했기 때문에 그때 받은 거룩한 감동을 정직하게 증거하고자 하는 것입니다.

이 책은 수년 전에 '새롭게 하소서'란 제목으로 출판된 바 있으나 너무 미비한 점이 많았던 관계로 내용을 보완하여 다시 출판하게 되었습니다. 당시의 자료 수집과 고증을 확인하며 편집과 출판을 위해 수고하신 성서신학서원 김영석 사장님께 감사를 드리는 바입니다. 아무쪼록 이 책이 많이 읽혀서 불신자들에게는 회개의 계기가 되고 성도들에게는 믿음의 증표가 되는 산 역사가 있기를 간절히 기원합니다.

저자 한춘근

재출판 서문

김익두 목사님은 한국 교회사에 큰 획을 그은 분으로서, 한국교회사에서 최고의 전도자·부흥사·치유 사역자로 단연 손꼽을 수 있을 것입니다. 이 책은 그런 김익두 목사님의 희생적인 삶과 순교를 상세히 알 수 있게 해주는 전기이며, 역사적인 자료입니다.

이 책은 1987년 '목회자료사' 출판사에서 최초 출간되었고 1993년에는 '성서신학서원' 출판사에서 개정판으로 출간된 바 있습니다. 그 후로 지금까지 적지 않은 시간이 흘러, 현재는 김익두 목사님의 위인전을 찾아보기 힘들게 되었습니다. 이제 우리 세대가 잊혀가고 있는 백 년 전의 영성과 부흥을 기억하고 이어받을 수 있도록, 이번에 키아츠 출판사에서 이 귀한 책을 다시 내놓게 되었습니다.

이 책을 통해 독자분이 한 명이라도 더 구원의 길에 동참하게 되고, 한 명이라도 더 도전을 받아 영적인 진보를 이루게 된다면 이 책은 재출판된 목적과 소명을 다한 셈입니다. 그것이 우리에게는 더 없는 기쁨이 될 것입니다.

2026년 4월

차례

제 1부

회심과 복음의 생애

그의 어린 시절

한국 기독교 100년사에 위대한 발자취를 남기고 순교의 피를 뿌려 하늘의 별처럼 찬연히 빛나고 있는 김익두 목사의 생애는, 마치 한 편의 소설과 같이 깊은 감동과 거룩한 충격을 우리에게 전합니다.

암울했던 구한말, 저물어가는 국가 존망의 어려운 시대에 김익두 목사는 이 민족의 복음화를 위해 부름받은 하나님의 종으로서 거룩한 사명을 띠고 이 땅에 태어났습니다.

1874년 11월 3일 새벽.

황해도 안악군 대원면 평촌리에서 청풍 김씨 김응선 씨와 어질고 착한 어머니 전익선 씨 사이에 독자로 출생했습니다. 그가 태어난 안악골은 양산대의 산준령이 대원면 평촌리 마을을 마치 비둘기 날개처럼 포근히 감싸고 있었으며, 수려한 산세와 빽빽이 들어선 소나무 숲이 마을을 병풍처럼 두르고 있어서 자연환경이 너무도 아름다운 곳이었습니다.

김익두는 안악골 기름진 땅의 제일가는 부잣집에서 태어나 부모와 일가친척들의 귀염둥이로 사랑을 독차지하며 자랐습니다. 원래 그가 태어난 평촌리 마을은 앞이 탁 트인 천리평야가 시원하게 열려 있고 구월산(안악군의 서쪽에 있는 높이 954m의 산) 폭포로부터 쏟아져 내려오는 맑고 깨끗한 물이 안악강의 물줄기를 타고 동네 한가운데를 가로지르며 유유히 흘러 황해바다를 향하여 끝없이 뻗어 나가는 아름다운 곳입니다. 산 좋고 물 맑은 안악평야는 땅이 기름지고 곡식이 풍성하여 살기 좋기로 소문난 곳이어서 유난히 부자들이 많이 사는 곳입니다. 그중에서도 가장 큰 부잣집이 김익두의 집안이었습니다. 이런 좋은 환경에서 김익두는 아무런 구애됨이 없이 씩씩하고 건강하게 성장했습니다.

부친 김응선 씨는 한학자의 전통적 가문에 걸맞은 한학에 능통한 선비였습니다. 풍채가 늠름하고 인간미가 넘치는 호걸풍의 부자여서 안악 일대에서는 소문이 자자한 사람이었습니다. 이따금 가난한 사람들과 거지들을 불러 큰 잔치를 베풀었고 의지할 데 없는 노인들이나 과부들을 불쌍히 여겨 양식을 풀어 나눠주었으며 부모 잃은 고아들을 찾아 남모르게 도와주기 좋아하는 선량한 사람이었습니다. 후일 김익두 목사가 인정 넘치고 사랑 많은 목회자로서 정직하고 곧은 성품을 가질 수 있었던 것은, 아버지 김응선 씨로부터 물려받은 유전이라고 생각됩니다.

전통적인 유학자 집안의 독자였기 때문에 김익두는 여섯 살 되던 해인 1880년 동네 서당에 입학하여 천자문을 떼고 명심보감, 소학, 대학을 탐독했고, 10년간의 면학 끝에 사서삼경을 통달해 당대의 학문인 유학에 정통한 선비가 되었습니다.

후일에 그가 예수 그리스도 안에서 회심한 후 10개월 동안 두문불출(집에만 있고 바깥출입을 하지 않음)하며 한문으로 기록된 신약성경을 무려 100독을 하게 됩니다. 이는 한학의 선비가정에서 철저하고 보수적인 유교 교육을 심도 있게 받았기 때문에 가능한 일이었습니다.

그는 어릴 때부터 남달리 효심이 두터웠습니다. 과거에 응시하기 위해 열심히 공부하고 있을 때의 일입니다. 모친 전익선 씨가 장티푸

스에 감염되어 생명이 위독하게 되었습니다. 당시에는 장티푸스가 전염성이 강하다고 하여 환자가 발생한 집은 외부와의 격리를 위해 문간에 새끼줄을 치고 출입을 차단하던 때였습니다. 남달리 효심이 지극한 익두는 어머니의 치료를 위해 읍내 한의사들에게 왕진을 청하려고 혼자서 30리가 넘는 먼 길을 밤을 새워 뛰어갔습니다.

"의원님, 빨리 오셔서 우리 어머님을 살려 주십시오!"

익두는 숨을 몰아쉬면서 한의사에게 간청했습니다.

"어린 네가 혼자서 30리도 넘는 길을 이 밤중에 달려왔느냐?"

"네…"

익두가 눈물을 글썽이며 대답하자 한의사는 너무 기특하여 서둘러 진료 준비를 갖추면서 말했습니다.

"참으로 기특하구나. 어린 것이… 네 효성을 봐서라도 어머니를 고쳐주마."

어린 소년 익두의 지극한 효심에 감동한 한의사는 진료비마저 사양하며 정성껏 잘 치료해 주었습니다. 익두는 자고 먹는 것도 거른 채 어머니 곁에서 간호에 정성을 다 쏟았습니다. 익두의 극진한 정성으로 어머니는 곧 완쾌되어 건강하게 되었고 마을에서는 효자가 났다고 칭찬했습니다. 될성부른 나무는 떡잎부터 알아본다는 속담처럼 육신의 어버이에게 효성을 다한 익두는 후일에 하나님께 그의 신명을 다 바쳐 충성했던 것입니다.

소년 시절

익두의 부친 김응선 씨는 외아들에 대한 기대가 지나쳐 어떻게 하든지 하루속히 과거에 급제시켜 벼슬을 받게 하려고 노심초사했습니다.

그래서 아들의 공부를 독려하기 위해 혹독하리만큼 엄하게 하였고 채찍질도 아끼지 않았습니다. 그런 아버지의 열성에 못 이겨 16살의 익두는 밤낮을 가리지 않고 공부에 전념했습니다. 때로는 해가 뜨는지 달이 뜨는지 모를 지경으로 열심히 글을 읽었습니다. 밤중에 졸음이 밀려오면 바늘로 몸을 찔러가면서 졸음을 쫓고 찬물로 세수하며 공부했습니다. 어느 날 새벽에는 너무 피곤해 닭이 홰치는 소리도 듣지 못하고 꾸벅꾸벅 졸다가 그만 이마 앞에 매달아 놓은 바늘에 이마를 찔리기도 했습니다. 그럴 때마다 "아얏!"하고 소스라치게 놀라 잠이 깨었고 바늘에 찔린 아픔을 참으며 다시금 크게 소리 내어 책을 읽었습니다.

"굴기자(屈己者) 능처중(能處重)이요 호승자(好勝者) 필우적(必偶敵)이니라"

"굴하기를 좋아하는 사람은 처세에 능하고 다투기를 좋아하는 자는 자꾸 적을 만드느니라."

하지만 얼마 후에는 피곤을 이기지 못하고 또 다시 꾸벅꾸벅 졸았습니다.

이처럼 익두는 밤낮없이 공부에 열중했습니다. 부푼 가슴에 청운의 꿈을 품고 재상의 높은 벼슬을 마음에 그리면서 학업에 몰두했습니다. 열심히 공부한 덕에 학문이 향상되어 상당한 실력이 쌓였습니다. 김응선 씨도 아들의 학문이 크게 진보를 보이자 내심 만족하고 과거 응시 준비를 서둘렀습니다.

그러나 익두의 나이에 비해 부친의 의욕이 너무 성급해서 급기야는 16세의 어린 익두를 한양으로 올려보내 과거에 응시케 했습니다.

"익두야, 그만하면 과거시험에 급제할 수 있을 테니 한양에 올라가 한번 응시해 보거라."

아버지의 당부를 듣고 어른스럽게 대답했습니다.

"네, 아버님 다녀오도록 하겠습니다. 부디 건강하시고 평안히 계십시오."

익두는 행장을 꾸려 한양 길에 올랐습니다.

어린 익두로서는 지나친 심리적 부담을 안고 전국 각지에서 모여든 수많은 과거 응시자의 틈바구니에 끼어 과거시험을 치렀으나, 각고의 노력도 아무런 보람없이 낙방하고 말았습니다. 장원급제는커녕 아무리 눈을 크게 뜨고 찾아보아도 익두의 이름은 급제자 명단에 없었습니다. 행여나 하고 여기저기를 살펴보았지만 역시 낙방이었습니다.

"내 이름이 없네… 실패하고 말았구나!…"

한쪽 구석에 가서 처량하게 서 있던 익두의 두 눈에서는 눈물이 흘러내렸습니다. 태어나서 처음으로 실패의 쓴잔을 마신 소년에게 한없는 좌절감이 밀려왔습니다. 어깨가 축 처진 채로 힘없이 고향으로 돌아오고 말았습니다. 그날부터 익두는 낙방 소식으로 마치 초상집처럼 되어버린 스산한 집에 틀어박혀 실망과 수심에 찬 나날을 보내게 되었습니다.

기대가 크면 실망도 크다는 말과 같이, 아들에게 걸었던 기대가 무너지자 부친의 실망 또한 이만저만이 아니었습니다. 아들의 낙방이 준 충격 때문인지 상심하여 시름없이 지내다가 급기야 병상에 드러눕고 말았습니다. 워낙 극과 극의 철두철미한 성품을 지닌 아버지였습니다. 그래서인지 김익두 목사도 아버지 김응선 씨를 닮아 후일 그의 성품에서도 그러한 극단적인 모습을 자주 엿보게 됩니다.

결국 아버지는 상심이 지나쳐 병석에서 일어나지 못했습니다. 익두로서는 과거에 낙방한 것만으로도 괴롭고 고민이 되어 견딜 수 없는 지경인데 설상가상으로 아버지마저 병상에 누워계시니 어찌할 바를 몰랐습니다. 모든 괴로움을 억제하고 정성을 다해 간호했지만, 부친의 병세는 도무지 차도를 보이지 않았습니다. 어느 날 부친은 자신의 임종이 다가온 것을 직감했는지 아들을 가까이 불렀습니다.

"익두야! 아무래도 내가 심상치 않구나. 일어나기가 어려울 것 같아 특별히 네게 일러둘 말이 있어 불렀으니 명심해서 들어야 하느니라."

익두는 슬픔을 가눌 수 없어 흐르는 눈물을 손등으로 훔치면서 대답했습니다.

"네! 명심해서 잘 듣겠습니다."

"그래, 내 말이 유언이니 잘 들어야 하느니…"

김응선 씨는 힘이 없었지만 또박또박 아들에게 유언을 남겼습니다.

"사람이 사람의 탈을 썼다고 해서 다 사람이 되는 것은 아니니라…. 그러므로 사람은 모름지기 사람의 구실을 해야 한다. 너는 부디 사람다운 사람이 되어다오. 이것이 나의 마지막 부탁이니라…."

이 말을 끝으로 아들 익두가 임종을 지켜보는 가운데 마지막 숨을 거두었습니다.

"아버지 … 아버지!…."

익두는 목이 메도록 아버지를 불렀습니다. 어머니와 누이가 슬픔을 이기지 못하고 통곡하며 흐느껴 울기 시작했습니다.

친척들과 온 동네 사람들이 모여 와서 김응선 씨의 장례식을 정성 들여 거행했습니다.

장례식을 마치고 난 후 익두는 매일같이 산소를 찾아가 엎드려 울었습니다. 때로는 목을 놓아 울기도 하였습니다.

불도 입문

묘소에 엎드려 아버지를 아무리 그리워해도 이미 돌아가신 분은 응답이 없었습니다. 아버지의 묘소 앞에서 익두는 인생의 무상과 공허를 마음속 깊이 느끼게 되었습니다.

"불도에 입문하면 인생의 허무를 채워줄 수 있을까?"

여러 날 번민하다가 마침내 입산 수도를 결심했습니다. 멀지 않은 곳에 있는 산사를 찾아가, 주지를 만나 중이 되고 싶다는 뜻을 공손히 전했습니다.

"인생의 허무와 번뇌를 씻고자 찾아왔습니다. 입문시켜 주시기를 바랍니다."

"그러면 일단 도를 닦아 보도록 하시오."

주지의 입문 허가를 받은 익두는 그날부터 수도를 결심하고 우선 생식하며 모든 속세의 정을 끊고 도를 깨우치려고 노력하기 시작했습니다. 그러나 매일 밤 잠자리에 들어서도 얼른 잠을 이루지 못하고 이 생각 저 생각으로 번뇌했습니다. '무엇인가 인생을 허무와 고뇌에서 건져 줄 구원의 손길은 없을까?'하고 안타까워하며 갈급했습니다. 불도를 통해 속 시원한 해답을 구하고자 주지와 더불어 철학적인 문답도 해보았지만, 아무것도 그가 원하는 해답을 주지는 못했습니다.

전생의 돼지가 금생에서 사람이 되고 금생의 사람이 내세에서의 소가 된다는 등, 불교에서 말하는 윤회설에 대해서는 더더욱 회의와 실망만을 느끼게 되었습니다.

"아니, 어떻게 인간이 소가 될 수가 있다는 말인가? 이런 말들은 사람을 더욱 어지럽게 만드는 허구에 불과하다."

허전한 마음의 공백을 메꿔 보려고 무진 애를 쓰고 고민했지만 결국 아무런 해답도 얻지 못한 채, 실망 끝에 그만 산사에서 내려오고 말았습니다.

장사 경험

절에서 내려온 다음부터는 낙심한 나머지 하루하루 아무 하는 일 없이 무의미한 생활로 시간을 허비했습니다. 마음을 정착하지 못하는 아들을 보고 어머니 전익선 씨는 '저러다가는 아들을 폐인 만들겠다'고 생각했습니다. 그래서 아들에게 의욕을 불어넣어 생기를 찾게 해 줄 의도로, 기분 전환도 할 겸 장사를 해 보는 것이 어떠냐고 권했습니다.

실망과 번민으로 의욕을 잃고 있던 익두는 어머니의 권유를 받고 한 번 장사를 해 보기로 작정했습니다. 여러 궁리 끝에 자전거를 산 후, 평양에 가서 물건을 사들여 안악 장터에 내다 팔고 또 안악 특산물들을 평양 시장에 내다 파는 장사를 시작하게 되었습니다.

일찍이 장사를 통해 인생의 수고로움과 풍파를 겪게 되자 익두는 나이에 비해 조숙한 모습을 보였습니다.

어느 날, 시장 중앙에 위치한 큰 상점에서 거액의 돈을 분실하는 사건이 발생했습니다. 소문을 듣게 된 익두가 자기 일처럼 뛰어다니며 기어코 잃어버린 돈을 찾아 상점 주인에게 돌려준 일이 있었습니다. 상점 주인은 정말 고마워서 사례를 하고자 했으나 익두는 한사코 사양했습니다. 천성이 정직하고 곧은 성품을 가지고 있어서 그런 일을 조금도 자랑스럽게 여기지 않았기 때문입니다.

그 사건 이후로 상점 주인은 익두를 무척 신임하게 되어 아끼고 사랑했습니다. 어느 날 상점 주인이 익두를 불러 뜻밖의 제의를 했습니다.

"여보게, 익두! 내 상점의 일을 맡아서 해 보지 않겠나?"

간곡한 부탁을 받고 여러모로 생각 끝에 상점의 일을 맡기로 했습니다. 소문난 상점의 총무가 된 것이었습니다. 성실하고 정직하게 일했기 때문에 그의 소문은 곧 널리 알려져서 장사가 더욱 번창하게 되었습니다.

청년 시절

평촌리에서 그리 멀지 않은 마을에 김익진이라는 얌전하고 착한 처녀가 있었습니다. 살림이 넉넉지 못해 어렵게 살아가던 중 어머니마저 뜻하지 않은 병환으로 갑작스럽게 세상을 떠나게 되었습니다. 그래서 슬픔과 외로움으로 힘겹게 살고 있었는데, 마침 가까운 친지의 중매로 익두와 혼인을 하게 되었습니다. 김익두 집안의 민며느리로 들어오게 된 것입니다. 부친을 잃은 익두와 모친을 잃은 익진 두 사람은 꼭 같은 슬픔을 안고 있어서 서로의 처지를 잘 이해하고 위로했고 원만한 가정을 이루었습니다. 결혼할 때 김익두의 나이는 18세였고 익진은 16세였습니다.

김익진은 1876년 6월 2일생으로 1944년 11월 6일에 별세했습니다. 이분이 한국의 펠레로 유명하던 할렐루야 축구팀의 부장 김용식 씨의 생모입니다.

김익두는 결혼하고 난 후부터 시름을 떨쳐버리고 새롭고 의욕에 찬 새 생활을 시작했습니다. 신혼생활의 즐거움으로 기쁘게 살아가는 김익두에게는 모든 것이 새로웠고 희망과 용기가 샘솟았습니다.

그러나 그 즐거움도 오래가지 못하고 익두에게는 인생의 전환기를 맞게 하는 뜻밖의 사건이 일어나게 되었습니다. 어느 날 평소에 잘 알고 지내는 친구가 찾아왔습니다. 무척 오랜만에 만나게 된 지라 서로 반가워하며 인사를 나누었습니다.

"여보게, 익두! 오랜만일세."

"오! 정말 오랜만이군."

"자네, 큰 고래 한 마리 안 잡겠나? 허구한 날 장돌뱅이나 해서 성
공할 수 있겠나?"

"고래라니?"

익두가 호기심이 생겨 물었습니다.

"우리 동네에 큰 공장이 한 군데 생겼는데 내가 그 공장을 맡아 운
영하게 되었네. 일친 낭찌리 회사일세. 자네, 같이 해 볼 생가 없나?"

그 당시는 일본 사람들이 각종 산업을 개발하던 시기여서 공장을
세우는 일이 많았던 시절이었습니다.

"글쎄? 내가 무슨 경험이 있어야지…"

망설이는 익두에게 그 친구가 바싹 다가서서 졸랐습니다.

"큰맘 먹고 우리 노다지 한 번 캐보세!"

익두는 뜻밖의 제의를 받고 미처 대답할 바를 몰라 머뭇거렸습니
다. 그러자 그 친구가 다그치듯 졸라댔습니다.

"자네가 싫다면 나 혼자라도 해 볼 테니 그럼 보증을 서주지 않겠
나? 그 큰 공장을 내게 맡기려고 하는데 그냥 맡기기는 어렵고 누가
재정 보증을 해주면 되겠다고 하니, 자네가 보증을 서 줄 수는 없겠
나?"

그 말을 듣고 잠시 생각해 보았습니다. 본시 인정이 많은 익두인지
라 재정 보증을 해줄 사람이 없어서 공장 운영을 맡지 못한대서야 되
겠나 하는 안타까운 생각이 들어 선뜻 대답했습니다.

"그렇다면 내가 보증을 서 주겠네."

"그래? 정말 고맙네, 익두!"

"뭘! 그만한 걸 가지고…."

익두는 벽장을 열고 지필묵을 꺼내 재정보증서에 인장을 찍고 서명
하여 그 친구에게 건네주었습니다.

"정말 고마우이. 이 은혜 꼭 갚겠네! 수일 내 다시 들리겠네."

"그래, 잘 가게나."

그 친구는 인사를 하고 총총걸음으로 돌아갔습니다. 그러나 그 친구는 그 후에 영영 돌아오지 않았습니다. 수개월이 지났습니다. 어느 날 웬 낯선 사람이 익두를 찾아와 그 재정보증서를 내보이며 말하는 것이었습니다.

"저는 채권자올시다. 그 사람이 도산하고 도주해 버려서 찾을 수도 없고 돈을 받을 수도 없으니, 대단히 미안하지만, 재정보증 해주신 분이 변제해야 되겠습니다."

"네? 어디 좀 봅시다."

익두가 깜짝 놀라 그 보증서를 들여다보고 확인했으나 틀림없이 자기가 써 준 친필문서였습니다.

"아!…"

익두는 그만 눈앞이 캄캄했습니다. 어찌할 바를 모르고 당황했습니다. 후회했지만 모든 것이 엎질러진 물이었습니다. 결국 별수 없이 일천 냥에 대한 채무보증으로 아버지가 물려준 집과 전답을 고스란히 내놓아야만 했습니다. 청천벽력 같은 사건 때문에 집안은 초상집같이 되어버렸지만 별다른 대안이 없었습니다. 결국은 보증을 잘못 서 준 대가로 하루아침에 거지나 다름없는 신세가 되고 말았습니다. 김익두 가족은 대대로 살아오던 정든 집을 쫓겨나다시피 나와 겨우 어느 집 사랑채를 얻어 이사를 하게 되었습니다. 모친과 여동생, 부인과 갓난아기 성식을 데리고 초라한 셋집에서 불편한 삶을 살아야만 했습니다.

방랑생활

예기치 않던 뜻밖의 사건으로 큰 충격을 받게 된 익두는 실망과 낙심으로 매일같이 괴로운 나날을 보냈습니다. 자포자기가 되어 만사가 귀찮아졌습니다. 아버지의 묘소를 찾아가 엎드려 울기도 했습니다.

"아버님! 이 어리석고 못난 불효자식을 벌해 주십시오. 대대로 물려받은 집과 전답을 다 잃어버렸으니 어찌해야 좋습니까?"

땅을 치며 울고 억울해했지만, 아무런 소용이 없었습니다. 이때부터 익두의 생활이 급격히 빗나가기 시작했고, 홧김에 술을 마시기 시작했습니다. 술에 취해 있어야 괴로움과 아픔을 잊을 수 있어서 매일같이 술을 마셨고 어쩌다가 술이 깨면 울화가 치밀어 또 술을 사다가 마구 마셨습니다. 어머니를 비롯한 모든 가족이 자신의 실수로 인해 말 못 할 고생을 하고 있는 것을 생각할 때마다 마음이 아파 견딜 수가 없었던 것입니다. 그러다 보니 매일 술을 마셔서 자신을 마비시켜야만 했습니다.

화나고 괴로워서 마신 술이기 때문에 취하기만 하면 몹시 난폭해져서 마구 때려 부수고 물건들을 집어 던지기도 하며 거친 행동을 서슴지 않았습니다. 그는 점점 방탕해져서 매일같이 망나니 친구들과 어울려 술집에서 술집으로 전전하게 되었고 무절제한 생활은 점점 더 심해져 갔습니다. 유흥가를 돌아다니며 폭음하고 남과 다투기 일쑤였습니다.

예전에는 술주정하는 친구나 친척들을 책망하고 충고하던 익두였지만 이제는 거꾸로 되어 상반된 입장에 서게 되었습니다. 갈지자걸음으로 휘젓고 다니는 술주정꾼 김익두를 막을 사람은 아무도 없었습니다. 점점 행패가 심해져서 아무나 시비를 걸고 공연히 트집을 잡아 싸움을 벌여 두들겨 패고 맞기도 했습니다. 망나니처럼 칼부림까지 해대며 행패를 부렸기 때문에 안악 사람들의 원성의 대상이 되었습니다.

돌변한 아들의 모습을 지켜보는 어머니의 마음은 찢어지는 듯 아프고 안타까웠습니다. 뒤뜰에 맑은 물을 떠다 놓고 밤마다 칠성님께 빌고 또 빌었습니다. 하지만 익두의 생활은 전혀 변화가 없어서 걸핏하면 싸움질과 기물 파괴로 지서에 끌려갔다 나오기 일쑤였습니다. 성질이 거칠어지고 난폭해졌을 뿐 아니라 술에 취하면 아무 곳에서나 용변을 보는 등, 엉망진창의 생활이 계속되었습니다. 경찰서에 걸핏하면 불려 다녔지만 전혀 아랑곳도 하지 않았습니다.

담당하던 순사가 그를 딱하게 여겨 타일렀습니다.

"이제 다시는 유치장에 오면 안 돼."

하지만 익두는 이렇게 중얼거렸습니다.

"여기도 다 사람 사는 곳인데 백 번이면 어떻고 천 번이면 어때……."

결국 경찰서와 유치장이 익두의 안방이요 사랑방처럼 되어 들락거리는 곳이 되고 말았습니다.

안악 시장은 황해도 일대에서 가장 큰 장으로, 장이 설 때마다 깡패나 건달들이 떼 지어 다니며 행패를 부렸습니다. 어느 날 장터 한가운데서 깡패들끼리 두 패로 나뉘어 큰 싸움이 벌어졌는데 아무도 말릴 사람이 없었습니다. 한참 싸움이 치열할 때 익두가 도깨비 나타나듯 현장에 불쑥 나타났습니다.

"개망나니 익두가 왔다!"

깡패들이 고함을 치며 익두에게 덤벼들었습니다. 서로 싸우던 두 패가 그가 나타나는 바람에 한패가 되어 수십 명이 떼로 덤벼들었습니다. 평소에 익두에게 괴롭힘을 당하던 깡패들이 자기들끼리 싸우다가도 공동의 적인 그가 나타나자 한패가 되어 덤벼든 것입니다.

"저놈, 오늘 잘 만났다. 그렇지 않아도 한번 버릇을 고쳐 놓으려고 했는데 오늘 혼 좀 내주자!"

우르르 익두를 향해 주먹을 휘둘렀습니다.

"어이쿠!"

소리가 나면서 익두가 맞아 쓰러진 줄 알았는데 그 순간 넘어진 것은 깡패들이었습니다. 익두는 마치 호랑이처럼 펄쩍펄쩍 날뛰며 하나둘 닥치는 대로 그들을 때려눕혔습니다. 얼마나 주먹이 세던지 십수

명이 익두 한 사람을 당해내지 못하고 여기저기 얻어터져서 나뒹굴었습니다. 성난 야수마냥 짓밟고 후려쳤습니다. 삽시간에 안악 시장은 난장판이 되고 말았습니다. 옹기들이 산산이 깨지고 점포들이 부서지면서 엉망진창이 되었고 팔려고 내놓은 닭들이 푸드덕거리며 놀라 날아다녔습니다. 아낙네들은 겁에 질려 이리저리 도망 다니고 시장바닥은 그만 싸움판이 되고 말았습니다. 결국 이두의 거센 주먹에 견디지 못한 깡패들이 볼따구니를 움켜쥐고 끙끙거리며 도망치고 말았습니다.

이 싸움으로 익두는 무적의 주먹 대장이 되었고 '안악골 호랑이'로 불리게 되었습니다. 황해도 서북이 다 무서워하고 겁내는 불한당이 되어버린 것입니다. 장마다 돌아다니면서 깡패 노릇을 했습니다. 사실 여부는 확인할 길이 없으나 당시에 장 보러 가는 아낙네들이 장에 가기 전 먼저 성황당에 들려 코가 땅에 닿도록 빌었다는 이야기도 전해집니다.

"신령님! 오늘은 장에 가서 익두를 만나지 않게 해 주십시오."

그러나 장날이면 어김없이 나타나 이 장 저 장을 난장판으로 만들어 놓고 다녔습니다. 때로는 만취해서 길바닥에 가로누워 통행을 차단하고 아무도 머리 위로나 발밑으로도 지나가지 못하게 했습니다. 겁을 집어먹은 장사꾼들이 하는 수 없이 먼 길을 돌아서 논밭으로 피해 다녀야만 했습니다.

어느 때는 외나무다리에 죽은 듯이 누워 있다가 살금살금 건너오는 부인들을 놀라게 해주려고 갑자기 벌떡 일어나서 '으악!'하고 소리를 질렀습니다.

"에그머니나!"

소스라치게 놀란 여인네들이 몸을 가누지 못하고, 다리에서 '텀벙'하고 물에 빠지고 말았습니다. 물에 빠진 여인들이 파르르 해가지고 첨벙거리며 물 밖으로 나오느라 허우적거렸습니다. 그것을 보고 익두는 신이 나서 박장대소하며 좋아했습니다.

"하하하! 꼭 생쥐새끼 같구먼."

익두의 하릴없는 취미가 언제나 이 모양이었고, 생활은 항상 취사 몽롱하여 방탕한 삶의 연속이었습니다.

김익두 목사에게는 지금도 회심 전에 있었던 숱한 일화들이 사람들의 입을 통해 전해져 내려오고 있습니다.

어느 날 장날이 되어 김익두가 길가에 떡 버티고 서 있었습니다. 때마침 그곳을 지나가던 한 사람이 그를 보고 겁이 나서 코가 땅에 닿도록 인사를 했습니다. 그저 그곳을 무사히 지나고자 하는 생각에서였습니다.

그러나 김익두는 아랑곳도 하지 않고 심술궂게 물었습니다.

"야! 이리 와 봐. 너 나를 아냐?"

"네, 알고 말고요, 그… 저… 김익두 선생님…."

"야, 이 자식아! 나는 너를 모르는데 너는 어떻게 나를 안다는 거야!"

이렇게 말하면서 힘껏 발로 걷어찼습니다.

"어이쿠! 사람 살려요."

그 사람은 비명을 지르며 오던 길로 되돌아 도망쳐 버렸습니다. 그 모습을 바라보면서 김익두는 통쾌한 듯 껄껄대고 웃었습니다. 조금 지나 또 그쪽 길에서 몇 사람이 김익두가 서 있는 길목으로 오고 있었습니다. 이 사람들이 김익두를 모를 리 없었지만 방금 얻어맞고 도망간 사람에게서 무슨 말을 들었는지, 김익두를 피해 지나가려 했습니다. 그때 익두가 그중 한 사람을 붙들고 또 짓궂게 물었습니다.

"야! 너 내가 누군지 아냐?"

"예, 압니다."

"야, 이 자식아! 왜 그럼 인사도 안 하고 그냥 지나가냐?"

"서… 선생님이 저를 모르시니까요"

"뭐라고? 그래도 너는 나를 알고 있잖아?"

가당치도 않은 트집을 잡아 눈을 부라리고 발로 걷어차는 것이었습니다. 함께 오던 사람들이 이 광경을 보고 혼비백산하여 도망쳤고 붙잡힌 사람은 죽는 시늉하며 애걸복걸했습니다.

"선생님, 정말 잘못했습니다. 다음부터는 꼭 인사 잘하겠습니다."

그러자 익두는 두 발을 벌리고 서서 이렇게 말했습니다.

"그렇다면 내 가랑이 밑으로 기어가거라."

그 사람은 얼굴을 온통 찌푸리고 김익두의 다리 사이로 엉금엉금 기어나가더니 잽싸게 어디론가 도망쳐 버렸습니다.

장날만 되면 익두는 그래도 명색이 가장이라 가족들의 생계를 위해 먹을 것을 구하러 장터에 나타났습니다.

먼저 쌀가게에 가서 기웃거리더니 쌀가게 주인에게 말을 걸었습니다.

"쌀 한 말에 얼마요?"

주인이 얼마라고 대답하자 공연히 쌀을 뒤척이더니 트집을 잡았습니다.

"왜 이렇게 뉘(껍질이 벗겨지지 않은 벼 알갱이)가 많아?"

"쌀이 좋은 것인데 뭐가 어떻다고 그러세요?"

"왜 이게 딱딱거려?"

"내가 뭘 딱딱거렸다고 그러시오?"

"아니? 이놈이 주먹맛을 못 봤나?"

불문곡직(옳고 그름을 따지지 않음)하고 발길로 냅다 쌀자루를 걷어차더니 됫박을 잡아 던졌습니다. 쌀이 땅바닥에 쏟아지고 사방으로 흩어졌습니다. 익두를 알아본 쌀가게 주인이 '여기 있다가는 으스러지게 맞을 테니 도망가는 게 상책이다' 하고는 멀리 도망가 버렸습니다.

"주인 없는 쌀은 주워가도 죄가 안 될 테지……"

김익두는 히죽히죽 웃으며 땅바닥에 잔뜩 쏟아놓은 쌀을 가져온 쌀자루에다 주워 담아 집으로 돌아왔습니다. 집으로 돌아와서는 큰소리로 아내를 불렀습니다.

"여보, 쌀 가져왔네."

"웬 쌀 살 돈이 있었어요?"

"그냥 주워 왔어."

"주워 오다니요?"

"땅바닥에 쏟아져 있는 것을 그냥 주워 왔다니깐!"

얼마간 먹을 양식을 준비한 익두는 다음에 나무 파는 가게로 가서 또 물어보았습니다.

"이 나무 한 지게 얼마요?"

나무 장사가 얼마라고 대답하자 트집을 잡았습니다.

"웬 나무가 이렇게 솔이 없어?"

"무슨 말씀이시오? 이 나무가 제일 좋은 나뭇단인데 웬 트집이요?"

"뭐, 트집? 내가 언제 트집 잡았어? 그냥 솔이 없다고 그랬지!"

"안 살 테면 관두쇼, 뭐 그리 말이 많아요?"

"뭐? 말이 많아? 이놈이 정신이 안 든 녀석이구만 그래!"

그러고는 지게를 버티고 있는 막대기를 발로 툭 차버리자 막대기가 넘어지면서 '쾅'하고 나뭇단이 무너져 버렸습니다. 그리고는 돌아서서 주먹을 들어 나무 장사의 볼따구니를 사정없이 쳤습니다.

"아이고… 아이고, 죽겠다!"

나무꾼은 머리를 싸매고 어디론가 정신없이 달아나 버렸습니다. 주인이 사라지자, 익두는 버려진 나뭇단을 차곡차곡 챙겨 등에 지고 집으로 돌아왔습니다.

"여보! 나무 가져왔네!"

"아니? 나무를 사 왔으면 나무꾼이 지고 오지, 왜 당신이 지고 오세요?"

"지게꾼도 없고 주인도 없는 나무니까 그렇지…"

"세상에… 주인 없는 나무가 어딨어요?"

"웬 쓸데없는 잔소리가 많아? 남편이 벌어다 주면 살림이나 잘 살지 무슨 참견이야?"

분주하고 소란한 장날의 하루해가 저물면 익두는 술집으로 발걸음을 옮깁니다. 쌀과 나무 등 한동안 생활에 필요한 것들을 다 벌어다 놓았으니, 이제는 술 생각이 날 수밖에 없습니다. 그는 술집 문짝을 박차듯 밀어붙이고 들어갔습니다. 문을 손으로 열고 들어가는 법이 없었습니다.

"여기 술 가져와!"

"예! 예!"

술값은 아예 염두에 두지도 않고 마셔대니, 주인은 사고만 내지 않으면 천만다행으로 여기는 터라 익두가 달라는 대로 고분고분 술을 가져왔습니다.

"안주 좀 가져와라"하면, "예, 예"하고 굽실거릴 수밖에 없었습니다. 눈치를 주거나 조금만 주저주저해도 성미가 불같은 익두가 가만히 있지 못하고 그릇을 던지거나 숟가락을 집어 팽개치는 소란이 벌어져 그만 술집은 지옥이 되고 말기 때문입니다. 그렇게 되면 손님들은 다 빠져나가고 익두 혼자 남아 술독으로 가서 바가지로 술을 퍼서 실컷 마시고는 그대로 쓰러져 인사불성이 되는 일이 비일비재했습니다. 하루하루의 생활이 무전취식이요 무위도식이라 아무도 망나니 김익두의 생활에 간섭할 수 없었습니다.

안악장이 또 돌아왔습니다. 5일장이라 닷새 만에 개장되는 안악장은 언제나 성황이라서 수많은 사람으로 붐볐습니다. 김익두는 전과 다름없이 장을 보고 나서 안악에서 제일 큰 술집으로 들어갔습니다. 언제나 사람이 많이 출입하는 곳이어서 장사가 잘되는 집이었습니다. 여전히 많은 술손님이 세상 이야기로 시끌벅적하게 떠들며 술을 마시고 있었습니다. 김익두는 좌석에 앉자마자 소리를 질렀습니다.

"빨리 술 가져와!"

"예, 예! 여기 있습니다. 많이 드셔요."

주인아주머니가 술까지 따라주면서 비위를 맞췄습니다.

"도화는 어디 갔소? 데리고 오시오."

기생 도화는 안악에서 소문난 미인으로 얼굴도 예쁘고 마음씨도 고와서 안악 일대의 한량들에게 인기가 가장 좋은 기생이었습니다. 도화를 찾는 익두의 요구에 주인이 난처하여 쩔쩔맸습니다.

"네! 네! 도화는 지금 손님 방에 있는데 조금 기다리셔야 되겠습니다."

"뭐야! 데리고 오라면 데려올 것이지 무슨 잔소리가 많아! 어느 놈이 내 색시를 데리고 놀아!"

불같은 성질의 김익두가 그만 참지 못하고 벌떡 일어나 와자지껄 떠들썩한 방으로 다가가 활짝 문을 열었습니다. 안에서는 도화, 춘심이, 혜란 기생들 세 명과 손님들 칠팔 명이 어울려 한참 술기운이 도도하여 흥겨워하고 있던 참이었습니다. 느닷없이 익두가 문을 열어젖히는 바람에 모두가 깜짝 놀라 어리둥절하는데, 익두가 손가락질을 하며 도화를 불러냈습니다.

"도화! 너 이리 나와!"

도화는 술 시중을 들며 한 사내의 품에 안겨 있다가 호랑이처럼 부릅뜬 김익두의 눈을 보고는 겁에 질려 후다닥 사내의 품에서 몸을 빼내 일어났습니다. 성미 급한 김익두가 금방 벼락이라도 내려칠 것만 같았기 때문입니다. 김익두의 품에서 사랑을 속삭이던 각별한 사이인데 아무리 기생이라 할지라도 다른 남자와 어울려 있는 모습을 보인 이상 그가 가만있을 것 같지 않았습니다. 그러자 도화와 어울려 술을 마시던 남자가 일어서려는 도화의 치맛자락을 끌어당겨 다시 앉히려고 했습니다.

"가긴 어딜 가?"

도화는 울상을 지으며 어찌할 바를 몰라 익두의 눈치를 살폈습니다. 익두가 그 사내를 향해 눈을 부라리며 호통을 쳤습니다.

"너 죽고 싶어? 남의 여편네를 끼고 무슨 수작이야!"

"뭐야! 기생이 네 것 내 것이 어디 있어? 되먹지 않은 수작 부리지 말라."

사내도 만만치 않게 호기를 부리면서 맞섰습니다.

드디어 기생 도화 때문에 대판 싸움이 벌어졌습니다. 익두가 뛰어들어 상을 뒤엎자, 상 위에 놓였던 음식과 그릇들이 와르르 방바닥에 쏟아지고 깨어지며 엉망이 되었고 삽시간에 방안에서는 난투극이 벌어졌습니다. 익두가 도화와 짝이 되었던 사내의 멱살을 한 손으로 움켜잡더니 다른 한 손으로는 그 허리춤을 꽉 잡고 번쩍 머리 위로 쳐들었다가 그대로 내던져 버렸습니다. 그 사내는 방바닥에 나가떨어지면서 정신을 차리지 못하고 그대로 뻗어 버렸습니다. 그러자 한 명이 부엌으로 가더니 칼을 쥐고 뛰어들어와 익두의 등을 사정없이 찔렀습니다.

"으악!"

익두는 등에서 불이 일어나는 듯한 심한 통증을 느끼면서도 칼 든 사내를 향해 힘껏 발을 내질렀습니다. 급소를 얻어맞은 사내가 뒤로 벌렁 나가떨어졌습니다. 칼 맞은 상처에서 계속 피가 흘렀지만, 익두는 인정사정 두지 않고 상대를 향해 주먹을 휘둘렀습니다.

두 사내가 실신하자 나머지 사람들이 밖으로 뛰어나가더니 칼이며 낫, 삽과 곡괭이를 각각 들고 김익두를 빙 둘러서서 내려치려고 기회를 엿보았습니다. 이 판에 한번 익두와 사생결단을 하여 혼을 내주자는 결심이었습니다. 순간 익두가 된장국 그릇을 들고 홱 뿌리면서 달려들어 한 사내의 손에 든 곡괭이를 빼앗아 들더니, 흡사 성난 호랑이처럼 설쳐대기 시작하였습니다. 마구 곡괭이를 휘둘러대니 맞붙어 싸우던 여러 명이 한 대씩 얻어맞고 머리가 깨지고 피가 터지면서 쓰러져 신음하기 시작했습니다.

"어이쿠! 아그그……"

이 싸움통에 그만 술집 주인이 울상이 되어 깡충깡충 뛰면서 비명을 질러댔습니다.

"아이고! 우리 집 다 부서지네! 이제 우리 집 망했네!"

상대하던 사내들이 얻어맞고 다 쓰러져도 익두는 분이 풀리지 않아 씩씩거렸습니다. 마당 가에 세워두었던 큰 장대를 집어 들고 주춧돌 위에 서 있는 기둥과 그 돌 사이에 장대를 끼워 넣더니 있는 힘을 다해 장대를 밀기 시작했습니다.

"이놈의 집구석 아예 무너뜨려 버려야지!"

예전의 집들이 다 흙집이라, 힘이 장사인 익두가 끙! 하면서 힘을 쓰기 시작하자 삐걱삐걱 소리를 내더니 지붕 위 기왓장들이 와르르 벗겨지고 기둥이 주춧돌에서 빠지면서 그만 큰 소리를 내며 무너져 내렸습니다.

"집이 무너진다!"

사람들이 소리를 지르면서 도망을 쳤습니다. 천장이 무너지더니 순식간에 집이 폐가가 되다시피 허물어졌습니다. 술집을 쑥대밭으로 만들어 놓은 김익두는 벌써 어디론지 사라지고 말았습니다.

김익두는 사흘이 멀다고 지서에 불려 다니고 몇 날씩 유치장에 갇혀 있기 일쑤였습니다. 때로는 얻어맞기도 하면서 고초를 겪었지만, 그의 생활은 여전히 방탕하고 이성을 잃은 행동으로 뭇사람들의 눈살을 찌푸리게 했습니다. 하지만 마음 깊은 곳에서는 괴롭고 우울한 번뇌가 싹트고 있었습니다. 그의 영혼이 고뇌하고 갈등하기 시작한 것입니다.

"나 같이 쓸모없는 사람이 왜 이 세상에 태어났을까? 나는 지금 어디로 가고 있는가? 왜 나는 스스로를 이길 만한 능력이 없는가? 왜 나는 과거에 낙방한 후 실패만 거듭하고 있을까? 아버지의 영혼은 지금 어디에 계실까?"

술에서 깨어나면 익두는 혼자 깊은 생각에 잠기게 되었고 번민에 사로잡혀 갈등했습니다. 영혼의 주인을 잃은 그에게 아무도 명쾌한 답변을 주지 못했습니다. 고뇌하고 번민하다가도 도저히 해결할 수 없는 막다른 곳까지 생각이 다다르면, "아! 모르겠다"하고는 그만 자리를 박차고 술집으로 달려가고 말았습니다. 여러 술집을 전전하면서 술을 마셔도 그에게 돈을 요구하거나 출입을 막는 사람은 없었습니다. 마음 내키는 대로 아무 술집이나 무상 출입하면서도 미안해하지도 않았고 조금도 양심의 가책을 느끼지 못했습니다.

익두가 건장하고 호남형이라 여러 기생이 그를 좋아하고 따랐습니다. 때로는 술을 들이키고 기생의 포근한 무릎을 베개 삼아 잠을 청하기도 했습니다. 그렇지만 번민하는 그의 마음은 언제나 불안했고 산란하기만 했습니다.

"나는 누구인가? 인간이란 무엇인가? 사람이 죽으면 그것으로 정말 끝나고 마는가?"

이러한 의문이 끊임없이 그의 마음 깊은 곳에서 꼬리를 물고 일어났습니다. 잡힐 듯 잡히지 않는 의문이 되어 그의 마음에 끝없는 갈등을 불러일으켰습니다. 어느 날 밤하늘을 바라보고 있을 때 별똥별이 곡선을 그리며 어디론가 떨어졌습니다.

"인생이란 마치 저 별똥별과 같이 반짝했다가 영원히 꺼지고 마는 존재인가?"

"저 밤하늘의 달과 별들은 누가 지었나? 이름 모를 새들은 저절로 생긴 존재인가? 아! 인생이란 어디서 와서 어디로 가는 것일까? 여름 하늘의 뭉게구름과 같이 생겼다가 사라지고, 없어졌다가 나타나는 것처럼 인간의 생명도 그런 것인가? 나는 장차 어디를 향해 가는 것일까? 아! 허무한 인생이여!"

그는 별똥별을 바라보며 탄식하고 한숨지었습니다.

예수 그리스도를 영접하다

고뇌하는 김익두에게 하나님의 긍휼과 사랑이 임하여 마침내 구원을 얻는 놀라운 사건이 일어나게 되었습니다.

어느 날 익두는 안악 장터에 나갔다가 눈이 새파란 금발의 서양 여자(선교사 윌리엄 스왈른의 부인인 샐리 스왈른Sallie W. Swallen으로 추정됨)를 처음 보게 되었습니다. 오가는 사람에게 일일이 전도지를 나눠주며 서투른 우리말로 상냥한 미소를 지으며 열심히 전도하고 있었습니다.

"예수 믿으세요, 예수 믿고 천당 가십시오."

술에 거나하게 취한 익두였지만 그 선교사가 건네주는 종이쪽지 한 장을 받아들고 집으로 돌아왔습니다.

"모든 육체는 풀과 같고 그 모든 영광이 풀의 꽃과 같으니 풀은 마르고 꽃은 떨어지되 오직 주의 말씀은 세세토록 있도다"(벧전 1:24~25)

전도지에 적힌 성경 구절을 읽어 내려가던 중 특히 익두의 관심을 끄는 말씀이 눈에 들어왔습니다.

"……세세토록?"

그는 눈을 번쩍 뜨며 정신을 차리고 그 문구를 다시 한 번 읽어보았습니다. 술기운이 어디론가 사라졌습니다.

"……세세토록?"

몇 번이고 입속으로 되뇌며 이 말씀을 음미해 보았습니다.

"세세토록? 영원을 뜻하는 말인 모양인데."

익두는 전도지에 적힌 성구에 큰 자극을 받았습니다. 그러나 그 뜻을 알 듯 모를 듯 이해가 잘되지 않아 몹시 궁금했습니다.

그 후 며칠이 지났는데 죽마고우인 박태호라는 친구가 찾아왔습니다.

"어이, 익두! 우리 예배당에 한번 가보세."

박태호 씨는 후에 장로가 된 분입니다.

"예배당? 글쎄…"

며칠간 전도지로 인해 생각이 골똘하던 중이었기에 잠시 망설였습니다.

"한번 가보세, 서양 사람이지만 우리나라 말을 썩 잘한다네."

"그 종이쪽지 나눠주던 여자 말인가?"

"아니, 코가 큰 남자도 있다고 하더구먼."

친구 박태호가 열심히 권하는 바람에 일단 가보기로 하고 금산 예배당으로 향했습니다. 당시 금산교회에서는 소안론(蘇安論 William Swallen, 1859~1954) 선교사가 부흥집회를 열고 열정적으로 복음을 전하고 있을 때였습니다. 그는 유창하고 능숙한 우리말로 또렷하게 설교하고 있었습니다.

"…살리는 것은 영이니 육은 무익합니다. 영생의 말씀이 계시는데, 우리는 어디를 향하여 가고 있습니까?"

마침 영생에 관한 설교를 하고 있었는데 열정적인 음성으로 사람들의 마음을 감동시키고 있었습니다. 말씀을 듣고 있던 김익두는 소안론 선교사의 설교에 자신도 모르게 온 정신이 집중되어 귀를 기울이고 열심히 듣기 시작했습니다. 알 수 없는 신비로운 감동이 그의 마음을 흔들기 시작했습니다. 인생의 죄악된 성품과 속죄, 구원과 영원한 생명에 관한 의문이 설교를 듣는 동안 서서히 익두의 마음속에서 깨달아지기 시작했습니다. 소안론 선교사의 우렁차고 확신에 찬 음성이 그의 심령에 벼락치듯 다가와 그의 마음을 찌르자, 그는 자신도 모르게 눈물을 흘리고 있었습니다.

"그렇다! 나는 정말로 죄인 중의 죄인이로구나. 그동안 나는 얼마나 나쁜 짓을 많이 했던가."

뉘우침과 탄식으로 말미암아 가슴이 떨리고 온몸에 전율이 왔습니다. 심장이 고동쳤고 숨이 막힐 것만 같았습니다. 전신이 떨리고 정신을 차릴 수가 없어 익두는 그만 밖으로 뛰쳐나오고 말았습니다.

죄를 책망하는 소안론 선교사의 불의 칼 같은 설교가 그의 심장을 마구 찌르는 것만 같아 도저히 그 자리에 서 있을 수가 없었던 것입니다. 잠시 밖에서 숨을 가다듬던 익두는 다시 용기를 내어 예배당 안으로 들어가 평생 처음 들어보는 그 감동적인 설교를 다시 듣기로 했습니다.

"…… 여러분이 아무리 흉악한 죄를 범하였다 할지라도 하나님의 아들인 예수 그리스도를 믿으면 여러분의 모든 죄가 용서함을 받습니다."

"용서?"

익두는 용서라는 말에 귀가 번쩍 뜨였습니다. 소안론 선교사의 입에서 나온 '용서'라는 말과 함께 익두의 마음속에 똬리를 틀고 있던 고뇌의 문제들이 실타래 풀리듯 일시에 풀려나가는 듯한 상쾌한 해방감이 스며왔습니다. 마침내 26세의 김익두에게 놀라운 성령의 역사가 일어나 예수 그리스도를 영접하는 극적인 순간이 일어난 것입니다.

그 순간 익두는 아무 생각도 하지 않고 그대로 무릎을 꿇고 두 손을 모으며 눈을 감고 소리쳤습니다.

"주여! 이 죄인을 용서하소서! 예수님을 믿겠습니다. 나도 예수님을 믿겠습니다. 이 죄인을 받아주십시오!"

1900년 엄동혹한이 풀리는 초봄에 한국 기독교사의 초대 교회 시대를 열기 위해 부름받은 하나님의 종, 능력과 불의 사자인 김익두가 탄생했던 것입니다. 그는 참으로 성령으로 거듭나 새 생명을 얻었습니다. 부흥회가 끝나고 난 직후 아지랑이가 피어오르는 잔디밭에 무릎 꿇고 복잡다단했던 지난날들을 회상해보았습니다. 작고하신 아버지의 생전 소망과 무조건적인 어머니의 애정, 꾸벅꾸벅 졸면서도 대학을 외우며 정열을 쏟던 학문, 과거 응시와 낙방의 쓴잔, 좌절과 실패, 절망감, 아버지의 병과 별세, 장사의 시작과 실패, 배신, 타락, 무절제하고 방탕한 생활, 술, 여자, 폭력! 모든 죄악된 과거와 괴로웠던 지난날들이 주마등처럼 지나가며 악몽을 꾸고 있던 것만 같았습니다.

"하나님이시여! 이 추악한 죄인도 용서받을 수 있사옵니까?"

익두는 하늘을 향해 외쳤습니다.

"주 예수를 믿어라! 네 영혼과 육신이 구원을 얻을 것이다."

마치 하늘에서 하나님의 음성이 울려오는 것 같았습니다. 그의 눈에서 두 줄기 눈물이 뺨을 적시며 흘러내렸고 북받치는 애통함으로 목이 메었습니다. 그는 무릎을 꿇은 채 가슴을 찢으며 하염없이 회개의 눈물을 흘렸습니다.

"주여! 이 죄인 지난날의 죄를 용서해 주소서! 이 죄인이 얼마나 몹쓸 짓을 했는지 그 지은 죄를 어찌 다 아뢸 수 있사옵니까? 주여, 용서하소서!"

얼마나 울었는지, 그는 울고 또 울었습니다. 종일토록 울었습니다. 통회자복하는 그의 회개는 처절한 아픔으로 그의 마음을 찢었습니다. 참된 회개였습니다.

그의 마음속에 구원에 대한 소망과 하나님에 관한 지식을 알고자 하는 열망이 약동했습니다. 익두는 벌떡 일어나 소안론 선교사의 집을 향해 달려갔습니다.

"오! 어떻게 오셨습니까?"

소안론 선교사의 눈빛이 의아해하면서도 반가움으로 빛났습니다.

"네. 선교사님! 선교사님이 읽으시는 그 성경책을 빌려 주실 수 없겠습니까?"

매우 정중한 태도로 고개를 숙여 청하는 김익두의 모습에 소안론 선교사는 감동받았습니다.

"물론 드리고 말고요."

책장에서 성경책 한 권을 서슴없이 꺼내 김익두의 손에 건네준 후 소안론 선교사가 나지막한 목소리로 말했습니다.

"청년! 우리 함께 기도합시다."

두 사람은 방바닥에 무릎 꿇고 고개를 숙였습니다. 성령께서 주시는 감동이 강한 바람처럼 두 사람의 마음에 진하게 밀려왔습니다. 소안론 선교사의 간절한 기도가 하늘을 향해 울려 퍼졌습니다.

“하나님 우리 아버지! 진실로 감사하옵나이다. 망나니 청년이 회개하고 돌아온 탕자같이 아버지의 품에 안겼나이다. 아버지 하나님이시여! 이 청년을 주님의 종으로 삼으사 복음의 큰일을 맡겨 주시옵소서!”

소안론 선교사는 마치 하늘과 땅이 진동하는 것처럼 뜨거운 기도를 올렸습니다. 성령의 감동이 열화와 같이 김익두의 가슴으로 전달되자 그는 온몸에 떨려오는 강렬한 진동을 느꼈습니다.

신령한 불이 점화되어 전신을 불붙게 하는 것만 같았습니다. 익두는 그만 그 자리에 엎드러져서 목 놓아 울음을 터뜨리고 말았습니다. “엉엉” 소리 내어 통곡했습니다. 마음속 깊은 샘으로부터 솟아나는 회개의 눈물이 그의 영혼과 육신을 적시고 그를 잠기게 했습니다. 얼마를 울었는지, 실컷 울고 나니 예전에 체험해 보지 못했던 신비로운 평화가 그의 마음에 찾아왔습니다.

“목사님! 저는 분명히 예수 그리스도를 통해 구원받은 것을 믿습니다!”

“오! 감사합니다. 청년.”

선교사는 그의 손을 잡고 진심으로 기뻐했고 김익두는 눈물을 흘리며 감사하고 집으로 돌아왔습니다.

소안론 선교사에게서 얻은 성경을 읽고 또 읽었습니다. 해가 뜨고 지는 것조차 전혀 관심 두지 않고 오직 성경을 읽기에 전념했습니다. 성경의 심오한 진리에 심취해 밤낮을 가리지 않고 탐독했습니다. 성경을 읽으면서 하나님을 알았고 죄를 더욱 절실히 깨달았으며, 또한 자신의 존재를 발견하게 되었습니다. 성경을 읽는 가운데 터져 나오는 슬픔을 맛보기도 하고 희열에 넘치는 감동을 받기도 했습니다. 성경을 읽으며 그는 어둠 속에 갇혀 있는 인생들이 너무나 불쌍하게 느껴졌습니다. 복음을 알지 못하고 멸망의 길을 향해 끝없이 행진하고 있는 가엾은 인생들을 생각하고 이대로 가만히 있을 수 없다는 충동이 불일 듯 일어났습니다. 그는 벌떡 일어났습니다.

"그렇다. 나도 남에게 이 기쁜 소식을 전해야지!"

우선 그는 가까운 친구에게 복음을 전해야겠다는 생각으로 절친한 친구인 김원봉을 찾아갔습니다. 성경책을 소중히 옆에 끼고 그의 집 대문을 두드리자, 원봉은 며칠 만에 나타난 김익두의 음성을 듣고 반색하며 맞았습니다. 출출하던 터에 술타령할 기회가 생겼다고 좋아했던지 얼른 맞아들였습니다. 김익두는 친구를 향해 빙그레 웃으며 말했습니다.

"술 한잔하려고 온 것이 아닐세. 나 야소교인이 되었다네!"

당시에는 예수교인을 야소교인이라고 불렀습니다.

"뭐라구? 야소교인?"

원봉이 깜짝 놀랐습니다. 도저히 있을 수 없는 일이었기 때문입니다.

"여보게 원봉이, 우리 예수 믿고 새 길을 걸어보세."

익두는 원봉에게 열정적으로 전도를 했습니다. 과거의 잘못된 생활과 인생의 문제, 구원의 길 등에 대해 성경에서 읽은 대로, 설교에서 들은 대로 뜨겁게 전도했습니다. 그러나 원봉은 익두의 열성에도 불구하고 반신반의하며 "글쎄…"하고는 반쯤 동의하였습니다. 익두는 원봉을 이끌어 기어코 교회로 나가 등록을 마치고 입교인이 되게 했습니다.

"우리 월선이와 옥화한테도 가서 전도하세."

두 사람은 이전에 자주 들락거리던 기생들을 찾아가서 그들에게 예수를 전하기로 했습니다. 익두의 진실 어린 전도에 감화된 월선과 옥화도 믿기로 작정했습니다. 그들은 각기 잔을 두 사람에게 내밀면서 말했습니다.

"그럼, 우리 오늘을 마지막으로 이별잔을 비웁시다!"

원봉이 아무 생각 없이 술잔을 받으려고 손을 내밀자, 익두가 그를 가로막으며 외치듯 소리쳤습니다.

"안돼! 한 번 예수 믿기로 작정했으면 아예 끊어야지, 또 술을 입에 대?"

"그러나 이건 이별주가 아닌가? 이것으로 영원히 끊겠다는데 이것도 안 돼?"

세 사람이 이구동성으로 도리어 익두를 설득했습니다. 가만히 생각해 보니 그 말도 옳은 것 같아 부득이 동의하고 함께 술을 마시게 되었습니다. 서로 권하거니 받거니 하면서 술잔이 오가게 되었습니다.

그런데 갑자기 익두가 얼굴이 새파랗게 변하고 그만 온몸이 굳어지며 뻣뻣해지더니 끙끙 앓는 소리를 내면서 가로누워 신음하기 시작했습니다. 전신이 송장처럼 굳어지자, 원봉과 월선, 옥화가 얼마나 놀라고 다급했던지 부리나케 의사를 청해 치료를 받게 했습니다. 주사를 놓고 약을 먹였지만 좀처럼 회복되지 않았습니다. 할 수 없이 원봉이가 익두를 등에 업고 익두의 집으로 가서 눕혔습니다. 가족들이 놀라 익두 곁에서 정성껏 간호하며 돌봤지만 도무지 낫는 기미가 보이지 않았습니다.

7일 동안 완전히 식음을 전폐하고 운신을 못 한 채로 누워서 신음하다가 이레째 되는 날에야 간신히 몸을 일으킬 수가 있었습니다. 익두는 겨우 정신을 가다듬고 어느 정도 회복이 되자 괴로워서 울기 시작했습니다. 죄의 유혹 앞에 한없이 어리석고 연약한 자신의 무능함과 죄성을 탄식하면서 회개하고 자복했습니다. 3일 동안 통회하고 안타까워하면서 울기만 했습니다.

"왜 내가 또다시 술을 입에 댔는가!"

원통한 생각이 들어 괴로워했습니다. 대장부가 한번 결단했으면 일생 초지일관할 것이지, 도중에 자신의 결심을 배반한 것이 억울해서 더욱 서러웠던 것입니다.

성령으로 거듭난 익두는 새로운 사람으로 변화되어 인격과 생활이 완전히 달라졌습니다. 성경을 탐독하며 깊이 묵상하고 기도에 열중하며 경건한 생활을 시작했습니다. 이러한 익두의 변화에 주위 사람들은 모두 이상하게 생각하지 않을 수 없었습니다. 혹시 정신 이상이 생긴 것이 아닌지 의심했습니다. 어머니까지도 그렇게 생각하며 몹시 우려했습니다. 주위에서 보기에도 종일 성경을 펴 놓고 눈을 감고 있거나 뭘 중얼거리는지 소리를 내어 기도하는 모습이 아무리 보아도 정상으로는 볼 수가 없었던 것입니다. 걸핏하면 눈물을 주룩주룩 흘리며 울기만 하니 아내마저도 걱정이 태산 같았습니다. 확실히 실성한 것 같아서 익두 옆에서 이것저것 물어보기도 했습니다. 익두 자신도 조심스러워져서 염려하는 어머니와 아내를 위해 조용한 장소를 정해 놓고 그곳에서 기도하고 성경을 읽었습니다. 안악 사람들이 익두의 소문을 듣고 설왕설래 말들이 많았습니다.

"망나니 익뚝이가 돌았다면서?"

"진종일 울기만 한다던데?"

쑥덕거리며 웃고 조롱했습니다.

"청승맞게 울기는 왜 우는 거야?"

"지독히 못되게 굴더니 미쳐버렸나 보다."

완전히 정신병자 취급을 하여 비웃어 대고 말장난 삼아 떠들어댔습니다. 김익두는 예수에 미친 사람으로 소문이 났습니다.

김익두의 영적 세계는 점점 깊어갔습니다. 성경에서 예수님의 40일 금식기도 장면을 읽고는 마음에 큰 도전을 받고 자신도 3일 금식기도를 작정하고 산으로 올라갔습니다.

예수님에 대해 깊은 묵상을 하면서 3일 금식기도가 시작되었습니다. 처음 시도하는 금식기도였지만 정신을 집중하여 기도에 전념했습니다. 배가 고픈 것조차 잊어버리고 오직 복음의 진리와 은혜를 생각하며 초연히 기도에 열중했습니다.

금식한 지 3일째 되는 날이었습니다. 신비한 광채가 눈앞에 나타나 주위를 맴돌더니 형용할 수 없이 환하고 밝은 빛이 전신을 휩싸며 그를 사로잡았습니다. 그 순간 그는 자신이 몸 밖에 있는지 몸 안에 있는지 분간할 수 없는 경이로운 감각 속에 빠져들었습니다. 그때 어디선지 세미한 음성이 들려왔습니다.

"익두야, 익두야."

신비로운 음성이 들려 주위를 둘러보았지만, 아무것도 보이는 것은 없었습니다. 익두는 자신도 모르게 외쳤습니다.

"주여! 어디에 계시옵니까?"

다시 한번 세미한 음성이 들려왔습니다.

"익두야! 익두야!"

"주여! 제가 여기 있나이다!"

익두는 주께서 그곳에 나타나심을 온몸으로 느끼기 시작했습니다. 무릎을 꿇고 두렵고 떨리는 음성으로 간신히 대답했습니다. 머리를 땅에 대고 조아렸습니다. 그 순간 사방이 번쩍하더니 달 같이 둥근 불덩어리가 익두의 가슴속으로 파고들어 왔습니다. 온몸이 불덩어리가 되는 것처럼 뜨거움이 일었습니다.

"너는 불의 종이 되어라."

"아멘!"

"너는 삼천리강산 네 조국을 회개시키고 성령의 능력으로 진동시켜 복음을 전파하라!"

"아멘!"

끓는 용광로의 불덩어리처럼 달아오른 익두의 가슴은 폭발할 것만 같아 몸을 가눌 수 없었습니다. 감사와 찬송이 한꺼번에 쏟아져 나와 그의 온몸은 감동에 휩싸였습니다. 이때로부터 그의 일생은 불의 사자(使者)로서 나타나게 되었습니다.

예수 그리스도를 영접한 지 한 달 만에 그는 성도들 앞에 신앙고백을 했습니다. 자신의 모든 죄를 공개 석상에서 자복하고 예수 그리스도를 믿기로 작정한다는 공식 선포를 했습니다.

"여러분, 백번 죽어도 마땅한 이 죄인 김익두가 한량없으신 하나님의 은혜로 예수님을 믿게 되었습니다. 지난날들을 생각해 보면 몸 둘 바를 알지 못하겠으나 부디 저의 과거지사를 용서해 주시기를 바랍니다. 앞으로는 회개하고 착실하게 살아가겠습니다."

"아멘!"

여기저기서 성도들이 '아멘'을 연발하며 놀라움과 감사로 하나님께 영광을 돌렸습니다. 그의 두 눈에서도 뜨거운 눈물이 흘러내렸습니다.

"저의 남은 생애를 산 제물로 오로지 하나님께 바치겠습니다."

그는 공손히 모든 성도 앞에 머리를 숙이고 굳게 서약했습니다. 그리고 그해 7월에 세례받기로 작정했습니다. 소안론 선교사는 그 당시 여러 교회들을 순회하며 성례식을 집례했기 때문에 김익두도 차례가 돌아와야 세례를 받을 수 있었습니다. 세례식 때까지 정한 마음과 성결을 간직하려고 매일 목욕하고 아내와 분방하여 오직 기도와 성경을 읽으며 몸과 마음을 경건하게 닦았습니다.

그러나 소안론 선교사에게 피치 못할 사정이 생겨 순회 세례식이 연기되었습니다. 부득이 김익두는 1년을 더 기다려 이듬해 7월에 가서야 세례를 받게 되었습니다. 그러나 김익두가 이를 위해 준비한 성결의 생활이 결코 무위(이룬 것이 없음)로 돌아간 것은 아니었습니다. 워낙 자신의 죄가 무겁고 더러우므로 더 깨끗이 준비하라는 주님의 뜻으로 받아들이고 1년 동안 더 경건하게 살기로 결심을 새롭게 했던 것입니다.

그 일 년 동안 익두는 더욱 열심히 성경을 읽었습니다. 어느 때는 자고 먹는 것도 거른 채 읽었습니다. 성경이 꿀송이처럼 달아서 1년을 분방하며 한문 성경 신약을 100회 읽었습니다. 하나님께서는 김익두에게 성령의 능력과 말씀을 주시기 위해 보다 더 정결하게 영육

을 씻을 수 있는 경건의 시간을 주셨으며, 이 기간을 통해 그의 믿음
은 더욱 견고해졌습니다. 회개와 기도를 통해 정결해진 심령의 그릇
은 성령의 충만으로 가득히 채워졌던 것입니다.

성령의 놀라운 체험을 한 김익두에게는 눈에 보이는 모든 사람이 한
량없이 불쌍하게 느껴졌습니다. 그 영혼들이 지옥에 갈 것을 생각하
니 이루 말할 수 없이 가련하고 애처로워 견딜 수 없었고 그 생각만
해도 눈물이 나서 주체할 수 없었습니다. 그래서 익두는 불쌍한 인생
들의 영혼을 위해 전도하기로 결심했습니다.
  안악 장날이 되어 그는 성경책과 찬송가를 들고 전도하러 나갔습니
다. 망나니 깡패 생활로 뭇사람들을 괴롭히던 그 안악 장터에 새사람
으로 변신한 김익두가 장터 이 끝에서 저 끝으로 왕래하면서 큰소리
로 찬송가를 부르며 걸어 다녔습니다.

  멀리멀리 갔더니
  처량하고 곤하여
  슬프고 또 외로워
  정처 없이 다니니
  예수 예수 내 주여
  곧 가까이 오셔서
  쉬 떠나지 마시고
  부형같이 됩소서

그의 어린 시절

안악 읍내 장터의 장사꾼들과 장을 보러 나온 사람들이 이 모습을 보고 놀라지 않을 수 없었습니다. 오랫동안 김익두의 모습이 보이지 않아 좋아라 했는데 다시 나타났으니 놀랐고, 또 예수쟁이로 바뀌어 나타났으니 더 놀랄 수밖에 없었던 것입니다.

"어? 익뚝이가 어디 갔다가 홍두깨 모양 불쑥 나타났지?"

"예수 도깨비로 둔갑한 것 아니야?"

사람들은 놀랍고 흥미로워 웃고 떠들며 그를 조롱했습니다. 그러나 사람들의 비웃음과 조롱에도 전혀 동요하는 기색이 없이 그는 열심히 찬송가를 불렀습니다.

"멀리멀리 갔더니 처량하고 곤하여 슬프고 또 외로워 정처 없이 다니니……."

그는 목이 메어 찬송을 불렀습니다. 찬송을 부를 때마다 이전에 이 안악 장터에서 온갖 죄를 저지르며 뭇사람들을 괴롭히던 자기 모습이 생각나 몹시 슬프고 미안했습니다. 그리고 장터의 수많은 사람의 영혼이 주님을 모른 채 삶에 지쳐 아우성치는 모습을 바라보니 더욱 불쌍했습니다.

그러나 이전에 김익두에게 매를 얻어맞고 피해를 당했던 장사꾼들이 가만히 보고만 있지는 않았습니다. 예수교인이 되어 돌아온 김익두에게 보복하려고 덤벼들었습니다. 착해진 김익두의 모습을 보고 덤벼들어도 해를 입지 않을 것 같아서 용기가 생겼던지 희롱하며 집적거렸습니다.

"야! 임마, 익뚝아! 너 그동안 어디 갔다 왔어?"

"너 언제부터 예수쟁이가 되었냐?"

"못되게 굴더니만 예수 귀신이 붙었나 보지?"

뒤에서 따라오며 조롱했지만, 익두는 아무 대꾸도 하지 않고 묵묵히 걸었습니다. 그리고 다시 찬송을 부르기 시작했습니다.

"예수 예수 내 주여 곧 가까이 오셔서 쉬 떠나지 마시고 부형같이 됩소서."

여전히 찬송가를 부르며 초연하게 걸어가는 김익두의 뒤를 따라 많은 사람이 모여들었습니다. 구경거리가 생겼기 때문입니다. 사람들이 그의 주위를 둘러싸고 모여들자, 김익두는 드디어 소리 높여 복음 전도를 시작했습니다.

"여러분! 저는 여러분들이 잘 알고 계시는 김익두올시다. 이 안악 장터에서 깡패 노름하던 망나니 익두올시다."

목청을 높여 외치자 구경꾼들이 조용해졌습니다.

"제가 이곳에서 얼마나 못된 짓을 많이 저질렀습니까? 그러나 이제 예수를 믿고 과거를 뉘우쳤습니다. 여러분도 예수 믿고 천당 가시기를 바랍니다."

그의 목소리는 진실했고 확신에 가득 차 있었습니다. 그러나 익두에게 원한을 품은 사람들이 많았습니다. 그중 한 사람이 대야에 물을 가득히 담아 그의 뒤에서 냅다 쏟아부었습니다. 온몸과 옷이 물에 흠뻑 젖었으나 눈도 꿈쩍하지 않고 김익두의 설교는 계속되었습니다.

"인생은 풀과 같고 그 영광은 꽃과 같은데 풀은 마르고 꽃도 시들지마는 하나님의 말씀은 세세토록 있습니다. 여러분! 예수를 믿으십시오. 세상은 잠깐이지만 예수는 영원합니다."

다음 장날에도 김익두는 또다시 장터에 나타났습니다. 이번에는 어떤 자가 뜨물(곡식을 씻어 부옇게 된 물) 통을 들고나와 찬송을 부르고 있는 김익두의 머리 위로 쫙 부었습니다. 뜨물이 온몸에 묻어 꼴이 말이 아니었지만 그래도 김익두는 아랑곳하지 않고 찬송가를 힘차게 불렀습니다. 그의 태도는 태연자약했고 태산과 같이 당당하여 오히려 사람들을 압도하고 있었습니다.

　그의 전도는 힘이 넘치고 능력이 있었습니다. 그러자 이번에는 이전에 김익두에게 얻어맞았던 장사꾼들이 몽둥이를 가지고 와서 김익두의 뒷머리를 힘껏 때렸습니다. 앗! 소리와 함께 익두는 정신을 잃고 앞으로 쓰러지고 말았습니다. 장대한 김익두의 몸집이 땅바닥에 쓰러지자, 원한에 가득 찬 장사꾼들이 우르르 덤벼들어 발로 걷어차고 짓밟았습니다. 쌓여 있던 분노를 일시에 터뜨리며 마구 때리고 몰매를 주었습니다. 이 광경을 구경하고 있던 구경꾼들도 신이 나서 손뼉을 치며 박장대소하는 것이었습니다.

　“하하하!”

　“호호호!”

첫 번째 사역지 재령읍교회

김익두는 성경을 다독했을 뿐만 아니라 성경을 보급하러 다니는 일을 했습니다. 자신이 성경을 통해 큰 은혜를 받았기 때문에 성경이야말로 모든 사람에게 구원을 주시는 하나님의 능력임을 확신하고, 많은 사람에게 성경을 읽히고 싶었습니다. 그래서 성경을 많이 구입하여 전도하면서 팔았습니다. 성령의 불을 받은 김익두는 복음 전도를 위해 안악군 일대는 물론이고 황해도 일대를 종횡으로 돌아다니면서 열심히 성경을 보급하고 또 영혼 구원을 위해 만나는 사람마다 열정적으로 전도했습니다. 그의 소문이 점점 퍼져 나가 재령읍까지 모르는 사람이 없을 정도로 널리 알려지게 되었습니다.

　재령교회에서는 성도들이 공동의회를 열어 김익두를 담임 전도사로 청빙하기로 결정했습니다. 한 달 사례비는 30원을 지급하기로 했습니다. 28세에 담임 전도사가 되었으니 믿은 지 2년 만의 일이었습니다. 26세에 중생하고 28세에 담임 교역자가 된 것입니다. 하나님께서 그에게 주신 첫 직분이었기에 김익두는 너무나 감격하여 교회 일에 전심전력했습니다.

하루 종일 심방하고 전도하고 설교 준비하고 기도하는 사역자로서의 보람찬 나날이 계속되었습니다. 그러나 그에게 유혹이 닥쳐왔습니다. 서울의 큰 약국에서 월봉급 150원을 줄 테니 상경하라는 전갈이 왔습니다. 전도사 사례비 30원에 비해 5배나 많은 수입이었습니다. 익두의 마음에 파란이 일었습니다. 마음의 시험으로 잠시 흔들렸습니다. 시골 전도사의 고달픈 생활과 약종상의 높은 수입 중 어느 쪽을 택할 것인가 하는 경제적인 시험을 당하게 된 것이었습니다. 물질적인 측면에서는 하늘과 땅의 차이만큼이나 커 보이는 봉급이었습니다. 150원의 높은 수입이냐? 시골교회 전도사냐? 고민하던 어느 날 밤 그는 한 꿈을 꾸었습니다. 천사와 마귀가 동쪽과 서쪽에 나타나서 서로 자기 쪽으로 오라고 손짓하는 것이었습니다.

"익두야, 이쪽으로 오너라."

"익두야, 그리로 가면 안 돼! 이쪽으로 오너라."

꿈에서 땀을 흘리던 익두는 "천사 쪽이다!"라고 외치면서 벌떡 일어났습니다. 꿈에서 깨어난 김익두는 150원 봉급의 약종상을 미련 없이 포기해 버렸습니다.

김익두 목사의 일생은 누추한 곳에서 잠을 잔 일이 없고 새 이불에서만 잠을 잘 정도로 부흥회 가는 곳마다 극진히 대접받았으며 진수성찬으로 환대받았습니다. 전국 방방곡곡 가 보지 못한 곳이 없고 일본, 만주, 러시아까지 두루 여행하면서 복음을 증거했습니다. 옥합을 깨뜨려 온몸으로 헌신한 김익두에게 하나님이 그의 생활을 보장하셨던 것입니다.

당시 재령읍교회는 남자 교인 1명에 여자 교인 10명이 전부였습니다. 김익두 전도사는 재령읍교회에 부임하자마자 곧 행사를 시작했습니다. 어린이 여름성경학교를 개최한 것입니다. 강사 김익두 전도사의 설교에 어린이들이 성령의 감동을 받아 울고 회개하는 성령의 역사가 일어났습니다. 마치 재령읍내 아이들이 다 모여든 것처럼 아이들의 홍수 속에 눈물바다를 이루는 놀라운 일이 일어났던 것입니다. 어떤 아이들은 엉엉 소리를 내어 큰 소리로 울기까지 했고 회개하는 기도로 은혜의 시간을 이루었습니다.

한국 교회 100년사에 어린이 여름 성경학교에서 어린이들이 통곡하고 회개했다는 역사는 들어본 적이 없습니다. 지금도 매년 여름마다 어느 교회를 막론하고 여름성경학교를 열지만, 죄를 회개하고 깨우치는 그런 일은 결코 볼 수가 없습니다. 즐거운 오락과 재미있는 프로그램과 맛있는 간식으로 집회 시간을 메꿔 나갈 뿐입니다. 그러나 김익두 전도사의 집회에는 어린이는 물론이고 학생부 수련회나 부흥회에서도 구름같이 사람들이 모여들었고, 집회 때마다 큰 회개 운동이 일어나 사람들을 변화시키는 놀라운 성령의 역사가 일어났던 것입니다.

마치 요나가 큰 물고기 배 속에서 회개함으로 말미암아 백만 명의 니느웨 백성에게 회개의 역사가 일어난 것처럼, 김익두 전도사가 집회하는 곳마다 경이로운 회개 운동이 폭발했습니다.

신천읍교회를 개척하다

김익두 전도사의 열정적인 목회 활동으로 그의 이름이 신천 일대의 교회에 알려지기 시작했습니다. 소안론 선교사를 비롯한 외국인 선교사들이 신천을 중심으로 선교 활동을 전개하면서 이 지역 복음화를 위해 열심히 기도하며 교회당을 세웠으나 도무지 부흥되지 않아 고심하던 중이었습니다. 소안론 선교사는 김익두 전도사를 신천읍교회로 파송하여 담임하고 있는 외국인 선교사의 동역 전도사로 부임시키기로 결정하고, 김익두 전도사에게 부임해 달라고 간곡히 요청했습니다. 김익두 전도사는 훌쩍 재령읍교회를 떠날 수도 없고 해서 수일간을 기도하며 망설이다가 결국 소안론 선교사의 뜻을 따르기로 결심했습니다. 마침내 정든 재령읍교회를 떠나 신천읍교회로 부임하게 되었습니다.

김익두 전도사는 선교사의 동역 교역자로 신천서부교회를 위해 사역하게 되었습니다. 신천읍교회는 명색만 교회이지 성도라고는 한 사람도 없었습니다. 오히려 재령읍교회보다도 더 한심한 상태였습니다. 신천읍교회로 부임해 막상 현지에서 현황을 살펴보니 답답하기 짝이 없었습니다. 하나님께 기도할 수밖에 없다고 생각하고 산으로 올라가 날마다 철야 기도하고 금식하며 하나님께 간구했습니다. 그러나 교회당은 텅 비어 아무도 출석하는 사람이 없었습니다. 김익두 전도사는 낙심하지 않고 원근 각처를 두루 다니면서 전도 활동을 계속했고 끈질기게 하나님께 매달려 기도했습니다. 그런 노력에도 불구하고 아무도 찾아오는 사람 없이 6개월이 지나갔습니다. 그러니 얼마나 한심했겠습니까!

그러던 어느 날, 이윽고 한 여인이 교회를 찾아왔습니다. 다리를 절룩거리며 초라한 행색으로 인사를 하는데 반신불수와 같은 병자였습니다.

“어서 오십시오. 잘 오셨습니다.”

김익두 전도사가 허리를 굽혀 반가이 맞으며 말했습니다.

“예수 믿으려고 오셨습니까?”

“예, 예수를 믿어 보려고 왔습니다.”

“참 잘 오셨습니다. 어서 안으로 들어오십시오!”

6개월 만에 찾아온 사람이 병자라 한심한 생각이 들어 낙심되었지만, 곧 마음을 고쳐 먹고 하나님께 감사했습니다.

"주여! 감사합니다. 성도 한 사람 주신 것을 감사합니다."

감사한 생각이 드니까 친절한 마음도 생겼습니다.

"어서 이리 와 앉으십시오."

좋은 방서을 내어 앉기를 권했습니다.

"아니… 저 같은 사람이 어떻게 이런 좋은 방석에…."

"아니올시다. 예수님께로 나아온 사람은 하늘나라의 백성으로 대접을 받는 것이 마땅합니다."

"그렇습니까? 아이 좋아라."

반신불수의 여인은 사람대접받으니 기뻐서 어쩔 줄 몰라 했습니다. 김익두 전도사와 선교사는 6개월 만에 등록한 첫 성도인 이 여성과 함께 예배를 드렸습니다.

겨우 한 사람의 성도를 얻은 채 또 6개월의 세월이 지나갔습니다. 김익두 전도사의 기도는 더욱 간절해졌습니다.

"주여! 한 사람 보내주신 것을 감사하오나 한 사람 데리고 어찌 교회를 세울 수 있습니까? 더 보내주시옵소서!"

어느 날 또 한 사람이 찾아왔습니다.

"저는 각설이올시다. 배고파 죽을 지경인데 밥이나 좀 주시오."

"네, 그러지요."

김익두 전도사는 얼른 밥 한 그릇을 가져다 먹였습니다. 그는 또 한 번 낙심하지 않을 수 없었습니다.

"아니… 하필 온다는 사람이 거지 각설이라니… 거지도 사람인가?"

그러나 다음 순간 곧 뉘우치고 회개하는 기도를 드렸습니다.

"주여! 이 죄인이 또 범죄하였나이다. 거지라고 업신여겼사오니 용서하여 주옵소서. 육신은 거지라 하더라도 그 영혼은 천하보다 귀한 줄 알고 진실로 보내주신 은혜 감사드리옵니다."

김익두 전도사는 그 거지를 천사같이 대접했습니다. 아브라함이 부지중에 천사를 대접했던 생각이 나서 친절하게 대접했던 것이었습니다. 이로써 1년 만에 겨우 두 사람의 성도를 얻게 되었습니다.

"주여! 감사합니다. 이제 두 사람의 성도를 허락하셨사오니 또 한 사람 보내주소서!"

하나님께 성도를 더 보내 달라고 합심하여 기도했습니다. 네 사람이 열심히 기도했는데 다시 6개월 만에 한 사람이 찾아왔습니다. 금식하며 기도하기를 1년 6개월 만에 세 사람의 성도를 얻은 뒤에야 비로소 김익두 전도사는 하나님의 깊으신 뜻과 섭리를 확연히 깨달아 알게 되었습니다.

"주여! 한 영혼이 천하보다 귀하다고 하셨사온데 과연 한 사람의 영혼을 얻기가 이렇게 힘든 줄을 알지 못하였나이다."

김익두 목사가 후일에 순교하는 그 순간까지 성도를 그의 생명보다 더 사랑하였는데, 그 동기는 이때 성도의 귀중함을 깨달았기 때문이라고 술회한 바 있습니다. 어렵게 금식하며 기도하며 1년 6개월 만에 세 사람의 교인을 얻은 후부터는, 신기하게도 매주 열 명 안팎, 혹은 이십여 명, 때로는 삼십여 명씩 떼를 지어 입교하였고 교회가 갑작스럽게 부흥하기 시작했습니다. 놀라운 성령의 역사로 말미암아 구원받는 사람의 수가 늘어나기 시작하더니 만 2년 남짓, 햇수로 3년 만에 무려 300여 명의 큰 교회가 되었습니다. 이러한 사실은 교회의 부흥이 인위적인 노력만으로는 이룰 수 없는, 오직 성령의 역사로만 가능하다는 것을 알려주는 놀랍고 영광스러운 일이 아닐 수 없습니다. 실로 사람의 생각으로는 도저히 기대하기 어려운 불가능한 일이 이루어진 것입니다.

"주여! 감사하옵나이다. 이 일이 대체 어찌 된 일이옵니까? 가슴이 벅차 큰 물결이 밀려오는 듯하옵니다. 못난 종이 그렇게 투덜댔사온데 어찌 이다지도 무한하신 은총을 베푸시나이까? 주여! 이 죄인을 용서하여 주옵소서, 믿지 못하였던 종을 용서해 주시옵소서!"

감격한 김익두 전도사는 자신의 믿음이 부족했던 것과 어려웠던 때마다 낙심했던 부족한 믿음을 진심으로 회개하고 하나님께 용서를 빌었습니다.

주일이면 300여 명의 신자가 모여들어 가건물을 지어 예배를 드렸는데, 그곳마저 곧 성도들로 가득 찼습니다. 한국 기독교사의 초기시대라고 할 수 있는 그 시절에 황무지 같은 신천읍에 300여 명의 교인들이 모인다는 것은 역시 사람으로는 측량할 수 없는 하나님의 놀라운 섭리가 분명했습니다.

3년 만에 대교회로 성장시킨 김익두 전도사의 일과는, 교회의 급격한 부흥으로 말미암아 매우 분주해졌습니다. 이른 새벽에 일어나 하나님께 은밀히 기도했고 신·구약 성경을 꼭 하루에 한 장씩 규칙적으로 정독했으며 하루 세 번 꼭 가정예배를 드렸습니다. 얼마나 성경 말씀을 사랑했던지 혼자서 길을 걸을 때도 말씀을 암송했고 자나 깨나 성경을 읽고 묵상하는 일을 게을리하지 않았습니다. 어느 때는 성경을 읽으며 길을 걷다가 담벼락에 부딪히기도 하고 돌부리에 걸려 넘어지는 일도 많았습니다. 가끔은 읽는 데 너무 열중해서 그만 길을 지나쳐 "어이쿠, 여기가 어디지? 내가 언제 여기까지 왔나?"하고 오던 길을 되돌아가기도 했습니다. 이런 습관 때문에 다음과 같은 대화도 오가곤 했습니다.

"전도사님, 어제 길에서 인사 했는데 왜 모른 척하셨어요?"

"언제요?"

"어제 말이에요."

"그랬습니까? 아, 죄송합니다. 전 잘 몰랐습니다."

길을 걸을 때 성경을 보거나 기도하다가 길거리에서 인사하는 사람을 보지 못할 때가 많아서 이런 일이 생기기도 했던 것입니다.

아마도 김익두 목사만큼 성경을 탐독하고 기도에 열중하는 목회자는 그리 흔하지 않을 것입니다. 하나님께서는 그를 안악에서 회개시키시고 재령읍에서 목회를 시작하게 하셨으며 신천읍교회에 정착시키셨습니다. 이후에는 서울 남대문교회, 승동교회, 직전리교회, 서부교회로 옮겨 목회했습니다.

지금까지 편의상 전도사로 호칭했으나 실제로는 신천읍교회에서 목회할 때까지는 아직 신학을 하기 전이었으므로 '조사'(목사를 돕는 직분, 조사로 활동하다가 신학을 배워 목사가 되기도 했다)라는 직분으로 일했습니다. 또한 신천읍교회는 후일에 동부교회와 서부교회로 나뉘어졌고 김익두 목사는 본 교회인 신천서부교회의 담임 목사로 시무했습니다.

신학교 입학

신천읍교회에서는 신실하고 능력 있는 김익두 전도사를 신학교에 보내 훌륭한 목사로 양성해야겠다고 생각했습니다. 당회를 열어 의논 끝에 평양신학교에 입학시키기로 의결하고 학비 일체를 지급하기로 했습니다. 1906년에 드디어 김익두 전도사는 대한예수교 장로회 평양신학교에 입학하게 되었습니다. 석 달 동안 평양에 가서 수업 받고 다시 돌아와 교회 일을 돌보다가 다시 석 달은 평양에 가서 공부하는 방식으로 6년 동안 공부하고 나면 졸업할 수 있었습니다. 당시라고 해서 적당히 공부시키는 것은 아니었습니다. 외국인 선교사들의 엄격한 신학교육은 자격 위주의 철저한 수업을 받도록 제도화되어 있었기 때문에, 그 당시 신학 수업은 여간 힘든 것이 아니었습니다.

그러한 훈련과 고된 수업 과정 속에서도 어느덧 6년이란 기간이 차서 1911년 평양신학교 제3회 졸업생으로 우종서 외 27명의 학우들과 함께 신학교를 졸업하게 되었습니다. 그때 김익두의 나이는 37세였습니다.

목사 안수를 받다

평양신학교를 졸업한 이듬해인 1912년 12월 5일에 김익두는 그 당시 독노회였던 황해노회 제3회 정기노회에서 목사 안수를 받았습니다. 황해노회는 제3회까지 독노회로 운영되었습니다. 김익두의 안수식은 신천교회의 청빙서에 의해 성도들의 기도와 축복 속에 거행되었습니다. 안수 위원 목사들이 무릎을 꿇고 앉은 김익두의 머리에 손을 얹었고, 임직식을 주관하던 노회장은 떨리는 음성으로 간절히 기도했습니다.

"주여, 오순절의 불과 같이 이 조선에도 성령의 불을 붙여 주옵소서! 엘리사에게 갑절의 영감을 입혀 주셨듯이 이 하나님의 종에게도 갑절의 영감을 부어 주옵소서! 삼천리강산을 복음으로 가득 차게 하여 주옵소서. 예수님의 이름으로 기도하옵나이다."

"아멘! 아멘!"

인생의 갖은 어려움 끝에 하나님의 종으로 소명을 받은 김익두 목사는 감격과 충만한 사명감으로 온몸이 떨려왔습니다. 하나님께서 그를 붙드셨고 그의 심령은 성령으로 충만했습니다. 자신을 이토록 사랑하시는 하나님의 사랑에 마침내 감사와 감격의 눈물이 그의 두 눈에서 비 오듯 흘러내렸습니다. 그리하여 '한국의 무디'라고 불리는 김익두 목사가 탄생했습니다.

신천교회당 건축

김익두 목사가 시무하는 신천교회는 해를 더할수록 부흥해 교인 수가 700명을 넘게 되었습니다. 그 시대로서는 엄청난 부흥이었습니다. 그동안 예배당으로 사용해 오던 가건물이 이제는 예배 인원을 모두 받아들일 수 없을 정도로 수용의 한계를 넘어서고 있었습니다. 뒤쪽에 서서 예배를 드리는 사람, 혹은 문턱에 앉거나 아예 밖에서 예배를 드리는 사람이 많아졌습니다. 김익두 목사는 안수받은 후 첫 번째 사업으로 예배당을 건축하기로 결심했습니다. 김익두 목사는 이 문제를 두고 간절히 기도했습니다. 온 교회가 합심하여 뜨겁게 기도했으며 밤마다 성도들이 함께 모여 기도하고 주일에는 모든 교인이 마음을 같이하여 기도하기 시작했습니다.

"하나님 아버지! 우리에게 700명 이상이 함께 예배할 수 있는 큰 예배당을 건축할 수 있도록 허락하여 주시옵소서!"

김익두 목사는 특별히 산상 금식 기도를 작정하고 산으로 올라갔습니다. 3일간을 금식하며 기도했고 밤에는 철야로 기도했습니다. 그렇게 열심으로 기도하면서도 그는 늘 이렇게 겸손히 기도하기를 잊지 않았습니다.

"인간의 열심이 하나님의 뜻을 앞지르지 않게 하옵소서."

이 기도는 그가 평생토록 일관한 유일한 기도 제목이었다고 합니다. 교계에서 흔히 하는 말로 '삼 년 부흥사 없다'라고 하는데 어떻게 김익두 목사가 평생토록 초지일관 직선 신앙을 고수하며 승리할 수 있었겠습니까? 아마도 그 원인이 이 기도에 대한 하나님의 응답이 아닌가 생각됩니다.

김익두 목사는 예배당 건축을 위한 기도 제목을 가지고 3일 동안 전심전력으로 하나님께 간구했습니다. 3일이 지나자, 그의 마음에 강한 확신이 왔습니다. 기도 중에 큰 목조예배당이 흡사 노아의 방주와도 같이 웅장하게 김익두 목사의 눈에 비쳤습니다. 비몽사몽간에 그의 눈앞에 나타난 환상이었습니다. 김익두 목사는 놀라운 환상을 보았던 것입니다.

"아! 저 예배당!"

김익두 목사는 자신도 모르게 나지막이 외쳤습니다. 이 환상으로 그는 응답의 확신을 갖게 되었고 동시에 "평안할지어다"라고 하시는 세미한 주님의 음성을 듣게 되었습니다. 자신도 모르게 두 눈에서는 감격의 눈물이 흘러내렸습니다. 그리고 마음속에 굳게 다짐했습니다.

"어떠한 어려움이 닥칠지라도 기필코 예배당을 세우자! 하나님의 약속이 분명하기 때문이다. 본대로 이루어질 것을 믿습니다. 아멘!"

김익두 목사는 3일간의 금식기도를 마치고 돌아왔습니다. 다음 주일 대예배 시간에 하나님께 예배를 드린 후 예배당 건축을 위하여 모든 성도들이 건축 헌금 작정을 하게 되었습니다. 마치 기다렸다는 듯 모두 앞다투어 건축비를 작정했지만, 작정된 헌금 총액은 계획된 건축비 총예산의 절반을 조금 넘는 수준이었습니다. 김익두 목사의 마음으로는 당대 동양 제일의 교회당을 건축하려고 마음먹었기 때문이었습니다. 생각 끝에 신천지역 유지들을 한 사람 한 사람 방문해 그 뜻을 전달하기로 결심하고 부유층 지역 유지들을 차례로 방문하였습니다.

"주여! 저들이 비록 주님을 믿지는 않사오나 주님께서 그들의 마음을 성령으로 감동하사 주님의 전을 지을 건축비를 헌금할 수 있는 마음을 갖도록 허락하여 주시옵소서!"

김익두 목사는 그들을 향하여 발걸음을 옮기면서도 기도를 계속했습니다.

"주여! 저들의 마음을 움직여 주옵소서!"

김익두 목사가 교회 건축비 모금을 위해 방문한 지역 유지들 중에는 인색하기로 소문난 구두쇠 부자도 있었고 불교를 믿는 부자도 있었습니다. 그러나 김익두 목사가 그들을 방문해 교회당 건축 이야기를 시작하면 어찌 된 일인지 흔쾌히 승낙하는 것이었습니다.

"김 목사님이 이렇게 신천읍을 위해 애쓰시는데 어찌 모른 체 할 수 있겠습니까? 신천을 위해 회당을 지으신다는데 제가 도울 수 있는 데까지 돕겠습니다."

가는 곳마다 협조적이어서 큰 어려움 없이 건축예산이 모두 확보되었습니다. 드디어 신천서부교회당 건축이 시작되었고, 위치는 신천읍 척서리에 자리한 송화목 고개 언덕이었습니다.

신천읍이 한눈에 훤히 내려다보이고 경관이 수려하여 예배당 위치로서는 더할 나위 없이 좋은 곳이었습니다. 착공을 위한 예배를 드린 후 드디어 공사가 시작되었습니다. 남녀노소 막론하고 700여 명의 교인들이 모두 공사에 참여하여 돌을 나르고 땅을 파고 물을 길어 오는 등, 온갖 궂은 일도 마다하지 않고 모두 한 마음으로 힘을 합쳐 공사를 진척시켜 나갔습니다. 김익두 목사의 지도하에 일치단결하여 감사와 기쁨으로 예배당을 건축하자 공사는 예상보다 순조롭게 진행되어, 신천교회당은 1913년 송화목 높은 언덕에 웅장한 모습으로 세워져 완공되었습니다.

이 일은 김익두 목사가 안수받은 지 1년 만의 일이었습니다. 신천교회당이 완공된 후 김익두 목사와 성도들은 감사와 찬양으로 하나님께 영광을 돌리고 기쁨으로 예배를 드렸습니다. 새로 지은 교회당 건물을 보기 위하여 도처에서 많은 사람이 구경 왔습니다. 원근 각처의 교회와 교인들도 빠짐없이 찾아와 기뻐하며 구경하고 돌아갔습니다.

훗날 김익두 목사는 이때 지은 신천예배당에서 공산도당들에 의해 순교했습니다. 1913년에 교회를 완공하고 37년 만인 1950년 6·25 동란 때 자기가 세운 교회당에서 장렬한 죽음으로 순교했으니, 하나님의 깊으신 뜻과 오묘한 섭리를 누가 짐작할 수 있겠습니까?

1945년 해방과 더불어 신천서부교회에서는 32년 된 낡은 예배당 건물을 헐고 새 예배당을 건축할 계획으로 김현준 목사 때부터 건축 헌금을 시작했습니다. 당시 김익두 목사는 신사참배를 거부하여 서울 승동교회 담임 목사직을 강제 사직당하고 1938년 이후 장연면 직전 교회에서 시무하고 있었는데, 그때 김익두 목사에게 사람을 보내 신축 허가를 받았습니다. 그 후 김익두 목사가 신천서부교회로 다시 돌아와 시무하며 5년 동안 신축 헌금을 해 오다가, 결국 새 건물을 세우지 못하고 친히 그의 손으로 세운 서부교회당에서 거룩한 순교의 피를 흘리게 되었습니다. 하나님께서는 그의 삶뿐만 아니라 그의 죽음까지도 아름답게 받으셨던 것입니다.

병 고침의 은사가 나타나다

사도행전 3장 6절에 기록된 바, "은과 금은 내게 없거니와 내게 있는 것으로 네게 주노니 곧 나사렛 예수 그리스도의 이름으로 일어나 걸으라!"라고 하는 말씀이 있습니다. 김익두 목사는 이 성구를 읽고 또 읽으며 많은 생각을 했습니다.

"베드로는 누구이며 김익두는 누구인가?"

김익두 목사의 성격에는 이러한 도전적인 일면이 있었습니다. 양자택일의 결단력이 필요할 때는 과감하게 용단을 내리는 남달리 강한 성격이 있었습니다. 아마도 하나님께서는 그를 복음의 도구로 쓰시기 위해 이렇게 담대한 성품을 주신 것이라 생각됩니다.

황해도 신천읍에는 안중근 의사가 살던 두라면이 있었는데, 저수지로 가는 길목에 척서리 개울이라고 하는 시냇물이 있었습니다. 이 냇물을 "척사재개"라고도 불렀는데 사시사철 맑은 물이 흐르는 신천의 명소였습니다. 이 맑은 물은 저 멀리 아득히 보이는 구월산 계곡으로 부터 흘러 내려오는 물줄기였습니다. 이 척서리 개울에 돌다리가 있었는데 이 다리 옆에는 언제나 앉은뱅이 거지가 구걸을 하고 있었습니다. 오고 가는 이들이 앉은뱅이 거지를 불쌍히 여겨 동냥을 해주었기 때문에 언제나 그 자리를 지키고 있었습니다.

김익두 목사도 그 자리를 지날 때마다 잊지 않고 꼭 얼마의 돈을 쥐여 주었습니다. 때때로 '나도 베드로처럼 저 앉은뱅이를 일으킬 수만 있다면 근사할 텐데…' 하고 늘 마음에 생각했습니다.

어느 날, 가랑비가 내리는 한적한 오후에 김익두 목사가 그 다리를 지나고 있었습니다. 길거리를 지나는 사람들도 별로 없었고 인적이 드문 시간이어서 매우 조용한 때였습니다.

"한 푼 적선 합쇼!"

김익두 목사를 보고 앉은뱅이가 손을 내밀었습니다. 성경 구절을 암송하느라 골똘해 있던 그는 움찔 걸음을 멈추고 그를 바라보다가 문득 이런 생각이 떠올랐습니다.

"오늘은 인적도 뜸하고 마침 보는 사람도 없으니, 이럴 때 한 번 저 앉은뱅이를 일으켜 보면 어떨까?"

다시 한번 주위를 빙 둘러보니 마침 오가는 사람이 아무도 없었습니다. 행여나 사람이 보는데 시도했다가 실패하기라도 하면 무슨 망신일까 싶어서 아무도 없을 때 한 번 시도해 보려고 생각했습니다. 때가 마침 좋았고 기회가 적중하다고 생각되어 그 앉은뱅이에게 다가가 손뼉을 딱 치면서 불렀습니다.

"날 똑똑히 보시오!"

"예? 나요?"

앉은뱅이는 갑자기 상기된 김익두 목사의 얼굴을 의아한 눈빛으로 올려다보며 대답했습니다. 김익두 목사는 앉은뱅이의 손을 꽉 움켜잡고 그를 주목하면서 큰 소리로 명령했습니다.

"은과 금은 내게 없거니와 내게 있는 것으로 네게 주노니 곧 나사렛 예수 그리스도의 이름으로 걸으라!"

성경에 있는 말씀 그대로 외치면서 그를 힘껏 잡아 일으켰습니다. 원래 힘이 장사인 김익두 목사인지라 앉은뱅이는 그의 힘에 의해 번쩍 들려졌습니다. 그리고 김익두 목사는 그의 손을 놓았습니다. 그랬더니 잠시 들렸던 그 몸체가 그만 땅바닥에 털썩 떨어지면서 엉덩이가 땅에 부딪히고 비명이 터져 나왔습니다. 본래 불편한 육신인지라 통증을 못 이겨 소리를 지르며 고통을 호소했습니다.

"아이쿠, 나 죽네! 사람 살려요!"

그는 몸을 비틀며 비명을 질렀습니다.

"사람 죽어요! 아이구, 아이구…"

김익두 목사가 살펴보니 앉은뱅이가 전혀 일어설 기색이 보이지 않았습니다. 그만 부끄럽고 무안한 마음이 생겼습니다. 순간 번쩍 뇌리를 스치는 생각이 있었습니다.

"그렇다! 왜 내가 믿음으로 하지 않고 주위를 돌아보았는가? 이런 연약한 믿음으로 어떻게 앉은뱅이를 일으키겠다고 나섰는가? 참 한심한 노릇이다…."

아무리 성경을 다시 상고해 봐도 베드로가 한 바퀴 빙 둘러보고 앉은뱅이를 일으킨 일이 없었기에, 생각할수록 자신의 행위가 부끄러웠습니다. 얼굴이 화끈 달아오른 그는 그만 두 손으로 얼굴을 가리고 도망치듯 그 자리를 벗어나 그 길로 예배당으로 뛰어갔습니다. 강단 아래 무릎을 꿇고 깊이 탄식하며 기도하기 시작했습니다.

"주여! 용서하여 주옵소서! 이 종이 심히 믿음 없음을 회개하나이다. 이 연약하고 어리석은 종이 주의 영광을 훼손한 것을 용서하여 주옵소서!"

김익두 목사는 믿음이 부족함을 탄식하며 진심으로 깊이 뉘우치고 회개했습니다. 이러한 상태로 목회하는 것이 얼마나 부질없는 행위인가를 깨닫고 7일을 금식하며 철야로 기도했습니다.

물 한 모금 입에 대지 않고 완전히 식음을 전폐한 채 깊은 기도에 몰입했습니다. 육신의 정욕과 안목이 눈물로 한없이 흘러내렸습니다. 이렇게 눈물로 회개하고 기도하다가 6일째 되는 날 척서리 냇가로 다시 내려갔습니다. 물 한 모금 마시지 않고 엿새를 굶어서 다리가 휘청거리고 기운이 다 빠졌지만 힘을 내 간신히 다리까지 걸어갔습니다. 다리 근처에 자리를 잡고 동냥을 청하던 앉은뱅이는 멀리서 김익두 목사가 자기를 향해 걸어오는 것을 발견하고 기겁하며 소리를 질렀습니다.

"오지 마시오! 적선 안 해도 좋으니 제발 오지 마시오."

앉은뱅이는 손을 휘저으며 김익두 목사가 다가오는 것을 제지했습니다. 또 한 번 혼이 날까봐 겁을 먹었던 것입니다. 그러나 김익두 목사는 그를 향해 다가가 눈물을 흘리며 그의 손을 붙잡고 간절히 호소했습니다.

"지난번 일은 용서하시오. 내가 그때부터 지금까지 금식하고 철야하며 당신을 위해 하나님께 기도를 드렸소이다. 오늘 밤이 기도 작정한 마지막 날인데 나와 함께 가서 하나님께 기도합시다."

눈물을 흘리며 진심으로 말하는 김익두 목사의 태도에 그는 마음이 움직여 함께 가기로 동의했습니다. 엿새 동안을 꼬박 굶어 다리가 휘청거렸지만, 김익두 목사는 앉은뱅이를 등에 업고 있는 힘을 다해 교회당으로 걸어갔습니다. 강단 밑에 엎드린 김익두 목사와 앉은뱅이는 하나님 앞에 간절히 기도하기 시작했습니다. 얼마나 열심히 기도했던지 전신에서 땀이 비 오듯 흘렀고 얼굴은 눈물과 땀으로 범벅이 되었습니다.

"주여! 이 불구자를 불쌍히 여겨 일으켜 주옵소서! 간절히 간절히 기도하옵나이다. 주께서 이 사람을 일으키사 걷게 하여 주옵소서! 걷지 못하는 다리에 힘을 주옵소서! 예수님의 이름으로 기도하옵나이다. 아멘!"

"믿습니다! 주여, 믿습니다!"

밤이 새도록 두 사람은 서로 붙들고 울면서 목이 쉬도록 하나님께 간구했습니다. 어느덧 깊은 밤이 지나고 새벽 미명이 되었을 때 갑자기 앉은뱅이가 다리에 힘을 얻더니 벌떡 일어섰습니다. 놀라운 기적이 일어난 것입니다. 한 걸음 두 걸음 발을 옮기더니 급기야는 예배당 안을 껑충껑충 뛰어다니기 시작했습니다. 그는 너무도 기뻐서 두 손을 들고 "만세! 만세! 할렐루야! 할렐루야!"를 외치면서 껑충껑충 뛰어 예배당 안을 계속 돌아다녔습니다.

"감사합니다! 감사합니다! 김익두의 하나님이시여! 고맙고 감사합니다. 예수님의 이름으로 감사드립니다. 아멘!"

김익두 목사도 감격하여 하나님께 영광을 돌렸습니다. 김익두 목사는 앉은뱅이의 뛰는 모습을 자세히 살펴보았습니다. 두 다리는 곧게 뻗어 있고 성한 사람의 발과 조금도 다름없이 뛰고 있었습니다. 김익두 목사는 이러한 기적 가운데서도 결코 자랑하지 않았습니다.

이러한 이적이 일어난 것은 헌당식을 마친 직후였습니다. 일천 명을 수용할 수 있는 예배당 안을 앉은뱅이는 마구 뛰어다녔습니다. 너무 기뻐서 어쩔 줄 몰랐습니다.

한국 기독교 백년사에 최초로 나타난 이적이 이처럼 신천서부교회 예배당에서 나타났던 것입니다. 신천 사람이면 누구나 다 잘 알고 있는 척서리 냇가의 앉은뱅이가 갑자기 일어나 자기 발로 걷고 뛰어다니는 모습을 보고 놀라지 않는 사람이 없었습니다. 이 소문은 삽시간에 입에서 입으로 전해져 황해도는 물론이고 평양과 서울까지 퍼지고 전국 방방곡곡에 전해졌습니다.

김익두 목사가 주위를 한 바퀴 휘 둘러보고 기도했을 때는 실패했으나, 회개하고 믿음으로 기도했을 때는 앉은뱅이가 일어나는 성령의 놀라운 역사가 일어났던 것입니다. 이때로부터 한국 기독교사에 이적의 첫 봉화가 올랐으며 놀라운 성령의 역사가 일어나기 시작했습니다. 이후 김익두 목사는 30여 년 동안 부지기수의 병자를 성령의 능력으로 고치는 사역자가 되어 하나님의 영광을 드러냈고 전국을 놀라게 하는 복음의 종이 되어 크게 쓰임을 받았던 것입니다.

오늘날도 병 고침의 이적이 때때로 나타나고 있으나 앉은뱅이가 일어나거나 병자가 완쾌되는 뚜렷한 증거를 목격하기는 쉽지 않습니다. 그런 신유의 이적이 빈번히 일어나기는 하지만 육체의 내부에 있는 질병들이 대부분이어서 참으로 병 고침을 받은 것인지 일시적인 진정 상태였는지 분명치 않을 때가 많은 것이 사실입니다. 그러나 김익두 목사를 통해 나타난 병 고침의 이적은 매우 분명하여 그 결과가 뚜렷이 증거되었습니다. 전신불수 환자가 완치되고 앉은뱅이가 걸어다니고 소경이 눈을 떴기 때문입니다.

표적과 기사와 이적의 종

김익두 목사가 땀과 눈물로 기도하며 사랑으로 복음을 증거할 때 하나님의 영광이 충만했습니다. 그가 주위를 둘러보며 명예욕에 사로잡혀 행할 때는 실패의 부끄러움을 느끼며 자신의 불신앙을 눈물로 회개할 수밖에 없었지만, 오직 예수 그리스도의 이름으로 주님을 바라보고 행할 때는 이와 같이 성령의 역사가 나타났던 것입니다. 의심할 때는 실패했고 믿고 기도했을 때는 앉은뱅이가 벌떡 일어나서 걸어가는 기적을 체험한 것입니다.

성경 읽기

신천서부교회의 성도들은 성경 읽는 것을 가장 큰 자랑으로 여겼습니다. 김익두 목사의 성경 읽는 습관을 본받아 철저한 가르침을 받았기 때문에 '성경 읽기'는 성도들의 생활 중에 가장 비중 있는 일과였습니다.

"성경을 몇 번 읽있나?"

"오늘도 성경을 읽었나?"

교회 청년들은 서로 만나면 화제가 성경에 관한 내용이었고 묻고 대답하는 말이 성경 읽기에 관한 문답이었습니다. 어느 날은 청년 몇 사람이 김익두 목사님의 성경 지식을 시험해 보려고 질문을 했습니다.

"목사님, 저희가 한 가지 여쭤어봐도 되겠습니까?"

"그래, 물어봐라."

김익두 목사가 담담하게 대답하자 청년들은 때를 만난 듯 성경 곳곳에 있는 말씀들을 이 모양 저 모양으로 쉴 새 없이 물어보았지만, 그는 한 번도 막힘없이 대답했습니다. 언제 어디서 무엇을 물어보아도 말이 채 떨어지기도 전에 대답이 나왔습니다. 너무 쉽게 술술 대답하니 오히려 청년들이 혀를 차고 놀라워했습니다.

김익두 목사는 신구약 성경 66권을 거의 외우다시피 통달한 사람이었습니다. 평생에 신약은 1,000번을 정독했고 구약은 100독을 독파했는데 평상시 암송하는 구절로 100구절 정도는 늘 외우고 있었습니다. 신구약 성경의 모든 말씀들이 언제나 그의 머릿속에 충만하여 수시로 그의 입술을 통해 흘러나왔고, 그의 손에는 항상 성경책이 들려 있었으며 무슨 대화에 임하든지 반드시 성경책을 펴 놓고 말했습니다. 언제나 대화 중에는 성경을 인용했고 세속적인 대화를 나누는 일이 없었습니다.

한 번은 부흥회 강사로 초청되어 현지 교회로 출발하기 위하여 신천역 대합실에 앉아 성경책을 읽으며 기차 시간을 기다리고 있는데 갑자기 어디선가 돌멩이가 날아와 성경책을 때렸습니다. 그가 성경책만 열심히 들여다보고 있으니, 아이들이 놀리려고 돌을 던진 것입니다. 깜짝 놀란 김익두 목사는 아이들을 불러 놓고 가만히 타일렀습니다.

"너희들, 이 책이 무슨 책인지 알고 있느냐?"

"성경책이잖아요."

"성경책에 무엇이 쓰여 있는지 알고 있느냐?"

"몰라요."

"이 책은 하나님의 말씀을 써 놓은 책이란다. 이 책은 세상에서 제일 귀하고 소중한 책이다. 알겠느냐?"

"네… 알겠습니다."

"그래. 알았으면 우리 다 같이 하나님께 기도하자."

인자하고 따뜻한 음성으로 타이르며 기도해 주는 자상한 모습에 아이들이 감동해 함께 눈을 감고 기도했습니다. 어떤 아이는 눈물을 글썽이기까지 했습니다. 김익두 목사가 기차를 타고 출발할 때 아이들은 손을 흔들며 전송했습니다. 예수 믿고 교회에 꼭 나가겠다는 약속을 받고 출발했던 것입니다.

1948년 12월 신천서부교회에서는 성탄 예배 행사 준비로 주일학교 교사들과 청년들이 아이들과 더불어 매일 밤 교회당에 모여 분주했습니다. 한 달 전부터 찬양, 성극, 율동, 무용 등을 연습하느라 저녁이면 모두 예배당에 모였습니다. 온 교회가 행사 준비로 각 기관마다 계획을 짜고 연습에 열중했습니다. 때때로 이런 연습 중에는 아이들이 장난을 치기도 하고 이리저리 뛰어다니며 소란을 피우는 일도 많았습니다.

대체로 김익두 목사는 오후 2시쯤 되면 예배당에 나와 기도하고 성경을 마룻바닥에 펴놓고 읽었습니다. 때때로 행사 준비에 참견하여

지도하기도 했습니다. 당시에는 예배당 안에 의자를 놓지 않고 마룻 바닥에 앉아서 예배를 드렸습니다.

한 번은 아이들이 성탄 준비로 바쁜 예배당 안에서 장난을 치며 돌아다니다가 그만 김익두 목사의 성경책 위를 건너뛰었는데, 마침 김익두 목사의 눈에 띄었습니다. 김익두 목사의 얼굴빛이 변했고 아이들을 향해 크게 꾸중했습니다.

"야! 너 이리 오너라."

교사들과 아이들이 약 50명 있었는데 모두 긴장해 목사님 눈치를 살폈습니다. 지목을 받은 아이는 겁먹은 얼굴로 김익두 목사 앞에 와 섰습니다.

"너 성경책을 어떻게 생각하고 건너뛰었느냐? 성경책 위를 그렇게 발로 넘어가서야 되겠느냐?"

"목사님, 잘못했어요."

"성경책이 무엇이냐?"

"하나님의 말씀입니다."

"그래. 다시는 성경책 위를 발로 넘어서는 안 된다!"

김익두 목사는 성경책을 소중히 접어 가슴에 안고 예배당을 나갔습니다. 그가 이처럼 성경을 소중히 했기 때문에 신천서부교회 모든 사람은 비록 성경이 종이로 만들어진 책이지만 함부로 다뤄서는 안 된다는 교훈을 얻어 철저히 지켰습니다.

김익두 목사의 일과는 대체로 매일 새벽 기도회를 인도하는 것으로 시작해서, 그 후 6시부터 약 두 시간 정도 개인적으로 기도했습니다. 항상 마루에 무릎을 꿇고 얼굴을 파묻은 자세로 기도했습니다. 8시부터는 1시간 30분 정도 성경을 읽었는데 대개 신약성경을 매일 7장씩 읽어 나갔습니다.

필자 한춘근은 늘 그런 모습을 지켜보았습니다. 언젠가 김익두 목사가 성경을 읽다가 손수건으로 눈물을 닦으면서 흐느껴 울고 있었습니다. 이런 모습을 바라본 필자가 영문을 알 수 없어 눈치만 살피고 있다가, 김익두 목사가 성경을 덮고 밖으로 나가자 따라 나가서 여쭤 보았습니다.

"목사님! 방금 목사님께서 성경을 읽으시면서 눈물을 흘리셨는데 무슨 일이십니까?"

김익두 목사는 필자 한춘근을 다정하게 바라보며 나지막이 대답했습니다.

"나는 4복음서를 읽을 때마다 한 번도 울지 않은 적이 없었다."

이 말을 듣고 필자는 가슴이 뭉클했습니다.

"우리 예수님께서 십자가를 지고 가는 모습, 십자가에 달려 못 박히신 그 장면을 상상하면 눈물이 앞을 가려 그만 성경 글씨가 눈에 보이지 않는다."

"예!… 그러셨군요."

"너도 성경을 많이 읽도록 힘써라."

김익두 목사는 필자의 어깨를 다정히 두드리고 사택으로 발걸음을 옮겼습니다.

1946년부터 1950년에 이르는 5년여 동안 김익두 목사는 신천서부교회에서 매일 저녁 집회를 했는데 통일이 되는 그날까지 계속하겠다는 의지로 매일 밤 모임을 가졌습니다. 어김없이 저녁 7시가 되면(여름은 8시) 예배를 드렸습니다. 5년 동안 하루도 빠짐없이 집회를 계속했는데 그동안에 신약성경을 처음부터 차례차례 읽어 나가면서 강해했습니다. 평일 집회에서는 여러 가지 질문도 하고 신앙생활에 필요한 성경 지식을 문답식으로 가르쳤기 때문에 재미있고 유익한 시간이었습니다.

어느 날 집회 시간에 이선근이라는 청년이 질문을 했습니다. 후에 이선근은 전쟁이 한창이던 1951년 당시 김인순과 함께 신천으로 가다가 도중에 헤어져 다시 돌아가고 김인순은 혼자서 신천에 잠입했다가 인민군들에게 붙들려 갖은 고문을 당하다가 결국 나체로 조리를 돌리고 신천읍 네거리에서 철사줄에 목이 졸려 참혹한 죽임을 당했습니다.

"목사님, 질문이 있습니다!"

"무엇인가? 물어보시오."

"목사님은 설교하실 때마다 언제나 결론은 성경을 읽으라는 것으로 끝마치시는데, 설교 제목은 매번 다르면서 어떻게 끝의 결론은 항상 같습니까?"

질문을 하는 이선근 청년에게 시선이 집중되었습니다. 김익두 목사는 빙그레 웃으며 대답했습니다.

"그렇습니다. 내가 수십 년 동안 전국 방방곡곡 안 가본 곳 없이 다 찾아가 복음을 전하는 가운데 별별 이적과 기사를 행하며 사역했지만 결국에는 성경이 제일이라는 것을 깨달았기 때문입니다. 금식도 많이 해보고 이적도 많이 체험해 보고 부흥집회도 많이 해보았으나 성경을 읽어 얻은 은혜보다 더 큰 은혜가 없음을 깊이 깨달았기 때문입니다."

교인들이 조용히 듣고 있는 가운데 그는 계속 말을 이어 갔습니다.

"나는 설교를 여러 모양으로 하지만 결국 성경을 열심히 읽으라는 말로써 호소하게 되는 것은, 무엇보다도 성경을 읽고 그 가운데서 은혜를 받고 성장해 가는 것이 가장 올바른 태도라고 보기 때문에 그런 것입니다."

이처럼 김익두 목사는 언제나 강단에 서면 성경을 읽으라고 독려했고, 성경을 자신의 언행심사에 적용하려고 항상 노력했습니다. 간혹 무슨 생각을 하다가 성경에 빗나가기라도 할 때는 스스로 소스라치게 놀라, 그 즉시 회개하고 한 순간도 성경에 어긋난 마음을 용납지 않았습니다. 자신의 모든 생각과 행동을 성경에 일치시키려고 노력했고 예수 그리스도의 형상을 닮기 위해 심혈을 기울여 일생을 살았던 목회자였습니다.

호랑이 부흥사

김익두 목사가 가는 곳마다 신유의 이적과 말씀, 통회의 역사가 일어나자, 그의 명성이 사방으로 퍼져나가 전국 도처의 교회마다 부흥사 경회를 인도해 달라는 요청이 쇄도했습니다. 때로는 본교회에 사정이 있어도 끝까지 거절하지 못하고 결국은 따라 나서야 할 때도 있었습니다. 그 당시 부흥집회는 집회 기간에 주일도 포함되는 경우가 많았기 때문에 집회에 나가면 으레 주일예배도 현지 교회에서 드려야 했습니다. 한 곳에서 집회를 마치면 본교회로 돌아올 겨를도 없이 곧장 이웃교회로, 또다시 이웃교회로 초청을 받아 갈 수밖에 없었기 때문에, 어떤 때는 한 번 나가면 몇 달이 지나도록 돌아오지 못할 때도 있었습니다.

아마도 안악 고향에서 신천으로 옮기게 된 데에는 '고향에서는 선지자가 대접을 받지 못한다'는 성경적 진리도 있었겠지만, 안악에는 없는 기차역이 신천에는 있었기 때문이었을 것입니다. 언제나 쉽게 초청에 응할 수 있도록 하려는 복음 사역을 위한 하나님의 선하신 뜻이 있었을 것입니다. 안악은 땅이 기름진 옥토였으나 지형상 철로를 가설하기가 당시로서는 매우 어려웠던 것 같습니다. 전국 어디를 가든지 언제나 출발할 수 있는 교통상의 편의까지도 하나님께서 의도하셨다고 생각합니다.

그 당시 김익두 목사 초청 부흥집회는 3년 전에 미리 부탁해야만 성사가 될 정도로 바쁜 일정으로 꽉 짜여 있었습니다. 이처럼 교회와 가족을 떠나 있는 시간이 많다 보니 가족들과의 연락은 편지나 인편으로 주고받을 수밖에 없었습니다. 전국을 종횡무진으로 왕래했기 때문에, 가족들은 때로 김익두 목사가 지나가는 중간역에서 잠깐 만나기도 했습니다. 김익두 목사의 부인은 아이를 등에 업고 사리원역(현

북한 사리원 시에 있는 사리원청년역. 신천군에서 북동쪽으로 30km 거리에 있다)까지 마중 나가서 남편을 만나곤 했는데, 미리 편지로 연락해서 기차 시각을 알려주고 시간을 맞춰 나가야만 잠깐 만나보는 정도였습니다.

삼천리 방방곡곡에 있는 교회들이 김익두 목사의 집회를 원했기 때문에 그가 다녀 보지 못한 곳은 거의 없었습니다. 심지어는 만주, 일본, 러시아에서도 김익두 목사를 초청해 부흥회를 했습니다. 심할 때는 일 년에 집에서 3~4일밖에 머물지 못할 때도 있었으니 참으로 놀라운 사역이었습니다. 1910년경부터 1940년에 이르는 30여 년간은 그를 통해 한국 교회사에 큰 획을 긋는 부흥의 역사가 타오르는 불꽃처럼 일어나던 시기였습니다.

집회 때마다 나타나는 특징은 첫째, 회개의 역사로서 통회자복하는 사람들로 눈물 골짜기를 이루었고 둘째, 성경의 심오한 진리를 가르침으로 은혜가 충만했으며 셋째, 놀라운 병 고침의 역사가 일어난 것이었습니다.

김익두 목사가 강단에 서면 성도들은 눈물로 회개했고 은혜가 충만하여 기쁨에 넘쳐 집으로 돌아갔습니다. 백 년에 한 번 나올까 말까 하는 세기적인 부흥사라고 해도 결코 과찬이랄 수 없는 믿음의 영웅이었습니다. 언제나 성령께서 함께 하셨고 그를 붙들고 사용하심을 눈으로 볼 수 있었습니다.

김익두 목사의 집회를 통해 부흥이 일어난 수많은 교회들 중에 신축한 교회당이 약 150개 처이고 증축한 교회당이 약 150개 처이며 어린이 선교원은 무려 300여 개 처를 신축 또는 증축하는 역사가 일어났습니다. 그는 가는 곳마다 교회를 세우는 것만큼이나 어린이 선교원을 세우는 일에도 적극적이었으니, 실로 페스탈로치에 버금가는 교육적 선견지명이 있었던 것 같습니다. 오늘날 한국교회에서 어린이 선교원을 부설 운영하고 있는 아름다운 모습들은, 당시 어린이 복음 전도에 대한 김익두 목사의 남다른 열심이 밑거름이 되었고 또 그와 같은 열심을 가진 이들의 헌신적인 믿음의 결과일 것입니다.

왜 그렇게도 열심히 어린이 선교원을 세우려고 했을까요? 그 같은 열심은 김익두 자신의 열심이라기보다 분명 성령의 인도하심이었던 것입니다.

그의 소문이 전국 교회에 널리 알려져 있었기에 수많은 성도들이 그를 손꼽아 기다렸습니다. 심지어 불신자들조차도 김익두 목사를 모르는 사람이 없을 만큼 당시 그의 명성은 대단했습니다. 그가 설교하는 집회마다 인산인해를 이루었고 가는 곳마다 예배당이 가득 차서 언제나 몰려오는 인원을 수용하는 것이 제일 큰 문제였습니다. 예배당이 비좁을 때는 학교를 빌리기도 하고 때로는 넓은 뜰에 멍석을 깔아 앉히기도 했습니다. 어떨 때는 각 가정에서 가마니를 한 장씩 가져오게 하여 집회를 갖기도 했습니다.

이렇게 많은 이적과 기사와 잊을 수 없는 많은 에피소드를 남기며 그는 일생을 통해 779회나 되는 부흥회를 인도했습니다. 김익두 목사의 설교를 듣고 회개하여 예수를 믿기로 작정한 결신자의 수가 300만 명이 넘었으며, 연보의 총액이 당시 화폐로 1억 8천 5백여만 원에 달했고, 그의 설교를 듣고 회심하여 목사로 헌신한 사람이 200여 명, 그의 직접적인 권유로 목사가 된 사람이 100여 명이 되었습니다. 김익두 목사가 자비를 들여 신학교육을 시켜 목사가 된 사람이 8명이었는데, 그중 8번째 목사가 바로 양춘식 목사였습니다.

하나님 앞에 불의한 죄에 대해서는 추호도 용납하지 않고 준엄한 그에게 '호랑이 부흥사'라는 별명이 붙었습니다. 죄에 대해서는 추상같이 책망하는 호랑이 부흥사 앞에서 떨지 않는 이가 없었습니다. 당시 모든 이들이 불렀던 이 별명은, 그가 모든 이들에게 존경받는 영적 지도자요 목회자임을 증명하는 것이기도 했습니다. 이웃 일본에서도 호랑이 부흥사가 조선 반도에 나타났다고 경탄하며 김익두 목사를 존경했고 길선주 목사와 김익두 목사를 '세기적인 부흥사'로 높이 평가

했습니다.

새문안교회에서의 일화

1933년 5월 19일부터 개최된 새문안교회의 부흥회는, 1920년대 승동회당에서 회집한 대규모 경성 연합집회 때와 같이 구름 같은 인파로 대성황을 이루었습니다. 예배당 내에는 도저히 몰려든 인파를 수용할 수 없어서 바깥 마당에 가마니를 넓게 깔아 회중들을 앉혔고, 강대상을 밖에 설치하고 설교를 진행했습니다.

밤 집회 시간이 되어 한참 찬송을 부르고 막 예배를 시작하려고 하는데 하늘이 캄캄해지며 검은 구름이 몰려오더니 갑자기 후두둑후두둑 소리를 내며 굵은 빗방울이 떨어지기 시작했습니다. 김익두 목사가 이제 막 설교를 시작하려고 단상 앞으로 나오려던 순간이었습니다. 사람들이 갑자기 쏟아지는 비를 피하려고 우왕좌왕하면서 깔고 앉았던 가마니를 뒤집어쓰는가 하면, 어떤 이들은 우르르 교회 지붕 처마 쪽으로 몰려가려고 야단법석을 떨었습니다. 비로 인해 잠깐 사이에 집회 분위기가 혼란해지고 말았습니다.

그때 김익두 목사가 우렁찬 목소리로 소리쳤습니다.

"다들 어디로 갑니까!"

그러자 앞에 앉았던 몇 사람이 뛰어가면서 대답했습니다.

"비가 쏟아지는데 비를 피해야지요."

그 소리를 듣고 김익두 목사가 손을 높이 들면서 큰 소리로 외쳤습니다.

"자! 기도합시다. 다 같이 머리 숙여 하나님께 기도합시다!"

김익두 목사가 기도하자고 하는데 차마 도망갈 수가 없어서 사람들은 제자리에 서서 머리를 숙이고 기도하지 않을 수 없었습니다. 어쩔 수 없이 비를 맞으며 모두 눈을 감았습니다.

"전능하신 하나님 아버지시여! 이제 하나님께서 허락하신 말씀을 시작하려고 합니다. 이 집회를 계속할 수 있도록 비를 멈춰주시고 하늘에 별들이 보이게 해 주옵소서. 오늘 집회 마치는 시간까지 교회를 지켜주시옵소서!"

비가 쏟아지는데 그는 하나님께 간절히 기도하고 있었습니다. 모든 사람이 불안한 마음을 가지고 있었지만 그는 다만 기도에 열중할 뿐이었습니다.

"우리 구주 예수 그리스도의 이름으로 기도하옵나이다, 아멘."

그가 기도를 마치자 모두들 아멘! 하고 화답했습니다. 그러나 눈을 뜨자마자 사람들은 또다시 가마니를 덮어쓰고 우르르 도망치려고 했습니다.

그러자 김익두 목사가 다시 큰 소리를 질렀습니다.

"여보시오! 다들 어디로 가려는 게요?"

"아니, 비가 오는데 어떻게 해요? 그럼 여기서 그냥 비를 맞아요?"

회중들은 이렇게 말하면서 달아나기 시작했습니다. 마음속으로는 '비가 오니 오늘 부흥회는 다 틀렸다!'라고 생각하면서 흩어졌습니다.

그때 김익두 목사가 있는 힘을 다해 큰 소리로 외쳤습니다.

"여러분! 하늘을 바라보시오!"

김익두 목사의 목소리를 듣고 사람들은 머리 위에 뒤집어쓴 가마니 사이로 하늘을 올려다보았습니다. 그런데 이게 웬일입니까! 언제 비가 왔는가 싶게 밤하늘에 수많은 별이 총총 떠 있는 것이 보였습니다.

"아! 별이다!"

많은 사람의 입에서 감탄의 소리가 나직이 흘러나왔습니다.

어느덧 검은 구름은 사라져 버리고 밤하늘에는 별들이 빛나고 있었습니다.

"자! 다들 자리를 정돈하고 앉으시오."

수천 명의 회중이 다시 자리를 정돈하고 제자리를 찾았습니다. 그러자 김익두 목사가 질문을 했습니다.

"여러분! 왜 모두들 흩어졌습니까?"

"비가 쏟아지니까요."

"그러면 아까 어떻게 기도했습니까?"

"비 오지 않게 해 달라고 기도했습니다."

"비 오지 않게 해 달라고 기도하고 도망은 왜 가는 것입니까? 여러분! 믿고 아멘 했으면 그대로 믿으시오. 아멘 하고서 도망가는 믿음을 가지고 어떻게 천당을 갈 수 있습니까!"

김익두 목사의 호된 책망을 듣고 모두가 자신들의 믿음 없음을 깨닫고 얼굴 가득히 부끄러운 기색을 띠었습니다.

부흥집회의 열매들

김익두 목사가 일생을 통해 인도한 779회나 되는 부흥회 중, 서울을 비롯한 시도 지역의 집회가 261개 처, 면 소재지 교회 집회가 518개 처가 됩니다. 그가 가는 곳마다 복음의 불길 같은 부흥이 일어났고 회개와 이적과 기사가 끊이지 않았습니다. 그에게 감화받고 성령에 감동되어 목회자가 된 사람의 수는 300여 명에 달합니다. 김익두 목사는 자기 아들 중에서도 목사가 나타나기를 원했지만, 뜻을 이루지는 못했습니다. 김 목사가 자비로 후원하여 목사 안수를 받은 양춘식 목사 외에도, 한강 집회로 유명한 이성봉 목사, 김정묵 목사, 전재선 목사 등은 그의 부흥집회를 통해 성령의 감동을 받고 부흥사가 된 목사들입니다.

신사참배를 거부하고 순교 당한 주기철 목사도 1921년(1920년이었다는 주장도 있다) 경남 창원 웅천교회 부흥집회에서 새벽기도회 때 '성령을 받으라'는 김익두 목사의 설교를 듣고 성령의 감동을 통해 목회자의 소명을 받았습니다. 얼마 후 신학교에 입학했고 그 후 목사가 되었으며 마침내는 위대한 순교자가 되어 평양 감옥에서 죽임당했습니다. 김익두 목사의 설교를 통해 최초에 받았던 성령의 감동이 그의 믿음의 바탕이 되어 순교의 날까지 이어졌던 것입니다.

그뿐만 아니라 유원봉, 오윤호, 양석진, 유해천, 유만섭 목사 등 훌륭한 목사들이 그의 부흥회, 또는 그와의 개인적인 만남을 통해 복음 전도자의 위대한 길을 걷게 되었습니다. 참으로 김익두 목사의 발자취를 더듬어 보면, 그가 맺은 복음의 결실들이 헤아릴 수 없이 많아 일일이 다 기록할 수 없을 정도입니다!

신사 참배 거부와 그 믿음의 투쟁

일본 제국주의자들은 조선 민족에게 그들이 섬기는 일본 신사에 일제히 참배할 것을 강요했습니다. 특히 조선의 기독교인들 모두에게 신사 참배를 요구했고, 교회 지도자들에게는 온갖 유혹과 탄압 정책을 펴며 그들의 우상에게 참배할 것을 강요했던 것입니다. 그러나 경건한 믿음의 목사들이나 성도들이 결단코 이를 거부하자, 일본제국주의자들은 무력을 동원해 탄압하기 시작했습니다. 이로 말미암아 도처에서 신실한 기독교인들이 수난을 당하게 되었습니다.

김익두 목사가 64세이던 해 1938년 어느 날, 종로경찰서 소속 고등계 형사 한 명이 승동교회 사택으로 찾아와 말했습니다.

"김 목사님은 왜 동방배례가 우상숭배라고 설교하십니까?"

"동쪽의 일본 신사를 향해 절하는 것이 어찌 우상숭배가 아니라 하
시오?"

"그렇지 않소이다. 국민된 의례를 따라 동쪽을 향해 머리를 숙이라
는 것이지 우상을 경배하라는 뜻이 아니외다."

"어찌 됐든, 우리 예수교 신자들은 하나님 외에는 아무에게도 절하
지 않는 것이 계명을 지키는 일이올시다."

"상부의 지시로 전하는 것이니 아무튼 황국신민의 도리로 신사에
참배하기를 바랍니다."

"우리 예수교 신자들은 다만 하나님의 계명을 지킬 뿐입니다. 이를
어기면 하나님께 범죄하는 것이 되기 때문이외다."

"나로서는 상부의 명령을 어길 수 없는 일입니다. 훌륭하신 목사님
께서 괜스레 고집을 피우시다가 봉변을 당하실까 염려가 되어 하는
말입니다."

"세상에서 벌을 받을지라도 하나님의 계명을 저버릴 수는 없소이
다."

고등계 형사의 회유와 협박에도 김익두 목사는 이미 각오가 되어
있음인지, 매우 분명한 어조로 대답했습니다. 그러자 일본 형사는 더
이상 설득이 불가능하다는 것을 깨닫고 매우 불쾌한 기색을 띠고 본
서로 되돌아가 버렸습니다.

그가 되돌아간 다음 주일에도 김익두 목사는 설교를 통해 성도들에
게 결코 신사참배를 해서는 안 된다고 다시 한번 강조했습니다.

며칠 후 종로경찰서의 고등계 형사가 다시 찾아와 말했습니다.

"목사님, 서장님이 한번 뵙자고 하시는데 바쁘시더라도 함께 가셨
으면 합니다."

김익두 목사는 마음속으로 '마침내 올 것이 왔구나' 생각하고 가족
들에게 간략한 부탁의 말을 남기고 따라나섰습니다.

종로경찰서는 일제시대 때 우리 민족을 탄압하는데 가장 앞장섰던

악명 높은 곳입니다. 안명근 사건 때 105인의 우국지사들을 참혹하게 고문했던 곳이며, 독립운동가, 애국지사들에게 이루 말할 수 없는 고통을 주어 원한의 대상이 된 경찰서이기도 합니다.

이곳에 연행되어 온 김익두 목사는 무쇠도 녹아 나간다는 악명 높은 고문실에서 온갖 수모와 고통을 겪었습니다. 잔인한 고문과 악형으로 도저히 감당키 어려운 육신의 고통을 받으면서도 그는 결코 신앙의 지조를 굽히지 않았습니다. 일경들의 고문 방법은 매우 잔인하고 가혹했습니다. 목검을 가지고 그의 몸을 사정없이 치기도 하고 목검이 부러지면 쇠몽둥이로 때리기도 했습니다. 온몸이 피로 물들고 시퍼런 멍이 들었습니다. 고통을 못 이겨 여러 차례 혼절했는데, 그럴 때마다 일경들은 양동이에 찬물을 가득 담아와서 그의 얼굴에 퍼부어 정신이 들게 했습니다.

정신이 들 때마다 그는 하나님께 간절히 기도했습니다.

'주여! 고통 때문에 실언할까 두렵사오니 종의 입술을 지켜주소서.'

자기 육체가 고통받는 것에 대한 두려움보다 육체의 고통을 못 이겨 일본제국주의자들 앞에 신앙의 절개를 굽혀 하나님께 범죄할까, 그것을 염려했습니다.

일경들의 잔인한 고문은 거의 매일 같이 계속되었습니다. 손가락과 손가락 사이에 참나무를 끼워 손가락이 으스러지도록 비틀기도 하고, 대나무를 뾰족하게 깎아 만든 표창을 그의 손톱 사이에 끼우고 사정없이 찌르기도 했습니다. 물에 고춧가루를 섞어 강제로 코에 붓기도 하고, 넓적한 널빤지에 눕히고 얼굴에 보자기를 씌운 후 그 위에 물을 부을 때도 있었습니다. 그러면 코에 물이 들어가 금방 숨이 막힐 듯 고통스러워 견딜 수가 없었습니다. 김익두 목사는 이런 혹독한 고문으로 몇 번씩이나 까무러치고 실신해 버렸고 그의 몸은 피투성이가 되었습니다. 살은 찢어지고 온몸은 시퍼렇게 멍이 들어 차마 눈 뜨고 볼 수 없는 비참한 모습으로 수난을 당했습니다. 모진 고문으로 인해 그의 육신은 시체나 다름없었습니다.

일생을 하나님의 종으로 복음의 일선에서 헌신한 그에게 이런 육체의 고난은 참으로 감당키 어려운 시험이었을 것입니다. 그러나 그는 사도 바울과 같이 '우리가 지금 받는 고난은 장차 우리에게 나타날 영광과 비교할 수 없도다!'라는 믿음과 소망으로 이 모든 고난을 감내했습니다.

"이제, 신사참배를 할 수 있겠소?"

종로경찰서장은 한 달 가까이 가혹한 고문을 가했으니, 천하의 김익두 목사도 별수 없이 굴복하리라 믿고 득의만만한 얼굴로 이죽거렸습니다.

"절대로 못 하오, 절대로."

김익두 목사는 거의 죽어가는 상태에서도 결코 굴복하지 않았습니다.

"지독한 독종이다!"

마침내 서장은 그가 결코 굴복하지 않을 것임을 깨달았습니다. 육체적인 고통만으로는 절대 그를 꺾을 수 없다는 것을 확인하고 최후통첩을 했습니다.

"당신은 이제부터 목사가 아니외다. 그러므로 당신은 결코 승동교회에서 설교를 해서는 안 되오!"

"설교권을 누가 주었는데 당신이 하라 하지 말라 하는 거요?"

"듣기 싫소! 이미 승동교회에도 그렇게 통고했으니 속히 서울을 떠나시오."

"목사직은 하나님이 주시는 것인데 당신이 뭔데 나보고 그만두라는 거요?"

김익두 목사는 굽히지 않고 끝까지 항거했습니다. 그러나 그들의 엄청난 무력 앞에서 그의 말은 아무런 힘이 없었습니다.

결국 김익두 목사는 신사참배를 거부했다는 이유로 일제의 강요에 의해 목사직을 빼앗기고 승동교회의 담임목사직을 그만둘 수밖에 없었습니다. 그렇게 말도 안 되는 이유와 탄압으로 목사직을 박탈당하는 현실이 당시의 시대적 배경이었습니다.

평신도가 된 김익두

김익두 목사가 고등계 형사에게 강제 연행되어 경찰서에 들어간 후, 그의 가족들과 승동교회 성도들의 불안과 초조감은 어떠했겠습니까! 사방으로 수소문하고 그의 행방을 알려고 해도 알 길이 없는지라 모두가 안절부절못했습니다. 매일같이 철야로 기도하고 뜬눈으로 밤을 새워도 그는 돌아오지 않았습니다. 모두가 불안한 마음으로 하루하루를 보내지 않을 수 없었습니다. 십여 일이 지난 후에야 겨우 처음으로 종로경찰서에 근무하는 조선인을 통해 불길한 소식을 듣게 되었습니다.

"자칫하다가는 목사님이 경찰서에서 마지막이 될지도 모를 일입니다. 아무튼 백방으로 손을 써서라도 구해내야만 합니다."

이 말을 듣고 모두가 비분강개(슬프고 분해서 마음이 북받침)하여 탄식하기도 하고 슬픔을 못 이겨 울기도 했습니다. 그러나 무엇으로 그를 도울 수 있었겠습니까!

그렇게 하기를 또 수일이 지나서야 종로경찰서로부터 김익두 목사를 데려가라는 통보를 받았습니다. 부인과 성도들이 종로경찰서로 숨가쁘게 달려가 김익두 목사의 신병을 인수하고 보니, 이미 그의 몸은 죽은 시체나 다름없었습니다. 가슴에 귀를 대고 숨소리를 들어보았으나 겨우 희미한 호흡을 하고 있을 뿐이었고 맥박마저 고르지 않았습니다.

장남 성식이 아버지를 등에 업고 경찰서를 나와 달구지에 눕혔습니다. 가족들과 성도들이 그의 비참한 모습을 보고 슬픔을 참지 못했고 청년들은 분노로 어쩔 줄 몰라 했습니다. 김익두 목사를 실은 달구지가 승동교회 정문으로 들어오자 기다리고 있던 많은 성도들이 만신창이가 된 그의 모습을 보고 슬픔과 분노를 못 이겨 모두 눈물을 흘렸습니다. 상처를 치료하기 위해 그의 옷을 벗기고 보니 차마 눈 뜨고 볼 수 없을 만큼 온몸이 피멍이 들어 시퍼렇게 되어 있었습니다. 의사의 지시를 따라 안정을 시키기 위해 따뜻한 방에 눕히고 정성껏 치료했습니다.

5일이 지나서야 겨우 의식을 회복했고 13일째 되어서야 겨우 말을 했습니다. 그러나 몸을 자유롭게 움직이지는 못했습니다. 사도 바울이 루스드라에서 돌에 맞아 죽었다가 하나님의 은혜로 살아난 것처럼, 김익두 목사 역시 하나님의 은혜로 목숨을 건진 것은 장차 그가 해야 할 복음의 과제가 남아 있기 때문이었을 것입니다.

1938년 12월 28일.

일제의 강제 파직으로 목사직을 박탈당한 김익두 목사와 그의 가족들은 정든 승동교회를 떠나야만 했습니다. 일경들의 감시와 압력으로 더 이상 머물러 있을 수 없었기 때문입니다. 1935년 7월 8일에 승동교회 8대 당회장 목사로 부임한 이래 약 3년 6개월 동안 오직 복음의 사명을 위해 신명을 바쳤던 그는, 동지섣달 엄동설한에 일제의 악랄한 탄압과 강요로 본의 아니게 승동교회 사택을 떠나 황해도 은율군 장연면 직전리 외딴 촌락으로 이주하게 되었습니다.

그날은 몹시 추웠습니다. 함박눈이 내리고 있어서 길도 미끄러웠습니다. 먼 길을 떠나야 해서 아침 일찍부터 서둘러 출발했습니다. 승동교회의 수많은 성도들이 통한의 눈물을 흘리며 오열하는 것을 뒤로하고 김익두 목사와 그의 가족들은 슬픔을 달래며 떠났습니다.

아직 회복되지 않은 불편한 몸을 수레에 싣고 마치 귀양 가는 사람처럼 외로운 길을 떠나 머나먼 황해도로 걸음을 재촉했습니다. 신앙의 본분을 지키다가 추방당하는 그 모습이야말로 주님의 십자가를 좇는 거룩한 길이 아니고 무엇이겠습니까!

휴직 생활

황해도 은율군의 직전리 마을은 황해도 북쪽 해변에 위치한 자그마한 어촌입니다. 삼면이 바다로 둘러 있는 반도 형태의 마을로, 북단에는 바다 건너 진남포가 마주 보이는 풍경이 매우 수려한 마을이었습니다.

엄동의 12월 말에 머나먼 길을 따라 이곳 직전리 마을에 도착한 김익두 목사와 그의 가족들은 어촌 마을의 소박한 초가집에 짐을 풀었습니다. 자그만 방이 세 칸 있고 마루가 하나 있는 전형적인 시골집이었습니다.

김익두 목사는 겨울 동안 건강 회복을 위해 기도와 몸조리로 시간을 보냈습니다. 그리고 봄이 되어 뒷동산에 사과나무 묘목 육백 그루를 사다가 심었습니다. 땀 흘리며 땅을 파고 한 그루 한 그루 정성껏 나무를 심었습니다. 여생을 사과나무를 가꾸며 보내겠다는 생각에서였습니다. 초봄부터 열심히 사과나무를 가꾸고 집 앞 밭에는 채소를 심어 가꾸기도 했습니다.

사과나무밭 뒤편에는 초목이 우거진 산이 있었고 그 산 후미진 곳에 큰 바위가 있었습니다. 높다란 곳에 평평하게 다듬어진 보기 좋은 바위여서, 김익두 목사는 이 바위를 기도의 처소로 삼고 하루도 거르지 않고 기도했습니다. 이 바위에서 1945년 조국 광복의 날까지 기도를 계속했다고 합니다. 새벽과 낮, 밤, 하루 세 번씩 시간을 정해 놓고 기도를 게을리하지 않았습니다.

"하나님 아버지! 이 나라에 광명한 빛을 보내주소서. 언제까지 이

어두움의 세월을 보내야 하옵니까! 일본제국주의를 무너뜨려 주시고 이 나라 이 민족에게 광복의 기쁨을 맛보게 해 주시옵소서!"

나라와 민족을 위한 그의 기도는 1938년부터 1945년까지의 7년 동안 끊임없이 계속되었습니다. 얼마나 열심히 기도했는지, 때로는 비를 맞으면서도 기도를 계속해 옷이 흠뻑 젖는 것도 몰랐다고 합니다.

어느 해 여름에는 기도하는 그의 주변을 큰 뱀이 기어다녔는데 그를 해치지는 않았습니다. 마침 상해에 살고 있던 딸 성낙이 아버지를 뵈려고 직전리 마을에 와 있던 중이었는데, 아들을 업고 산책을 나왔다가 기도하는 아버지 옆에 큰 뱀이 기어다니는 것을 보고 소스라치게 놀라 소리를 질렀습니다.

"아버지! 뱀, 뱀이에요!"

그러나 그는 눈을 감은 채 조금도 놀라지 않고 여전히 기도를 계속했다고 합니다.

신의주 신사참배 사건의 진상

일본 경찰이 일체의 목회 활동과 여행을 금지했기 때문에, 김익두 목사는 직전리 마을에 사는 동안 먼 곳으로 나갈 수가 없었습니다. 일경들은 그가 설교를 하지 못하도록 언제나 감시 대상에 올려놓고 주시하고 있었습니다. 그러나 김익두 목사는 때때로 그들의 감시를 피해 부흥회를 인도하러 나가기도 하고 설교를 맡기도 했습니다.

1941년 김익두 목사가 신의주교회 집회를 마치고 막 나오는데 대기하고 있던 왜경들이 덤벼들어 그를 연행했습니다. 그리고는 우격다짐으로 자기들의 신사로 끌고 갔습니다. 그를 염려한 목사들과 많은 성도들이 신사까지 따라왔습니다.

왜경들이 신사 앞에서 김익두 목사의 머리를 완력으로 눌러 숙이게 하려고 힘을 썼습니다. 그러나 김익두 목사가 완강히 거부하자 왜경 두 사람이 양쪽에서 팔을 잡고 강제로 머리를 눌렀습니다.

"고개를 숙이란 말이야!"

"죽어도 우상숭배는 못 한다!"

김익두 목사는 한사코 몸을 젖히며 거부했습니다. 한참 동안 실랑이를 벌였으나 끝내 그를 굴복시키지 못하자 왜경들은 욕을 퍼붓고 협박을 하고는 풀어주었습니다.

그러나 그때부터 '김익두 목사가 신사에 참배했다!'라는 소문이 퍼지기 시작했습니다. 왜경들이 친일파 목사들을 통해 고의로 소문을 퍼뜨렸기 때문입니다. 이 소문을 듣고 똑똑하지 못한 많은 사람들이 김익두 목사를 의심했습니다.

"신사에 안 갔으면 될 것이 아닌가?"

"거기 갔을 땐 신사참배 하려고 간 것이겠지."

말하기 좋아하는 사람들은 김익두 목사에 대해 여러 가지 비평을 늘어놓았습니다. 예나 지금이나 이런 일들이 교계에 만연하는 것은 매우 유감스러운 일입니다. 참외밭에서 신발끈을 고쳐 매면 참외를 땄다고 소문난다는 속담과 같이, 어이없는 소문이 퍼져 한동안 그로서는 불쾌한 오해에 시달려야 했습니다.

1938년 종로경찰서에서 이루 말할 수 없는 모진 고문과 박해에도 굴하지 않았고 강제 파직으로 직전리까지 쫓겨와서 농사일을 돌보고 있는 그에게, 이런 소문은 매우 곤혹스러운 시험이기도 했습니다. 김익두 목사를 잘 아는 사람이라면 결코 그런 헛소문에 현혹당하지 않았을 것입니다.

부인 김익진 씨도 그의 곁을 떠나고

김익두 목사의 부인 김익진 씨는 열여섯 어린 나이에 김익두 집안의 민며느리로 시집와서 남편과 가족들 뒷바라지로 한평생을 보냈습니다. 남편이 회심한 이후 부흥회 강사로 전국을 왕래하며 집에 있는 날이 드물었기 때문에 거의 남편과 떨어져 살다가, 이제 직전리 마을에 이주하여 겨우 한 집에서 5년을 함께 지내다 갑작스러운 병환으로 세상을 떠나고 말았습니다. 1944년 2월 6일의 일이었습니다.

정배지(유배지, '정배'는 장소를 정하여 귀양을 보낸다는 뜻)의 외딴 촌락에서 하나님의 부름을 받고 떠난 아내를 생각하는 김익두 목사의 마음이 어떠했겠습니까! 평생토록 따뜻한 말 한마디 건네주지 못하고 남 보듯 하고 살았으니, 미안한 마음 부끄러운 마음이 그지없었습니다. 자신이야 하나님 일을 한다고 유감없이 살았지만, 아내의 삶을 생각하니 얼마나 수고롭고 힘든 생애였을까 생각되어 더욱 슬픔이 밀려왔습니다.

아내가 세상을 떠나자, 그는 직전리 사과나무밭에서 적적하게 살아야 했습니다. 다만 하나님을 향해 기도하는 시간만이 그에게는 최고의 즐거움이요 위로받는 시간일 뿐이었습니다.

아, 조국 해방의 날

부인 김익진 씨가 세상을 떠난 지 한 해가 지났습니다. 한여름 삼복더위에도 김익두 목사는 사과나무 돌보기에 여념이 없었습니다. 다만 하루 세 번 큰 바위 위에서 무릎 꿇고 기도하는 일은 배놓을 수 없는 하루의 일과였습니다.

"거룩하신 주여! 이 종이 직전리에 온 지 어느덧 7년째가 되옵니다. 어느 때에 조국광복이 되어 맘껏 주의 복음을 전하러 다닐 수 있사오리까!"

그의 끊임없는 기도가 마침내 결실을 맺는 날이 다가왔습니다.

1945년 8월 15일 정오.

"나는 미영 연합군에 대해 무조건 항복합니다."

일왕 히로히토가 항복을 선언하는 떨리는 음성이 전파를 타고 흘러나왔습니다.

"아! 드디어 일본이 항복했구나! 하나님 감사합니다."

김익두 목사는 감격의 눈물을 흘리며 7년간이나 기도했던 큰 바위로 가 하나님께 감사의 기도를 올렸습니다. 그리고 그 자리에서 나지막한 목소리로 애국가를 불렀습니다.

"동해 물과 백두산이 마르고 닳도록 하나님이 보우하사 우리나라 만세."

다시 목회를 시작하다

1945년 8월 15일, 김익두 목사는 해방의 감격과 더불어 오래도록 쉬고 있던 목회를 다시 시작하게 되었습니다. 1938년 승동교회에서 왜경에 의해 강제 파직된 이래 7년 만이었습니다. 그가 살고 있는 황해도 은율군 장연면 직전리교회에서 다시 설교 강단을 맡아 복음을 전하며 목회 활동을 재개하게 된 것입니다.

"목사님, 조선에서도 제일 큰 서울 승동교회에서 시무하시던 목사님이 이렇게 작은 시골교회를 담임하셔서야 말이 되겠습니까?"

직전리교회의 장로가 민망하다는 듯이 조심스럽게 위로의 말을 건냈습니다.

"하나님의 일에 크고 작은 것이 어디 있겠습니까? 다시 강단에 서게 해 주신 것만 해도 하나님께 감사할 따름입니다."

진실로 김익두 목사는 감사했습니다. 이제 그의 나이 71세였습니다. 다시금 목회 강단에 설 수 있다는 것만 생각해도 가슴이 벅차 올랐습니다. 마치 부활을 맛보는 것처럼 그는 생동하는 기쁨으로 복음 전도의 일을 다시 시작했습니다.

비록 노령의 나이에 접어들었지만 복음의 능력을 소유한 그에게는 아무런 장애도 없었습니다. 그는 참으로 열심히 일을 했습니다. 부지런히 심방하고 한마디의 말씀이라도 더 진실하게 전달하기 위해 기도하며 열심히 준비했습니다. 비록 성도의 수가 많지 않은 시골교회였지만, 동네마다 열심히 다니며 전도했고 만나는 사람마다 예수님을 증거하기에 바빴습니다. 그리고 주님의 양들을 돌보기에 조금도 게으르지 않았습니다.

그리고 이곳 직전리에서 새로운 인생의 반려자를 만나게 되었습니다. 아무래도 목회를 위해 내조해 줄 사모 역할이 필요했기 때문에 주위의 사람들이 적극 권면하여 두 번째 부인을 맞게 된 것입니다. 새로이 맞이한 부인은 신실한 믿음과 덕망이 있는 분이어서 김익두 목사가 순교할 때까지 성심껏 그를 내조했고 사모의 역할을 부족함 없이 잘 감당하여 성도들부터 많은 존경을 받았습니다. 그래서 김익두 목사도 그가 죽음을 맞이하는 날까지 부인을 사랑하고 아꼈습니다.

25년 만에 다시 부임한 신천서부교회

노령의 김익두 목사가 직전리교회에서 복음 활동을 재개하고 목회 생활에 전념하고 있을 때, 그가 1903년에 처음으로 개척해서 세운 신천서부교회에서는 담임목사 자리가 비어 있어서 후임자를 청빙하기 위해 의논이 분분했습니다. 당시 담임목사이던 김현준 목사가 공산당에 요시찰 인물로 지목되어 감시 대상에 오르자, 생명의 위협을 느끼고 남한으로 탈주해 버렸기 때문이었습니다. 김현준 목사는 내무서에 연행되어 조사를 받다가 집에 가서 공민증을 가져오겠다고 내무서원을 설득하여 빠져나온 후, 그 길로 행장을 꾸려 필사적인 탈출을 했습니다. 그리고 천신만고 끝에 월남에 성공해 자유 대한의 품에 안겼습니다.

그래서 신천서부교회는 김현준 목사 후임으로 누구를 청빙할 것인가 하는 문제로 여러 날 심사숙고 끝에, 만장일치로 김익두 목사를 다시 청빙하기로 가결했습니다. 그가 비록 72세 고령이기는 하나 성도들은 그의 일생의 업적과 능력을 고려했고, 또 그가 개척하고 친히 세운 신천서부교회로 다시 돌아와 필생의 복음 사역을 마치도록 하는 것이 매우 의의 있는 일이라 생각했습니다. 또 다른 이유로는 김익두 목사가 담임하던 1913년 당시에 건축했던 현재의 교회당 건물이 벌써 33년이 지났기 때문에 다시 신축해야 할 필요가 있었고, 기왕이면 처음 지은 이가 헐고 다시 새 예배당을 세우는 것이 아름다운 일이라 여겼기 때문입니다.

김익두 목사는 신천서부교회로부터 청빙을 받게 되자 여러 날 기도하고 생각한 끝에 결국 25년 만에 다시 신천서부교회로 부임하게 되었습니다. 참으로 기이한 하나님의 섭리라 아니할 수 없습니다.

필자 한춘근은 1946년에 만주 목단강(무단강이라고도 함) 근처에 살다가 귀국하여 신천서부교회에 출석했는데, 그때 마침 김익두 목사가 직전리교회에서 새로 부임해 와서 처음으로 만나게 되었습니다.

1947년 신천서부교회에서는 김익두 목사 위임식을 성대하게 거행했고, 1948년에는 김익두 목사 성역 40주년을 기념하여 황해노회 주최로 대대적인 기념행사를 열었습니다. 특기할 만한 것은 이 기념식에 김일성의 측근 참모로 북한 정권 수뇌부에서 막강한 위치를 차지하고 있던 강양욱 목사(당시에 그를 목사로 불렀음)가 독창을 자청하여 찬송가 '주를 앙모하는 자'를 잘 불러서 사람들의 탄성을 자아냈습니다. 매우 세련된 목소리로 고음의 찬송가를 힘차게 불러 음악적 재능을 유감없이 발휘했습니다. 또 강양욱은 김익두 목사의 성역 40주년 기념품으로 금반지를 선물했습니다. 강양욱은 김익두 목사의 제자이기도 했습니다.

신천서부교회에서 그의 하루하루는, 잠시도 쉴 틈 없는 스케줄 가운데 최선을 다하는 생활이었습니다. 공적인 업무 외에 잠깐이라도 시간이 나면 교회에서 개인기도로 그 시간을 채웠습니다. 김익두 목사는 고령의 나이에도 불구하고 복음에 관한 한 자신을 잊어버린 채 오직 그리스도의 말씀만을 따라 행하려고 최선의 노력을 기울였던 사람이었습니다.

기독교도연맹 위원장 사건의 진상

소위 기독교도연맹 위원장 사건은 진상을 바로 알릴 필요가 있어서 지면을 할애해 밝히고자 합니다. 해방 이후 북한 땅에서는 김일성이 정권을 장악하고 철권통치를 시작했는데, 당시 수많은 기독교인을 정치적으로 이용할 목적으로 강양욱이 주축이 되어 기독교도연맹이라는 유명무실한 단체를 만들었습니다. 그리고는 자기들 마음대로 기독교도연맹 위원장에 김익두 목사를 세우고 이를 남북한 모든 기독교인에게 대대적으로 홍보했습니다. 마치 김익두 목사가 김일성 정권을 전폭적으로 지지하는 것처럼 정치적으로 이용하려고 했던 것입니다.

그러나 사실 김익두 목사는 기독교도연맹이 무슨 단체인지조차 알지 못했고 서명날인한 일도 없었습니다. 따라서 당시에 일부 사람들에게 그가 김일성 정권의 꼭두각시인 것처럼 알려진 것은 그 진상을 잘 알지 못해서 벌어진 일입니다. 그러나 이 날조된 사건으로 말미암아 김익두 목사는 그의 명예에 상당한 타격을 입게 되었습니다.

1948년 신천서부교회에서 강양욱이 설교를 한 일이 있었습니다. 그는 설교 도중에 이런 말을 했습니다.

"김구가 보낸 암살단이 내 방으로 뛰어 들어와 수류탄을 던졌습니다. 그러나 그날 밤 공교롭게도 나는 아들과 방을 바꾸어 자게 되었는데 불행히도 이로 인해 내 아들은 죽고 나는 살게 되었습니다(이 말을 하면서 그는 한동안 말을 잇지 못하고 울먹였음). 내 아들은 독자였습니다. 하지만 김구가 평양에 왔을 때, 나는 차마 그를 인간적으로는 만날 수가 없었으나 국가적인 차원에서 그를 만나 나라 이야기를 했습니다."

그는 이 말을 할 때 비장한 표정을 지으며 울먹이기도 했습니다. 그리고 성경을 펼치고 계시록 3장의 빌라델비아교회를 칭찬하는 설교를 했습니다. 그러면서 정치적인 내용을 삽입하여 말하기 시작했습니다.

"공산당에는 결코 복선이 없습니다. 공산주의와 성경주의는 꼭 같은 이치입니다. 성경대로 해야 하겠으나 사랑과 설득으로 잘 안되니까 무력으로라도 공산주의를 하자는 것뿐입니다. 그러므로 여러분은 무력행사에 대해 이해하시기를 바랍니다."

이렇게 공산주의에 대해 가당치도 않은 말을 해놓고는 다음 말을 이어 나갔습니다.

"우리 정부는 김익두 목사를 매우 존경하고 있습니다. 그래서 이번에 김익두 목사님을 우리 기독교연맹의 위원장으로 모시기로 한 것입니다."

설교 도중에 아닌 밤중에 홍두깨 내밀듯 김익두 목사를 기독교연맹 위원장으로 모시기로 했다고 선언을 한 것입니다. 그 말을 들은 수많은 성도들이 영문을 몰라 옆 사람과 얼굴을 마주 보며 어리둥절했습니다. 사전에 단 한 번도 이런 말을 들은 일이 없었기 때문에 모두가 의아해했습니다. 그러나 강양욱은 회중들의 표정은 아랑곳하지 않고 말을 계속했습니다.

"또한 우리 정부는 김익두 목사님을 중앙대의원(남한의 국회의원과 같은 식위)에 임명하여 니리를 위해 수고하시게 하였습니다!"

이러한 선언은 전혀 뜻밖의 일이었습니다. 김익두 목사 자신은 물론이고 주변의 누구도 미리 알지 못했습니다. 이는 강양욱이 의도적으로 폭탄선언을 해버리고 정치적으로 이용하려는 책략이었습니다.

결국 이 사건은 강양욱이 자기 임의대로 '김익두 목사가 기독교연맹 위원장이며 북조선의 중앙대의원이다!'라고 일방적으로 선언해 버린 사건이었습니다.

"기독교연맹이 도대체 뭐 하는 곳이야?"

"글쎄, 처음 듣는 말인데."

예배를 마치고 모두들 고개를 갸웃거리며 말을 주고받았습니다. 김익두 목사가 당회실에서 강양욱에게 물었습니다.

"아까 설교 중에 광고한 것이 무엇인가? 무슨 연맹 위원장이라고 말한 것 말일세."

"아! 그것 말입니까? 제가 지금 중앙에 급한 일이 있어서 올라가 봐야 하겠습니다. 다시 찾아뵙고 자세한 말씀 드리도록 하겠습니다."

강양욱은 얼렁뚱땅 이렇게 말해놓고 부리나케 가방을 챙겨 들고 나가버렸습니다.

그러나 이후, 북한 전역은 물론이고 대남방송을 통해서도 김익두 목사가 기독교연맹 위원장이며 북한의 중앙대의원이라고 대대적인 선전을 시작했습니다. 신문에 광고를 게재하고 강연회마다 선전자료로 삼아 떠들고 다녔습니다. 이런 정치적 음모는 공산당이 원래 즐겨 쓰는 비열한 수법 중의 하나입니다. 그러나 김익두 목사로서는 이를 해명하기 위한 어떤 방법도 강구할 수 없었습니다. 그들의 정권하에서 신문에 해명 광고를 낼 수도 없고, 더욱 방송을 통해 진상을 밝힌다는 것은 어림도 없는 일이었습니다.

많은 기독교인들이 이 일로 인해 김익두 목사를 오해했습니다.

"김익두 목사가 정말 원치 않았다면 기독교연맹 위원장을 안 하겠다고 하든지 아니면 월남해 버리고 말든지 했어야 옳지 않은가?"

"사전에 묵계(암묵적인 약속)가 있었으니까 강양욱이 그렇게 공표하고 다니는 것 아닐까?"

심지어 신천서부교회 교인들마저 '설마, 목사님이…?' 하면서도 얼마쯤은 의심하는 눈치를 보이기도 했습니다. 하지만 이 모든 것이 강양욱과 김일성 정권이 김익두 목사를 정략적으로 이용하려는 일방적인 술책이라는 것을 대부분 알고 있었습니다.

김익두 목사로서는 억울한 누명을 벗기 위해 월남하든지 아니면 직접 곳곳마다 다니면서 해명하는 수밖에 없었습니다. 하지만 그는 그렇게 하지 않고 누가 뭐라든 전혀 개의치 않았습니다.

"내가 아니면 그만이지, 강양욱이 저 혼자 떠들고 다닌 것을 구태여 변명하고 다닐 필요가 있나? 사필귀정이야!"

강양욱이 신천서부교회에 올 때마다 교회 사무를 보고 있던 필자 한춘근이 그를 김익두 목사에게 안내한 일이 5년 동안 열 번 이상이나 되었습니다. 그가 올 때마다 무엇인가 무리한 부탁을 하면 그때마다 김익두 목사가 아닌 것은 분명히 '안된다!'라고 못을 박았습니다. 하지만 강양욱은 그 말을 듣고도 돌아가서는 신문, 방송을 통해 '김익두 목사가 이렇게 하자고 했다!'라는 식으로 공표하고 다닌 적이 한두 번이 아니었습니다.

강양욱이 김익두 목사의 기독교연맹 위원장 사건을 대대적으로 홍보하고 얼마 후에 뻔뻔스럽게 다시 김익두 목사를 방문했습니다. 이때 김익두 목사는 그를 엄히 책망했습니다.

"왜 내게 일언반구 상의도 없이 기독교연맹 위원장이니 중앙대의원
이니 하는 그런 직책들을 씌웠나?"

"아! 예, 예. 목사님, 그거야 우리 모두가 목사님을 존경하기 때문에
단지 목사님의 이름을 높이려고 한 것뿐이지요. 그 문제에 대해서는
조금도 염려하실 필요가 없습니다."

"또, 그 단체들은 도대체 무엇인가? 기독교연맹인가, 중앙의회인가
하는 것들 말일세. 그리고 언제 내가 그런 단체들의 대표로 선출되었
는가?"

"이게 다 목사님을 존경하기 때문에 추대한 것이지요. 목사님께서
바쁘시면 그 회의에는 참석하지 않으셔도 좋습니다."

"아무튼, 나는 그런 것은 안 할 테니 내 이름을 모두 빼주게. 뭔지도
모르는 일에 어떻게 관여할 수 있겠나!"

"아닙니다! 목사님은 그저 가만히 계셔도 됩니다. 결코 오시라 말라
하지 않을 것이고 목사님이 싫으시면 중앙대의원이니 위원장이니 그
런 말 다시는 하지 않겠습니다."

"하여간에 난 아무것도 안 할 테니, 그런 줄 알게."

"예, 예, 잘 알겠습니다."

강양욱이 이렇게 대답하고 돌아갔지만, 그 후에도 여전히 이북 5도
를 두루 다니며 김익두 목사가 기독교연맹 위원장이라고 떠들고 다녔
으며 목사님 명의로 신문에도 자주 기사를 실었습니다. 그러니 어찌
하겠습니까?

평양 만경대 노동절 경축식장에서의 일

한국전쟁 한 해 전인 1949년 5월 5일에 북한에서는 노동절 경축 행사

를 성대하게 거행하기 위해 대대적으로 행사 준비를 하고 있었습니다.

이때 강양욱이 또 김익두 목사를 방문했습니다. 그는 당시 북조선 최고인민위원회 서기장이라는 막강한 권력을 가지고 있었기 때문에, 그가 신천에 오면 내무서원들이 총출동하여 신변 경호를 위해 신천 시가에 삼엄한 경비망을 펴고 경계를 게을리하지 않았습니다. 그의 지위가 상당했던 만큼 신천서부교회로서는 그가 염치없이 찾아왔지만 박대할 수는 없는 일이었습니다.

내무서원들이 교회 주변을 둘러싸고 경비하는 가운데 그가 당회실로 들어왔습니다. 마침 필자 한춘근이 교회 사무실에 있다가 그를 맞았습니다.

"목사님은 요즘도 건강하신가?"

"예, 항상 냉수마찰을 하셔서 그런지 매우 건강하십니다."

그를 목사관으로 안내하자 강양욱이 김익두 목사에게 머리를 숙이며 정중하게 인사했습니다.

"목사님, 그동안 안녕하셨습니까?"

"어서 오시오."

그는 앉자마자 말을 꺼냈습니다.

"금번 노동절 행사에는 목사님이 꼭 오셔서 연설을 해주십사 하는 수상 각하의 간곡한 부탁의 말씀이 계셔서 찾아 뵈었습니다."

"목사가 부흥회 설교를 하라면 모르지만, 내가 무슨 연설을 할 수 있다는 말인가?"

"아니올시다. 노동절 경축식 행사는 공산당 최대의 명절인데 목사님의 연설이 없어서야 되겠습니까? 수상께서도 각별히 부탁하셨습니다."

"글쎄, 기도해 보고 대답하겠네."

"예, 그럼 참석하시는 것으로 믿고 있겠습니다."

더 이상 강양욱은 고집스럽게 졸라대지 않고 한참 다른 이야기를 늘어놓았습니다. 그가 돌아간 후 김익두 목사는 한태선 집사(이후 광성교회

장로)와 이 문제를 놓고 여러가지 상의를 했지만 묘안이 없었습니다.

"간다고 할 수도 없고 안 간다고 할 수도 없고."

"글쎄, 어떻게 해야지요?"

그날부터 김익두 목사는 이 문제로 기도하면서 상당히 고심했습니다. 그러나 결국 거절할 수가 없어서 참석을 결정했으나, 과연 어떤 내용의 연설을 해야 할지도 걱정이었습니다. 그래서 한태선 집사와 더불어 연설 원고 초안을 작성하느라 오래도록 심사숙고했습니다.

한태선 집사가 원고를 몇 번이나 쓰고 지우고 쓰고 지우고 하며 애를 썼습니다. 그리고 필자를 불러 원고를 정서하도록 지시해서 필자가 여러 번 깨끗한 백지에다가 정성껏 대필하여 김익두 목사에게 드렸습니다.

김익두 목사는 노동절 경축식 연설 때문에 많이 기도했습니다. 그 당시 정치적 상황이 무신론자들의 집단인 공산정권에 의해 주도되고 있었기 때문에, 자신이 그 자리에서 수만 군중 앞에서 연설하는 것이 상당한 파문을 일으키리라 짐작되었기 때문입니다. 또한 김일성 정권이 그의 연설을 정치적 선전자료로 삼아 선량한 이북 동포들은 물론이고 수많은 기독교인에게 얼마나 많은 오해를 불러일으킬지 알 수 없는 일이기도 했습니다.

그는 76세의 고령임을 생각지 않고 이 문제가 복음의 영광을 가리지 않게 해달라고 하나님께 7일간의 금식기도를 드렸습니다. 그의 나이에 7일간의 금식은 무리였습니다. 그러나 이북 5도에 산재한 모든 교회에 나쁜 영향을 미치게 해서는 안 된다는 생각으로 노구를 아끼지 않고 하나님께 기도했던 것입니다.

마침내 5월 5일이 되어 평양 만경대 운동장에는 메이데이(May Day)라 불리는 노동절을 경축하는 대대적인 기념식이 열렸습니다. 수만 군중들을 모아 놓고 식장 단상에는 김일성을 비롯하여 김두봉, 최용건, 강양욱 등 북한 정권 최고 수뇌부가 자리를 잡고 앉았으며 귀빈석에 김익두 목사가 앉아 있었습니다. 한태선 집사도 단상 바로 아래 자리에 앉았습니다. 경축식이 시작되고 칼 마르크스의 공산당 선언이 선포되었습니다.

"만국의 노동자여! 단결하라!"

그리고 능력에 따라 일하고 필요에 의해 수여한다는 공산주의 이론이 설파되었습니다. 이어서 북한 정권의 최고통치자인 김일성이 연설을 했고 김두봉이 순서를 따라 차례로 연설했습니다.

김익두 목사의 순서가 되어 그가 큰 성경책을 손에 든 채 백발의 노구를 일으켜 단상 앞으로 걸어 나오자, 수만 군중이 우레와 같은 박수갈채를 보냈습니다. 김일성이 먼저 박수를 치니까 모든 사람이 일제히 요란하게 박수를 쳤습니다. 유명한 목사가 단상에 나타남으로 아마 기독교도 공산당과 함께 일한다는 뜻으로 받아들였는지 더욱 요란한 박수를 보냈습니다.

김익두 목사가 수만 군중을 침착하게 바라보며 성경책을 펴들자 일제히 박수 소리가 그치고 장내는 물을 끼얹은 듯 조용해졌습니다. 그들의 눈은 마치 '김익두 목사가 과연 무슨 말을 하려는가' 하는 것처럼 호기심에 가득 찬 눈빛이었습니다.

이때 김익두 목사가 행한 설교는 야고보서 5장 1절로 6절까지의 말씀이었습니다. 강단 바로 뒤에 김일성이 앉아있었습니다.

"들으라, 부한 자들아! 너희에게 임할 고생을 인하여 울고 통곡하라! 너희 재물은 썩었고 너희 옷은 좀 먹었으며 너희 금과 은은 녹이 슬었으니 이 녹이 증거가 되어 불같이 너희 살을 먹으리라. 너희가 말세에 재물을 쌓았도다. 보라! 너희 밭에 추수한 품군에게 주지 아니한 삯이 소리 지르매 추수한 자의 우는 소리가 만군의 주의 귀에 들렸느니라. 너희가 땅에서 사치하고 연락하여 도살의 날에 너희 맘을 살지게 하였도다. 너희가 옳은 자를 정죄하였도다. 또 죽였도다. 그는 너희에게 대항치 아니하였느니라."

엄숙한 목소리로 성경을 봉독하자 군중들이 숨을 죽이고 경청했습니다. 본문을 읽은 후 김익두 목사가 천천히 서두를 꺼내며 설교를 시작했습니다.

"여러분! 이 성경 말씀은 부자들이 노동자들의 노임을 주지 아니하고 착취한 노임이 소리를 지른다는 뜻으로 하나님이 부자들에게 주는 경고의 말씀입니다"

김익두 목사는 본문의 말씀을 중심으로 매우 힘차고 교훈적인 설교를 계속해 나갔습니다. 군중들이 귀를 모아 열심히 듣고 있었습니다.

"북조선의 김일성 씨를 정치하게 한 것도 하나님의 섭리요, 남조선의 이승만 씨를 정치하게 한 것도 하나님의 섭리입니다!"

갑자기 김익두 목사의 입에서 이 말이 나오자 장내가 갑자기 술렁거렸습니다. 눈이 휘둥그레진 측근들은 김일성의 눈치를 살피기에 바빴습니다. 그러나 김일성은 아무렇지도 않은 듯이 조용히 듣고 있었습니다.

"이제 제가 말하려고 했던 것을 앞에 말씀하신 분들이 다 해버리고 말았으니 지루한 말을 길게 할 것도 없고 다 같이 만세나 부릅시다."

그는 길지 않은 설교 후미에 돌연히 만세 부를 것을 제의했습니다. 이는 모두가 전혀 예기치 못했던 일이었습니다. 김익두 목사가 마이크에 대고 큰소리로 선창했습니다.

"노동절 만세!"

순서에 없는 돌연한 만세 제의였기 때문에 모두가 얼떨결에 그의 선창을 따라 소리 높이 외쳤습니다.

"만세!"

단상의 김일성이 자리에서 일어나 만세를 부르자 김두봉, 최용건, 강양욱 등도 모두 황급히 자리에서 일어나 만세를 따라 불렀습니다.

"만세! 만세!"

모두들 만경대 운동장이 떠나갈 듯 소리 높여 만세 삼창을 했습니다. 이 사건은 매우 즉흥적이고 돌발적인 것이어서 모두가 따라 하지 않을 수 없었습니다. 그러나 문제는 당시의 정치적 상황으로 김익두 목사가 '김일성 장군 만세'를 부르지 않고 '노동절 만세'를 불렀다는 것은 전혀 의외의 일이었습니다. 그 당시 북한 땅에서는 의례 '김일성 장군 만세'를 부르도록 관례화되어 있었기 때문에, 그가 엉뚱하게도 '노동절 만세'를 선창한 것은 다분히 고의적이라고 생각할 수밖에 없는 일이었습니다.

또 김익두 목사가 공개석상에서 김일성을 '장군'이라 부르지 않고 '씨'로 호칭한 것도 당시의 상황으로는 반동분자라는 낙인을 찍고도 남을 일이었습니다. 더욱이 수만 명의 평양시민들 앞에서 김일성 당사자를 앞에 두고 '김일성 씨'라고 부른 것은 너무나 대담한 언동이 아닐 수 없었습니다. 공산당과 김일성에게 충성하는 무리들로서는 김익두 목사의 언동이 심히 불쾌하기 짝이 없는 소행이었습니다. 그때나 지금이나 이북 땅에서는 김일성을 우상화하는 풍조가 만연했기 때문에 만약 김익두 목사가 아닌 다른 사람이 군중들 앞에서 이런 행동을 했다면 필시 그 자리에서 체포되어 온전하지 못했을 것입니다. 당시에는 '김일성 장군의 노래'라는 것이 국가보다 더 많이 불리던 시절이었기 때문에 더욱 그랬습니다.

그럼에도 김익두 목사가 김일성을 장군이라 부르지 않고 '씨'라고 호칭한 것은 당시의 상황이 어떻든 지극히 당연했습니다. 왜냐하면 필자도 한태선 집사도 평생토록 김일성을 장군이라고 불러본 일이 없습니다. 신천 시민의 대부분이 반공사상이 투철했기 때문에 결코 김일성을 장군으로 호칭하지 않고 있었는데 하물며 그들이 가장 존경하는 김익두 목사가 어떻게 그를 장군이라고 호칭할 수 있었겠습니까!

신천 덕수국민학교에서는 성탄 직전 주일날에 학교의 지시를 어기고 등교하지 않은 채 교회 주일학교에 출석한 학생들을 추운 강당에 세우고 벌을 준 일이 있었습니다. 다시는 교회에 가지 않겠다고 하는 아이들은 용서해 주고, 그래도 계속 교회에 가겠다고 하는 아이들은 옷을 하나씩 하나씩 벗겨 나갔습니다. 너무 추워서 모두 항복하고 말았으나 5학년의 한춘삼만은 끝내 버텼습니다.

"그래도 교회에 나갈 테야?"

교장이 화가 나서 고함을 질렀습니다.

"나가겠습니다."

어린 한춘삼이 조금도 굴하지 않고 대답하자 교장이 더욱 화가 나서 마지막 남은 속내의까지 벗으라고 명령했습니다. 그러자 한춘삼이 주저 없이 속내의까지 다 벗어버리고 알몸이 되었습니다. 신천 사람들의 기개가 꿋꿋했기 때문에, 이렇듯 어린아이들까지 불의에는 굽히지 않는 기질이 있었습니다.

후일에 '신천반공의거사건'으로 수만 명의 희생자를 내면서 최후까지 항전을 계속했던 신천 시민의 정신적 바탕에는 기독교적 순교 정신이 깔려 있었습니다.

그 당시는 북한 전역에서 '이승만, 김구 타도하자!'라는 구호를 귀가 따갑도록 듣던 시절이었으니, 하필 김익두 목사가 수만 군중들 앞에서 이승만 씨, 김일성 씨라고 호칭한 것은 놀랄 만한 일이었던 것입니다. 신천서부교회의 전임 김현준 목사가 내무서에 끌려가 조사를 받게 된 것도, 그가 설교 중에 '이승만 박사,' '김구 선생'하며 존칭을 썼기 때문에 사상적으로 문제가 있다고 지목되었기 때문이었습니다.

김익두 목사는 단상에서 만세삼창을 부르고 나서 뒤돌아 자기 자리로 가면서 단상 중앙에 앉은 김일성에게 넌지시 말을 건넸습니다.

"목사가 성경 말씀 외에 다른 말을 할 것이 있어야지요."

그러자 김일성이 씁쓸한 표정을 지으면서도 잘되었다고 대답했습니다.

"목사가 목사 냄새 냈으면 잘된 것이디요."

메이데이 경축식이 끝나고 단상의 인물들이 서로 악수를 교환할 때, 김익두 목사가 김일성의 손을 잡고 진지하게 말했습니다.

"예수님만 믿으면 참 좋겠는데."

"예!"

김일성이 고개를 숙이며 빙그레 웃었습니다.

만경대 노동절 경축식 이후 다시 김익두 목사는 김일성과 복도에서 마주치게 되었습니다. 잠시 인사가 오간 뒤에 김익두 목사는 전도하기에 좋은 기회라 생각하고 김일성에게 다시 말했습니다.

"예수 믿는 나라치고 잘되지 않는 나라가 없고, 예수 믿지 않는 나라치고 망하지 않은 나라가 없습니다. 부디 예수 믿고 구원을 얻으시오."

"예, 믿어야디요."

김일성이 약간은 자신 없는 태도로 대답하자, 김익두 목사가 다시 목소리에 힘을 주어 말했습니다.

"예수 믿지 않으면 반드시 망합니다!"

"예, 믿갔습네다."

김익두 목사는 평생에 하고 싶은 말 다 하고 산 사람이었습니다. 김일성에게도 비록 짧은 시간이었지만 하고 싶은 말을 다 했습니다.

이 지구상에서 절대 권력을 가진 통치자 김일성에게 실제로 전도한 사람은 아마 김익두 목사 외에는 없을 것입니다. 김익두 목사의 일생은 전도자의 일생입니다. 그는 만나는 사람은 누구를 막론하고 반드시 복음을 전하고 돌려보냈습니다. 어떤 사람이건 그냥 지나치는 법이 없었습니다.

신천읍에서 신천 온천으로 가노라면 약 10리 길이 됩니다. 그가 심방을 다닐 때는 언제나 심방대원 7~8명이 그 길을 동행했는데, 길 저편에서 누가 걸어오든지 만나는 사람마다 그를 붙들고 전도했기 때문에 한 시간이면 족한 거리를 대개 서너 시간씩 걸리기 일쑤였습니다. 그는 복음전도자로서의 사명을 다하기 위해 잠시도 본분을 게을리하지 않았던 성실한 목회자였습니다.

위조된 녹음 방송

1949년 5월 5일 만경대 노농절 경축식상에서의 김익두 목사 연설은 이상이 전부였습니다. 그러나 그다음 날부터 평양방송에서 1주일 동안 방송된 김익두 목사의 연설 내용은 그가 행한 연설과는 전혀 다른 내용으로 둔갑하여 연일 전파를 타고 방송되었습니다. 음성은 김익두 목사의 목소리와 흡사했지만, 그가 만경대에서 행한 연설과는 판이한 내용으로 방송되었다는 말입니다.

김익두 목사와 그의 가족들, 조예득 장로, 한태선 집사 등 여러 명이 마침 라디오를 통해 흘러나오는 그의 연설을 듣고 아연실색하지 않을 수 없었습니다. 신천서부교회의 교인들은 물론이고 그날 만경대에 참석했던 많은 인사들도 놀랄 수밖에 없었습니다. 김익두 목사 본인마저도 처음 듣는 허무맹랑한 내용이 방송되고 있어서 분개하지 않을 수 없었습니다.

"친애하는 북조선, 남조선 인민 여러분! 모든 기독교인 여러분! (중략) 김일성 장군 만세! 김일성 장군 만세!"

북한 노동당을 칭송하고 김일성 장군을 운운하며 그의 정부를 칭찬하는 엉뚱한 말들뿐이었습니다. 이 방송을 듣고 있던 김익두 목사와 모든 사람은 너무나 기가 막혀 한동안 아무 말도 하지 못하고 어안이 벙벙했습니다.

"아니, 이게 도대체 어찌 된 일인가?"

"저건 목사님 말씀이 아니잖습니까?"

눈이 휘둥그레져서 흥분하는 한태선 집사의 말에 김익두 목사도 얼굴에 불쾌한 기색을 띠며 말했습니다.

"저런! 몹쓸 사람들 같으니. 왜 사실 그대로 방송하지 않고 고쳐서 말을 하고 있어? 도대체 저건 누구의 목소리라는 게야?"

이 물음에 명석한 한태선 집사가 대답했습니다.

"목사님, 성우를 시켜 목사님 음성을 흉내 내는 것쯤은 식은죽 먹기지요. 또 성우를 시켜 자기네들에게 필요한 말들을 삽입해서 김일성 장군이니, 만세니 하는 말들을 편집해서 방송한 것이 틀림없습니다."

역시 사리에 밝고 명철한 한태선 집사의 말에 모두가 머리를 끄덕이며 수긍했지만, 그 말을 듣고 보니 더욱 그들의 간교한 소행이 괘씸해서 모두 분함을 참지 못했습니다.

"전국이 다 내가 한 말로 들을 텐데, 이 일을 어쩐다는 말인가!"

김익두 목사가 낭패한 얼굴이 되어 어쩔 줄 몰라 했습니다.

과연 이 허위 날조된 녹음테이프의 김익두 목사의 연설이 1주일이나 계속해서 방송되자, 신천군 내는 물론, 가까운 지역의 목사와 장로들이 극도로 흥분하여 신천서부교회로 우르르 몰려왔습니다. 그리고 이구동성으로 김익두 목사를 성토하기 시작했습니다.

"아니, 다른 사람도 아니고 김 목사님이 김일성 장군 만세를 부르다니 도대체 말이나 됩니까? 그리고 김일성 정부를 지지하고 공산당을 칭찬하는 말을 하다니, 이게 어떻게 된 일입니까? 참말로 믿을 수가 없습니다!"

그들은 정말 격분해 있었습니다. 평소에 존경해 마지않는 김익두 목사가 공산당의 앞잡이가 되어 만인들 앞에 '김일성 장군 만세!'를 부르고 공산당 정부를 칭송했다는 사실이 도무지 믿기지 않았지만, 방송을 통해 들려오는 생생한 그의 육성을 들으니 믿지 않을 수도 없는 일이었습니다.

"가짜야! 가짜 녹음 방송이란 말이야! 그네들이 성우를 시켜 날조한 가짜 녹음테이프란 말일세."

김익두 목사가 찾아온 이들에게 잘라 말했습니다. 곁에서는 한태선 집사가 다시 그 사건의 전말을 소상하게 해명했습니다. 겨우 허위 방송의 진상을 납득하자, 여러 교역자, 장로들이 그제야 터무니없는 김일성 정부의 사기 행각에 어이가 없어 그만 말문이 막혀버리고 말았습니다.

'사단'이라는 단어의 원어적 의미는 사기(詐欺)라는 뜻을 내포합니다. 무신론자 집단인 공산당이란 본시 그 근본이 마귀적이기 때문에 속이고 위장하는 데 대단히 능숙한 것입니다.

'한마디만 해 주십시오' 해놓고 그 얼굴을 사람들에게 보여주고는 그 음성을 녹음해서 성우로 하여금 음성 조작을 하게 하고 김익두 목사의 음성과 흡사한 목소리로 그들이 원하는 내용대로 다시 녹음하고 재편집해서 일주일에 걸쳐 선전 방송을 했습니다. 그러니, 이러한 사건의 진상을 알지 못하는 대부분의 사람들이 속아 넘어가는 것은 당연한 일입니다.

이로 말미암아 김익두 목사는 그의 명예에 뜻하지 아니한 손상을 입었습니다. 분명히 김익두 목사가 만경대 노동절 경축식장에 참석해 연설을 했던 것은 사실이고 또 지금과 같이 녹음의 편집 기술이나 성우의 성대 묘사와 같은 기능이 일반적으로 상식화되어 있던 시절이 아니었기 때문에, 오해가 생기는 것은 지극히 당연한 일이었습니다. 하여간 이 사건으로 말미암아 북한 동포들 사이에 여러 가지로 그를 비방하는 말들이 그때부터 나돌기 시작했습니다.

"이제 김익두 목사도 별수 없구나!"

"나이는 어쩔 수 없는가 보다. 어쩌다가 김익두 목사까지 빨갱이들한테 놀아난단 말인가!"

많은 사람들이 이를 개탄하기도 하고 애석하게 생각하기도 했습니다.

후일 한태선 장로는 공산당의 허위 날조된 방송에 속아 김익두 목사를 비방했던 교역자들이나 성도들을 두고 분함을 삭이지 못하여

‘멍청이’라고 불만을 토로했습니다. 그리고 그는 기회가 주어진다면 KBS 방송이나 기독교방송을 통해 기필코 역사의 증언을 해서 진실을 밝혀야 할 것이라고 역설했습니다.

그는 이 사건이 화제에 오를 때마다 주먹을 불끈 쥐고 의분을 참지 못했습니다. 한태선 장로야말로 현장에서 직접 보고 들은 역사의 산 증인으로서 지금도 공산당의 주장이나 방송을 믿고 떠드는 사람들에 대해 그 무지함을 탄식하며 경계합니다. 도대체 김일성이나 강양욱의 장난에 속아 넘어가는 그러한 자들의 이성이 딱할 뿐이며, 설령 김익두 목사의 이름을 내세워 그들이 조작된 연설을 했다고 하더라도 왜 그들의 말을 더 믿느냐고 분노했습니다.

수십 년이 지난 지금도 김일성 정권이 하는 일들은 예나 지금이나 조금도 달라진 것이 없습니다. 전두환 대통령 일행이 동남아 순방 외교를 위해 버마(현 미얀마)를 방문했을 때, 수많은 희생자를 냈던 버마 아웅산 폭파 사건조차도 남조선 정부의 조작극이라고 우겨대며 대남 비방 방송을 하지 않았습니까? 그뿐입니까? 최은희, 신상옥 부부 납치 사건도 자진 월북이라고 우겨대던 그들이 아닙니까?

김익두 목사는 일제 치하에서도 목숨 걸고 신사참배를 거부하고 모진 고문과 탄압 속에서도 결코 믿음을 굽히지 않았던 분이었는데, 하물며 무신론자들인 공산정권에 아부하며 그들을 칭송하는 가당치 않은 연설을 할 수 있었겠습니까! 더구나 김일성 장군 만세를 불렀다는 헛소문에 많은 사람들이 속아 넘어가서 그를 비판했으니, 어찌 분개하지 않을 수 있겠습니까!

아마 당시 UN 방송이나 KBS 방송국에 그 당시의 김익두 목사 연설을 녹음한 것이 소장되어 있다면, 국립과학수사연구소에 맡겨 정밀 분석하여 현대의 기술로 얼마든지 진실을 밝혀낼 수 있을 것입니다. 필자 한춘근은 김익두 목사의 셋째 아들인 할렐루야축구단 부장 김용식 씨와 장녀 김성락 권사의 생생한 녹음을 현재도 보관하고 있습니다.

역사의 산증인인 한태선 장로는 그 가짜 녹음 테이프를 세상에 폭로하였고, 최후의 증인인 필자 한춘근은 이 사건의 내용 전부를 담은 한태선 장로와의 대화 녹음테이프를 보관하고 있습니다. 역사는 진실하게 밝혀져야 합니다. 그 당시 오해를 하고 있던 많은 분들이 월남하여 진실 여부를 확인하지도 않은 채 와전시킴으로 인해 김익두 목사가 남긴 훌륭한 복음의 업적에 얼마나 큰 흠집을 냈는지 모릅니다. 그러므로 이 책은 신앙의 양심과 진실을 통해 하나님과 만 성도들 앞에 정직하게 증거하는 것입니다.

김익두 목사는 이 사건으로 억울한 누명을 썼습니다. 그에 대한 왜곡된 소문은 강양욱의 음모로 조작된 한낱 허구에 불과하였건만, 한국교회가 속았고 성도들 모두가 속고 말았습니다. 김익두 목사가 실로 김일성 장군 만세를 부르고 공산당 정부에 아첨했다면, 그렇게도 무참히 인민군들의 총칼에 피를 쏟으며 죽어야 할 하등의 이유가 없는 것입니다. 참으로 영적 통찰력과 분별력이 있는 목회자나 성도들이라면, 김일성의 수족이나 다름없는 평양방송을 듣고 그 사실을 믿는다든지, 강양욱이 직접 경영했던 노동신문을 읽고 김익두 목사를 비난하는 어리석은 짓을 결코 하지 않았을 것입니다.

진실한 하나님의 종 김익두 목사는 그 위조된 녹음 방송 때문에 자칫하면 지울 수 없는 흉터를 그의 생애에 남길 뻔했습니다. 그는 일생을 오직 진실로 일관한 사람입니다. 언제나 '거짓이 섞이면 마귀가 덮친다!'라고 외쳤고 거짓말하는 자는 마귀에게 굴복한 자라고 정의하던 사람입니다.

김익두 목사는 믿음과 행위가 일치하는 신행일치의 모범을 보인 사람이었습니다. 그랬기 때문에 그가 가는 곳에는 언제나 성령의 역사가 일어났고 이적과 기사가 나타났습니다.

300만 명의 결신자와 수많은 제자를 길러낸 김익두 목사에게 추호의 거짓이 있었다면 어찌 그와 같은 성령의 역사가 있었겠습니까! 그

는 한국교회 100년사에 누구보다도 하나님의 사랑을 받았던 종이었
고 진실한 목회자라는 일컬음을 받기에 조금도 부족함이 없는 사람이
었습니다.

성식(장남), 큰 자부, 둘째 자부, 인식(이남), 용식(삼남)
김익두 목사, 손녀, 부인, 손자(유경), 성락(이녀)

총회장 시절의 김익두 목사

김익진(김익두 목사의 부인)

제 2부

회개·이적·부흥의 40년 사역

이적명증회

김익두 목사는 1912년 목사 안수를 받은 이후부터 신유의 은사를 나타내어 가는 곳마다 하나님의 권능과 영광을 드러낸 복음의 종이었습니다. 신천 척사재 냇가의 앉은뱅이를 일으켜 걷게 한 이적으로부터 1938년 신사참배 거부로 인해 목사직을 박탈당한 뒤 황해도 직전리로 은퇴할 때까지의 목회 사역을 통해, 회개와 표적과 기사로 수많은 영혼을 주님 앞으로 인도했고 놀라운 성령의 역사로 전국을 놀라게 했던 하나님의 신실한 종이었습니다.

그의 이러한 행적을 간과할 수 없어 황해노회에서는 이적명증회(異蹟明證會)라는 기관을 조직하여 김익두 목사의 병 고침과 이적, 기사의 현장을 증거하고 보존하기 위해 '조선예수교 이적명증집'이라는 책을 제작 발간했습니다. 이 일을 위하여 황해노회 소속 목사인 오득인, 장홍범, 유만섭, 김용승, 임택권과 장로 이택주 등이 발기인이 되어 이 일을 추진했습니다.

이적명증회에서 선발된 사람들은 김익두 목사를 수행하면서 이적이 나타날 때마다 이적 전과 후의 사진을 찍고 당사자의 진술을 받아 책으로 출간했습니다. 하지만 지금은 그 책을 발견할 수 없고 오직 김민숙 장로에게 단 한 권이 남아 있을 뿐이어서 귀중한 자료로 보관되고 있는데, 그것조차 너무 오래되어 낡은 사진만 보존되어 있습니다. 이 사진책에 실린 60여 종의 사진 중에서 20여 가지를 골라 그 사진을 본서에 게재하였습니다. 또한 김익두 목사의 장녀인 김성낙 권사가 김익두 목사의 사진과 가족들의 사진을 제공해 주어서 본서에 함께 실었습니다.

아울러 이적명증회의 발기 취지문을 부분적으로 발췌한 내용을 간단히 소개해 봅니다.

"옛날 우리 구주 예수 그리스도께서 3년간 전도하실 때에 기적, 이사를 많이 행하심은 당시 인민이 예수께서 하나님의 독생자이심을 깨닫지 못하고 천국의 오묘한 진리를 믿지 아니하므로 하나님의 권능을 특별히 나타내사 병을 고치시며 사귀를 내어 쫓으시며 죽은 자를 다시 살리시는 이적과 바다와 바람을 꾸짖으시며 또 떡을 먹이는 일들 기사를 행하사 패역한 세대로 하여금 하나님의 권능을 목도하고 예수의 존재를 인정하게 하시기 위해서였다. 그 후 사도 시대에 이르러서도 동일한 기적이 여러 번 나타난 것은 성경이 증거하는 바이다(중략).

하나님께서 우리 조선 반도의 민족을 권고하심으로 그리스도교를 신봉한 지 이미 37년! 교회의 왕성함과 신도의 전진함은 실로 상위의 은혜이므로 감사할 따름이어니와 본도 신천 읍내 교회 목사 김익두 씨는 이미 주님의 사명을 받아 사역한 지 수십 년에 종종 영적(靈積, 영적인 성과)을 나타내 권능목사라는 아름다운 이름까지 얻었더니, 특별히 금춘부터 경상남북도와 황해도 등지에서 안수기도함으로 현대약으로 치료 못할 자를 완쾌시킨 자가 거의 수백 명에 달한다. 그중에 특이한 경우를 말하면 곧 앉은뱅이가 걸으며, 벙어리가 말하며, 소경이 보며,

귀머거리가 들으며, 꼽추가 펴지며, 반신불수가 완전해지며, 17년 된 혈루병자가 낫는 등 일일이 매거(枚擧)키 어려운지라. (중략)

진리의 말씀을 세상 학설로 몰아붙이며 하나님의 권능을 마음 가운데 의심하던 자여, 주님의 때가 가까웠으니 참회하고 주님을 진실히 믿을지어다.

하나님께서 이와 같이 약소한 우리 조선에 이러한 이적을 주신 것은 당신의 경륜을 이루고자 하심이니,

첫째, 조선은 미신적이라고 오해하는 자의 생각을 깨뜨리시고자 함이요,

둘째, 모범적으로 신령한 신앙 됨을 세계에 표창케 하려 하심이다.

그런고로 우리는 이에 한 회를 조직하여 자못 김 목사에게로 말미암아 나타난 이적뿐만 아니라 30여 년간 조선 교회에 많이 나타난 이적을 일일이 수집하여 하나님의 권능은 예나 지금이나 다름이 없음을 명증하고 또한 후세 교회가 조선 내에서 성령의 이적을 믿지 않는 자들로 깨닫고 회개하게 하며 우리 조선 교회 내에 역사적 광휘를 표창케 하기 위하여 본회를 발기하고 취지를 공포함."

구주 탄생 1921년 7월

현풍 집회에서의 병 고침: 막대 거지 박수진

1919년 12월 5일, 대구와 근접한 거리에 있는 현풍 읍내 현풍교회에서 김익두 목사를 초청하여 부흥회를 진행하는 동안 일어났던 병 고침의 이적이었습니다. 그곳에 거지 행각으로 살아가는 박수진이라는 사람이 있었는데 십여 년 전에 돌연한 사고로 아래턱이 떨어져 마음대로 먹을 수도 없고 말도 제대로 할 수도 없는 병자가 되어 이집 저

집 남의 집 대문을 두드리며 동냥을 해서 먹고살았습니다. 그가 대문을 두드릴 때 막대기를 들어 두들겼기 때문에 막대 거지라는 별명이 붙었습니다. 이 박수진이라는 사람이 김익두 목사의 소문을 듣고 부흥회에 참석하여 맨 앞자리에 앉아 열심히 설교를 들었습니다.

부흥회는 입추의 여지가 없이 만당이 되었지만, 박수진은 곧 김익두 목사의 눈에 띄었습니다. 그의 턱이 다물어지지 않고 너덜거렸기 때문이었습니다. 설교가 끝나자마자 김익두 목사가 물었습니다.

"여보시오! 그 턱은 어떻게 하다가 그렇게 되었소?"

박수진이 대답을 못하고 눈만 껌벅거리고 있으니까 옆에 앉은 성도가 대신 대답했습니다.

"목사님! 그 사람은 말을 못합니다."

그 말을 들은 김익두 목사는 그만 가슴이 뭉클해지며 불쌍한 생각이 들어 눈물을 글썽이며 민망해했습니다. 그를 위해 기도하고 보낸 후 김익두 목사는 불쌍한 막대 거지를 위해 집회 기간 동안 7일간의 금식기도를 작정하고 그날부터 하나님께 매달려 불붙는 듯한 기도를 시작했습니다. 새벽, 낮, 밤의 연속 집회로 육신이 매우 피곤할 것이건만, 김익두 목사는 계속 금식하면서도 조금도 피곤한 기색을 보이지 않았고 더욱 힘이 넘치는 설교로 하나님의 말씀을 전했습니다.

마침내 부흥회 마지막 날 새벽 집회 때에 박수진의 턱이 놀랍게도 감쪽같이 들어붙어 원상 회복이 되었습니다. 신경과 근육이 회복되었고 완전히 정상인의 얼굴로 돌아왔습니다. 박수진이 너무 감격해서 "감사합니다! 할렐루야!"하고 소리를 질렀는데 말이 제대로 나왔습니다.

그는 얼마나 기뻤던지 소리를 지르며 온 동네를 뛰어다녀 사람들을 놀라게 했습니다. 온 교회가 기뻐하고 하나님께 영광을 돌리며 찬미하였습니다. 현풍 읍민이면 누구나 다 아는 막대거지 박수진이 병 고침 받은 것을 보고 누구나 놀랐고 그로 인해 전도의 효과가 지대했습니다. 누군가가 곶감을 박수진에게 주자 맛있게 씹어 먹는 모습을 보고 김익두 목사도 감격하여 하나님의 은혜에 감사했습니다. 김익두 목사는 박수진을 불러 그의 이름을 주님의 은혜를 받았다는 뜻으로 박수은(朴受恩)이라고 고쳐 주며 말했습니다.

"하나님의 큰 은혜를 받았으니, 이후로는 수은이라고 부르시오."

"고맙습니다, 목사님! 평생토록 그렇게 부르겠습니다."

이 사건이 있은 지 46년 후 1965년에 필자 한춘근 목사가 현풍읍교회에 부흥회 인도 차 내려간 일이 있었습니다. 그 교회의 노장로 한 분이 필자가 김익두 목사의 제자였다는 말을 듣고 반색하며 기뻐하고 당시 박수진이 병 고침을 받던 광경을 실감 나게 증거했습니다. 그 옛날 46년 전의 일을 회상하느라 약간은 흥분된 어조로 즐겁게 말했습니다.

"그 당시에 김익두 목사님은 7일을 계속 금식하면서 집회를 인도하셨지요. 마지막 날 새벽기도회 도중에 기적이 일어나 박수진의 턱이 딱 붙지 않았겠어요?"

박수진에 대한 간증은 1947년부터 1950년까지 신천서부교회의 정기 성경공부 시간에 김익두 목사가 직접 증거한 일이 있어, 필자 한춘근도 성경공부 시간에 참석하여 들은 바 있었습니다.

경산읍교회에서의 이적: 풍증과 혈루병 환자를 고치다

경산읍교회에서는 1920년 4월 17일부터 23일까지 1주일간 김익두 목사 초청 부흥집회를 열었습니다. 경산읍 증발리에 사는 강낙삼 씨의 처 김손금(당시 32세)은 3년 전부터 발병한 심한 풍증으로 무릎 밑의 다리가 거의 감각이 없을 정도로 병세가 악화되어 있었습니다. 겨울이 되면 무릎이 시려 항상 담요를 무릎 위에 덮고 살아야 했습니다.

심지어 삼복더위에도 무릎이 시려 못 견딜 정도로 고통받고 있어서 대구의 큰 병원은 다 찾아가서 치료를 받아 보았지만 별로 효과를 보지 못했습니다. 부흥회 나흘째에 가서야 그 많은 사람들 틈에서 겨우 차례를 얻어 김익두 목사의 안수를 받았지만, 오히려 통증이 더 심해졌습니다. 그러나 김익두 목사와 김손금은 조금도 낙심하지 않고 기도를 계속했고, 부흥회가 끝나는 마지막 날이 되자 그녀의 병은 깨끗이 나음을 받았습니다(당시 1921년 경산읍교회 서성오 목사의 증언).

경산읍교회의 성도인 박달옥은 무려 17년간을 혈루병으로 고생하던 사람인데, 출혈이 너무 심해서 문밖 출입도 마음대로 할 수 없는 상태였습니다. 가족들조차 짜증을 내어 괴로워하던 중에 김익두 목사의 이적 소문을 전해 듣고 부지런히 부흥회에 참석하여 말씀을 들었습니다. 인파에 밀려 안수를 받지 못하다가 가까스로 김익두 목사의 안수를 받게 되었는데, 며칠 후부터 출혈이 멈추더니 깨끗이 고침을 받았습니다. 그녀는 너무 감사해서 집회를 마치고 떠나간 김익두 목사에게 편지를 보냈습니다.

"저는 17년간을 혈루증으로 끔찍이 고생하던 박달옥입니다. 그런데 목사님의 안수기도를 받고는 깨끗이 나았습니다. 그래서 간증과 함께 감사 편지를 올립니다. 경산에 다시 오시면 꼭 찾아 주시기 바랍니다. 이 은혜를 무엇으로 갚겠나이까? 안녕하소서. 이 모든 것을 하나님께 영광 돌립니다. 아멘. "

1921년 1월 10일 박달옥 상서

대구 남성정교회 부흥집회: 김홍선과 기녀 김경애, 반신불수 장의덕

현풍의 막대거지 박수진과 경산의 박달옥 여인이 기적적으로 병 고침을 받았다는 소문으로 인접한 대구는 물론이고 인근 경북 일대와 경남지방에까지 김익두 목사의 부흥회 이야기가 삽시간에 퍼져 나갔습니다. 이러한 소문과 관심 가운데 대구의 남성정교회에서도 김익두 목사를 초청하여 부흥회를 개최했습니다. 집회 소식을 들은 대구 시민들이 얼마나 많이 몰려들었는지 문자 그대로 구름과 같이 운집하여 인산인해를 이루었습니다. 이 집회에서 새로 믿기로 작정한 결신자 수만 해도 808명에 이르는 놀라운 전도의 결실이 있었고, 본 교회가 운영하고 있던 학교 신축을 위해 건축 헌금이 당시 화폐로 무려 1만여 원 모금되었습니다.

　대구 남성동에 있는 대남여관 주인 허찬 씨의 부인 김홍선 씨는 임신 2개월이었는데 전신전골통(온몸에서 느끼는 뼈의 통증)이 발병하여 심한 고통을 받고 있었습니다. 병원에서는 수술을 해야 치료가 가능하다는 진단 결과가 나왔습니다. 눈앞이 캄캄해진 김홍선 씨는 남성정교회 부흥집회에 참석하여 부지런히 하나님께 매달려 기도했습니다. 수많은 사람들이 병이 낫기 위해 몰려들었으므로 김홍선 씨는 도저히 김익두 목사 앞으로 다가갈 수가 없었습니다. 그러나 그녀는 생사를 하나님께 맡기고 눈물로 하나님께 간구하다가 겨우 차례를 얻어 김익두 목사의 사랑에 넘치는 기도를 받게 되었습니다. 놀랍게도 그녀는 깨끗이 병 고침을 받았고 복중의 아기도 무사히 자라나 건강하게 태어났습니다.

　대구의 이름 있는 요정의 기녀인 김경애 씨는 오랫동안 방광염을 앓아 고생하던 중이었습니다. 그녀가 앞으로 나와 기도해 주기를 청하자, 김익두 목사가 말했습니다.

"당신이 기생으로 죄를 많이 지었기 때문에 얻은 병이오. 깨끗이 회개하고 나와서 기도 받도록 하시오."

그녀는 공손히 고개를 숙이고 순종할 것을 약속했습니다.

"예, 목사님! 반드시 새 생활을 시작하겠사오니 기도해 주십시오."

"오늘 밤 뜬 눈으로 회개 기도 하십시오."

"예."

그날 밤 그녀는 눈물을 흘리며 철야로 회개 기도를 하다가, 새벽녘이 되어 깜박 졸음이 와서 잠이 들었는데 신기한 꿈을 꾸었다고 합니다. 그런데 놀랍게도 그때부터 그녀의 오래된 질병이 씻은 듯이 나았습니다.

경북 고령군 다신면 호촌동에 사는 장의덕 여인(36세)은 반신불수로 운신(몸을 움직이는 것)이 부자유한 상태였는데 대구 남성정교회에서 열리는 김익두 목사 부흥집회 소식을 듣고 마차에 실려 찾아왔습니다. 그러나 그녀가 집회 장소에 도착했을 때는 이미 김익두 목사가 대구를 떠나버린 뒤였습니다. 이미 집회가 끝나 다음 부흥회 장소인 밀양읍으로 출발했던 것입니다. 그래서 가족들의 부축을 받으며 불편한 몸을 이끌고 밀양까지 김익두 목사를 찾아가 안수기도를 받게 되었습니다. 집으로 돌아와 꿈을 꾸었는데 하늘에서 쇠사슬이 내려오더니 두 다리를 꽁꽁 묶어, 놀라 깨어보니 꿈이었다고 합니다. 그러나 그때부터 손발이 움직이기 시작하더니 반신불수의 몸이 완전히 회복되어 건강한 사람이 되었습니다.

성령의 능력을 입은 김익두 목사의 병 고치는 은사는 이처럼 놀라웠습니다. 그가 가는 곳에는 언제나 회개의 역사가 일어났고 이적과 기사가 나타나 하나님의 영광을 드러냈습니다. 그는 부흥회에서 받은 사례비를 그 자리에서 전액 헌금하기도 했고 때로는 사례비를 사양하여 전혀 받지 않았습니다. 그는 돈을 모르는 사람이었습니다. '거저 받았으니 거저 주라'는 말씀을 따라 사는 신실한 하나님의 종이었으며 옥합을 깨뜨려 주님을 섬긴 종이었습니다. 그의 보화는 오직 하늘나라였기에 하나님의 영광만이 그의 유일한 소망이었습니다.

부산진교회 부흥집회: 앉은뱅이 두수, 축농증 환자, 결핵 환자를 고치다

1921년 5월 17일 부산진교회 부흥집회에서 나타난 이적이었습니다. 부산진구 좌천동 446번지에 사는 김낙언 씨의 아들 두수는 생후 8개월 만에 소아마비 증상을 앓다가 끝내 걷지 못하고 앉은뱅이가 되고 말았습니다. 그의 부모는 유명한 병원과 소문난 약방을 두루 찾아다니며 치료를 위해 눈물겨운 노력을 했지만 아무런 차도가 없었습니다. 두수가 8세였을 때 그의 부모가 이웃의 권유를 받고 부산진교회의 부흥회에 두수를 업고 참석하게 되었습니다. 김익두 목사의 설교를 듣고 성령의 감동을 받은 그의 부모는 염치를 무릅쓰고 많은 사람을 헤치고 맨 앞자리로 나아가 앉았습니다. 설교를 마친 김익두 목사가 단상을 내려와 지나가다가 두수를 목격했습니다.

"저 아이는 어쩌다가 저리 되었습니까?"

"예, 8년 전에 소아마비를 앓다가 그리 되었습니다."

김익두 목사는 어린아이가 앉은뱅이가 된 것을 측은히 생각하고 두수 곁으로 다가가 머리에 손을 얹고 전능하신 하나님께 병이 낫기를 간절히 기도했습니다. 놀랍게도 김익두 목사의 기도가 끝나자마자 두수는 누가 일으켜 세우듯 벌떡 일어나 한 발 두 발 걸어갔습니다. 집회에 참석했던 수많은 사람들이 깜짝 놀라 눈을 크게 뜨고 한 걸음씩 걸어가는 두수를 바라보았습니다. 이 놀라운 사건은 당장 뉴스가 되어 동아일보 제58호로 보도되었고 국내는 물론 세계적인 뉴스로 전송된 바 있었습니다.

김해군 하계면 진영리에 사는 박봉연 씨는 축농증으로 오랫동안 고생하던 노인이었습니다. 밤에 숨이 막혀 잠에서 깰 정도로 증세가 심했는데 진영교회 담임목사인 김기원 목사로부터 김익두 목사의 집회 소식을 듣고 부랴부랴 서둘러 부산진교회로 달려왔습니다. 그러나 인파가 너무 많아 도저히 안수기도를 받을 수가 없어서 혼자 탄식하다가 마음속으로 기도했습니다.
"주여! 주님의 신실한 종이신 김익두 목사의 안수를 받을 길이 없나이다. 성령으로 역사하여 주시옵소서!"
그러나 집회 중에 김익두 목사가 병자를 위한 회중기도를 할 때 갑자기 코로 시원한 공기가 통하면서 호흡이 시원해지고 정신이 맑아졌습니다. 그는 교회의 많은 성도들 앞에서 이 사실을 간증했습니다.

진주에 사는 임수경 씨는 51세인데, 28세 때 각혈을 시작하더니 33세 때는 병세가 악화되어 심하게 피를 토하다가 죽을 뻔하기도 했습니다. 치료를 위해 모든 방법을 동원하며 최선을 다했지만, 백 가지 약이 아무 효과가 없었습니다. 그러다가 1921년 5월 25일 김익두 목사의 안수기도를 받고 점점 출혈이 줄어들더니 9월에 가서 완전히 출혈이 멈추고 병 고침을 받아 이적명증집에 기록되었습니다.

마산 부흥집회: 소경이 눈이 뜨고, 뒤틀린 발목이 돌아오며, 정신병이 치료되다

김해군 태산면 구덕리에 사는 김종호 씨의 아들 경출(11세)은 5년 동안 안질을 앓다가 병세가 악화되어 흰점이 생기고 시력이 약해지더니, 결국 앞 못 보는 소경이 되고 말았습니다. 부산에 있는 안과병원을 여러 곳 찾아다니며 진료를 받았지만, 별 효과가 나타나지 않았습니다. 부모의 안타까운 마음은 이루 말할 수 없었습니다. 그러던 중 경출의 부모는 김익두 목사의 마산 집회에 참석하여 아들의 병이 낫기를 갈구하였습니다. 집회 5일째 되는 날에 아들 경출이 세수를 하는데 눈에서 비늘 같은 것이 떨어지며 그때로부터 눈이 밝아지더니 앞이 보이기 시작했습니다.

"아빠! 엄마! 눈이 보여!"

"뭐라고? 그게 정말이냐?"

"응, 엄마 얼굴이 보여."

"하나님, 감사합니다!"

김종호 씨의 가정은 하나님의 은혜로 순식간에 기쁨의 꽃이 활짝 피었습니다.

마산시 만정 151번지 박해태 씨의 아들 득룡이는 출생한 지 얼마 되지 않아 큰 아이에게 업혔다가 넘어지는 바람에 발목이 꺾여 탈골되고 말았습니다. 자라면서 전혀 걷지 못하고 무릎으로 기어다녔습니다. 네 살이 되도록 전혀 서지 못하고 기어만 다니다가 어머니의 등에 업혀 김익두 목사의 집회에 참석하게 되었습니다.

"목사님! 우리 아이가 발등이 비틀어져 그만 걷지를 못하게 되었습니다. "

"그래요? 자, 우리 전능하신 하나님께 기도합시다."

김익두 목사가 득룡의 발을 붙잡고 뜨겁게 기도했습니다. 참으로 놀라운 일은 집회가 끝나기도 전에 발목이 제자리로 돌아와 정상으로 회복이 된 것이었습니다. 하나님께서 보이신 놀라운 이적이었습니다.

하계면 진수리 233번지에 사는 송윤태 씨의 장남 흥선(14세)은 원인을 알 수 없이 목 안이 붓고 헐어 물조차 마음대로 마실 수 없는 고통에 시달리고 있었습니다. 김해 농장병원에 가서도 여러 번 치료를 받았지만 차도가 없었고, 목 안이 점점 부어 증상이 악화되고 있었습니다. 도무지 어찌해 볼 도리가 없어 온 가족들이 걱정하던 중에 김익두 목사의 소문을 듣고 그 부모가 아이를 데리고 김익두 목사의 집회에 참석했습니다. 김익두 목사의 안수기도를 받고 난 후 얼마 되지 않아 상처 부위의 통증이 사라지더니 얼마 후에는 새살이 돋고 완전히 회복되어 마음 놓고 식사를 하게 되었습니다.
"어머니! 이제 살 것만 같아요."
"그래, 참 신기하구나. 김익두 목사님은 과연 하나님이 보내신 분이다!"

동래군 상면 삼원리 김세권 씨의 아들 성준(25세)은 정신 이상을 일으켜 부모의 마음을 애태우고 있었습니다. 정신분열증으로 가족들의 눈을 피해 밖으로 나가기만 하면 이상한 행동을 했습니다. 남의 집 돼지 굴에 들어가 놀기도 하고 황소 뿔을 잡고 싸우기도 했습니다. 논밭을 가리지 않고 뛰어다니고 장소를 가리지 않고 마구 헤집고 다녀서 가족들이 억지로 붙들어다가 집으로 데려오곤 했습니다. 김익두 목사가 부흥회를 한다는 소식을 듣게 된 그의 부모는 반가워서, 따라가지 않으려고 발버둥 치는 성준을 억지로 끌고 예배당으로 들어왔습니다. 그러나 성준은 예배당 안으로 들어오자마자 소리를 지르고 큰 소란을 피워 사람들이 겁을 먹고 피해 도망 다니는 소동이 일어났습니다. 김익두 목사가 붙들어 진정시키자 그제야 조용해져 겨우 자리에 앉았습니다.

　김익두 목사가 청년 성준의 미친 모습을 매우 측은히 생각하고 눈물까지 흘리며 하나님께 병 낫기를 간절히 기도하자, 그토록 소란하던 성준이 갑자기 다소곳해지며 정신이상 증세가 사라져 전연(완전히) 딴 사람처럼 멀쩡한 청년으로 되돌아왔습니다. 집회에 참석했던 수많은 회중들이 목전에서 일어난 이 놀라운 이적을 보고 저마다 탄성을 올리며 하나님을 찬미했습니다.

황해도 지방에서 나타난 병 고침의 은사: 두통, 피부병, 식체병, 자궁암이 낫다

황해도 은율군 일도면 장은리 김중열 씨의 처 김연각(35세)은 심한 두통으로 앓아누웠는데, 날이 갈수록 병세가 점점 악화되어 사지가 마비되고 보행이 불가능해져서 대소변조차 가족들의 도움을 받아야 하는 처지가 되었습니다. 김익두 목사의 부흥집회 소식을 듣게 된 가족들이 그녀를 부축하여 수레에 태우고 집회 장소에 도착했습니다. 집회는 사방에서 몰려든 사람들로 인산인해여서, 가족들이 그녀를 부축해 염치 불구하고 인파를 헤치며 뚫고 들어가 기어이 김익두 목사 앞에 그녀를 눕혀 놓았습니다. 김연각 씨는 손을 내저으며 기도를 청했고 김익두 목사가 애처로운 눈으로 바라보며 머리에 손을 얹고 기도했습니다.

　"하나님 아버지시여! 이 여인의 고통을 풀어주소서. 민망하여 볼 수가 없나이다. 부디 고쳐주시기를 예수님의 이름으로 간구하옵나이다. 아멘."

　그의 기도가 끝나자 그토록 머리가 빠개질 듯 아프던 두통이 사라지고 온몸의 마비가 풀어지더니 깨끗이 병 고침을 받았습니다. 그 후

2km도 더 되는 거리의 교회를 혼자 걸어 다닐 수 있게 되었습니다.

　황해도 송화군 은내리 오문호 씨의 장녀 기연(18세)은 아홉 살 때부터 전신에 종기가 나기 시작하더니 얼굴까지 헐어서 차마 눈으로 볼 수 없을 만큼 딱한 모습이었습니다. 18세 처녀의 나이에 전신이 피부병으로 덮여 있으니, 본인은 물론 그 부모의 걱정이 이마저마이 아니었습니다. 그러던 기연이 김익두 목사의 안수기도를 받고 난 후 신기하게도 종기가 좁쌀만 해지더니 조금 시간이 지나자 붉은 반점만 자국으로 남게 되었습니다. 그리고 얼마 후에는 완전히 나았습니다. 오기연은 너무 감사하여 회중들 앞에 나아가 간증했습니다. 평소에 수줍음 많고 얌전한 처녀가 회중들 앞에서 용기를 내 간증하는 모습을 보고 많은 사람이 감명받았습니다.
　"저는 여러분들이 잘 아시다시피 온몸과 얼굴에 종기가 나서 오래도록 고생했습니다. 그런데 김익두 목사님의 안수기도를 통해서 이렇게 깨끗하게 나았습니다. 고마우신 하나님께 진실로 감사드립니다!"
　눈물을 흘리며 하나님께 영광을 돌리는 오기연의 간증을 듣고 모든 성도들이 '할렐루야! 아멘!'으로 화답하며 주님을 찬미했습니다.

　황해도 송화군 송화읍내 815번지에 사는 김수정(27세) 씨는 스물한 살 때 우연히 체증이 생겨 입맛을 잃고 먹고 마시는 것마저 마음대로 할 수 없는 식체병으로 고생하고 있었습니다. 송화읍내의 서광호 의원에 입원하여 4개월 동안 치료를 받았지만 전혀 차도를 보이지 않았습니다. 경성총독부 병원까지 가서 입원 치료를 받았으나 결국은 45원이나 되는 거금만 없애고 집으로 돌아오게 되었습니다. 그런데 집으로 돌아오는 중 기차 안에서 김익두 목사를 만났습니다. 부흥회를 인도하기 위해 가는 김익두 목사와 같은 기차를 타게 되어 은혜를 받게 된 것입니다. 그녀는 기차 안에서 김익두 목사의 안수기도를 받았습니다. 기차 안에는 많은 사람들이 있었으나 김익두 목사는 전혀 개의치 않고 김수정 여인을 위해 하나님께 뜨거운 기도를 드렸습니다.

"전능하신 하나님 아버지! 사람의 능력으로 고치지 못하는 이 여인의 질병을 하나님의 권능으로 고쳐주옵소서. 이 여인을 불쌍히 여기사 이 식체병을 낫게 해 주시옵소서. 간절히 비옵고 예수 그리스도의 이름으로 기도하옵나이다, 아멘."

이 일이 있은 후 김수정 씨는 신천읍교회를 찾아가 다시 김익두 목사의 기도를 청했습니다. 많은 차도가 있었기 때문이었습니다.

"주의 말씀을 의지하여 자꾸 찾아오는 이 여인을 긍휼히 여기시사 그냥 돌려보내지 마옵소서!"

다시 만난 김익두 목사는 그녀의 머리에 손을 얹고 정성껏 기도했습니다. 마침내 그녀의 병은 깨끗이 고침을 받았고 언제 아팠던가 싶게 상쾌한 마음으로 돌아갔습니다.

송화군 무당리 조달선 씨의 처 강택선(51세)은 하혈과 통증으로 읍내 서광호 의원을 찾아가 진찰을 받고 의사로부터 청천벽력과 같은 진단 결과를 통보받았습니다. 병명은 자궁암으로, 당시의 의술로는 치료가 불가능하다는 것이었습니다. 온 가족이 슬픔과 비탄에 젖어 낙심했습니다. 그녀는 결국 인생을 체념하고 마지막 희망으로 하나님께 전적으로 의지해 보겠다는 일념으로 신천서부교회를 찾아와 김익두 목사에게 모든 이야기를 했습니다.

"목사님! 병원에서는 도저히 살아날 가망이 없다고 합니다."

"전능하신 주님의 사랑을 믿고 기도해 봅시다. 믿는 자에게 능치 못할 일이 없는 것입니다."

강택선 씨는 여러 차례 김익두 목사에게 안수를 받고 함께 기도했는데, 말씀을 듣고 기도하는 가운데 믿음이 생기고 확신이 왔습니다. 그러는 동안 자궁암은 그녀가 알지도 못하는 사이에 말끔히 치료되었습니다. 이적명증회의 임택근 목사가 그 사실을 증명하기 위해서 사진을 찍고자 그녀의 집을 방문했더니 그녀가 말했습니다.

"참 이상한 일입니다. 암병이 깨끗이 나았습니다."

병 고침을 받은 본인이 오히려 이상하게 여기고 있었습니다. 너무 신기해서 어리둥절했던 것입니다.

흥수원교회에서 생긴 일: 다리와 귓병을 낫게 하다

봉산 흥수원교회(이종근 목사 시무)에서 1921년 8월 6일부터 11일까지 부흥회를 개최했습니다.

평산군 문무면 문구리의 안막과 씨의 외손녀 최아지(10세)는 오른쪽 다리가 불구여서 걸을 때 절룩거렸습니다. 경성에 있는 큰 병원을 찾아다니며 치료를 받았지만 고치지 못했습니다. 흥수원교회의 집회 소식을 들은 할머니는 아지의 손을 잡고 수십 리 길을 걸어 부흥회에 참석했습니다. 김익두 목사가 아지의 몸에 손을 얹고 안수기도를 하자 즉시로 다리가 곧게 펴지더니 정상이 되었습니다. 놀라운 이적이었습니다. 아지는 집으로 돌아갈 때 할머니와 함께 걸어서 갔습니다.

"이것이 꿈이냐 생시냐!"

할머니는 몇 번씩이나 입속으로 되뇌며 자기보다 앞서 걸어가는 손녀의 모습을 바라보았고, 감격의 눈물을 흘리면서 뒤따라갔습니다.

안악군 안악읍 장월리 안정찬(22세)은 10년 동안을 귓병으로 고생했는데 귀에 고름이 생기고 아프더니 나중에는 전혀 소리를 들을 수 없게 되었습니다.

"하나님 아버지시여! 이 귀머거리 청년을 불쌍히 여기사 들을 수 있도록 귀를 열어 주소서.”

김익두 목사의 간절한 기도를 받은 지 사흘 후에는 고름도 멎고 소리가 들리기 시작했습니다. 정찬은 병고침을 받은 후 누구보다도 열심있는 교회의 일꾼이 되어 하나님을 잘 섬겼습니다. 이 사건 또한 이적명증집에 기록된 일입니다.

사리원교회의 이적: 앉은뱅이, 종기 환자, 전신마비 환자를 고치다

1921년 8월 13일 봉산군 사리원교회 부흥회에서 일어났던 이적입니다. 김익두 목사가 가는 곳마다 예외 없이 인산인해를 이루었는데, 이곳 사리원교회 역시 수많은 인파가 몰려들어 교회 문밖까지 사람들이 붐볐습니다. 마치 시골 장날 풍경을 방불케 하는 인파여서 서로 안으로 들어가려고 소란을 피우기도 했습니다. 병고침을 받은 사람들은 감격에 넘쳐 '할렐루야!'를 외치며 손을 흔들고 나오기도 했고, 또 어떤 이는 눈물을 흘리며 '감사합니다!'를 연발하며 나오기도 했습니다. 19일 새벽기도회를 마치고 난 후, 노인 한 분이 어린 소년을 데리고 강단 아래로 나와 서서 말했습니다.

"이 아이는 제 손자 양인수 올시다. 나이는 11살인데 4살 때부터 걷지를 못하더니 결국 앉은뱅이가 되고 말았습니다. 이번에 하나님의 도우심으로 김익두 목사의 안수기도를 받고 여관에 가서 잠을 잤는데, 오늘 새벽에 제가 깨어보니 이 아이가 일어나서 서성거리고 있지 않겠습니까? 깜짝 놀라 일어나 보니 정말로 걷고 있었습니다. 얼마나 감사한지…. 여기 강단 아래까지 제 발로 걸어서 왔습니다."

노인은 떨리는 음성으로 흘러내리는 눈물을 닦지도 않고 수많은 회중 앞에 간증했습니다. 이 감격적인 이적을 눈으로 목도한 많은 성도들이 우레와 같은 박수를 보내며 하나님의 권능을 찬양했습니다. 11 살 손자 인수는 환호하는 소리를 들으며 강단 아래에서 왔다 갔다 걷고 있었습니다. 성령께서 행하신 놀라운 역사였습니다.

이때 또 한 사람이 일어나 큰 소리로 말했습니다. 한 손에는 붕대와 솜뭉치를 들고 있었습니다.

"저는 안악군 동문면 동창리에 사는 최석황이라는 사람입니다. 제 나이 예순둘이올시다. 제가 스물다섯 살 때 옆구리에 종기가 생겼는데, 제대로 치료하지 않았더니 안에까지 썩어 들어가서 더러운 진물이 자꾸 흘러나와 이렇게 솜을 가지고 다니면서 닦아야 했습니다. 그런데 김익두 목사님의 기도를 받고 난 뒤 이제는 깨끗이 나아 상처 구멍이 이렇게 완전히 아물었습니다."

그는 윗저고리를 들어 올려 허리에 상처 났던 자리를 손가락으로 가리키며 뭇사람들에게 보이고는 감았던 붕대를 풀어 앞으로 내던져 버렸습니다.

"이제는 이 붕대나 솜이 쓸데가 없으니, 필요 없습니다!"

그는 아직 쓰지도 않은 새 붕대마저 모두 버렸습니다.

"이것이 하나님의 은혜가 아니고 무엇이겠습니까? 나는 20년 전에 예수 믿다가 타락했었습니다. 이제 다시는 예수를 배신하지 않겠습니다!"

큰 소리로 외쳤습니다. 최석황 씨가 말하는 것을 김익두 목사가 시종 다 듣고 그에게 다가가서 말했습니다.

"다시는 죄짓지 말고 예수님을 잘 믿으시오."

그러나 후일 최석황 씨는 다시 타락하여 하나님을 배신하더니 교회를 멀리하고 말았습니다. 그리고 믿음에서 떠난 생활을 계속하다가 아물었던 상처가 다시 덧나서 전과 같이 심한 고통을 받더니 급기야는 그 병으로 죽고 말았습니다.

봉산군 금인면 명유리 오택순 씨의 딸 진익(4세)은 원인불명의 질환으로 3개월 전부터 전신마비가 와서 자리에 꼼짝하지 못하고 누워 있었습니다. 어린 딸의 애처로운 모습을 바라보며 한숨과 눈물로 애를 태우고 있던 부모는, 사리원교회의 김익두 목사 부흥집회 소식을 듣고 병든 딸을 등에 업고 김익두 목사 앞으로 다가갔습니다.

"우리 딸을 부디 살려주세요."

진익의 어머니는 목이 멘 음성으로 눈물을 쏟으며 그의 앞에 어린 딸을 눕혔습니다. 전신마비로 움직이지 못하는 측은한 진익의 모습을 바라보는 김익두 목사의 눈에서도 눈물이 글썽거렸습니다.

"하나님 아버지! 이 어린 딸을 불쌍히 여기소서! 어찌 일생을 이같이 누워 보낼 수 있겠습니까? 주께서 고쳐주시기를 원하나이다."

진익이 얼마나 가엾었던지, 기도하는 김익두 목사의 음성이 울먹였습니다. 그런데 기도가 끝나자마자 아기가 손발을 움직이며 전신에 새 힘을 얻어 일어나 앉는 것이었습니다. 참으로 놀라운 일이어서 눈으로 목격하고도 믿기 어려운 성령의 능력이었습니다.

김익두 목사의 진실한 믿음은 하나님의 영광을 드러내기에 부족함 없는 복음의 도구였습니다. 그는 항상 입버릇처럼 기도했습니다.

"내 열심이 아버지의 뜻을 앞지르지 않게 하여 주소서!"

그는 일생 동안 단 한 번도 자기 능력으로 병을 고친 것처럼 내세워 자랑한 일이 없습니다. 그 때문인지 그가 가는 곳에는 언제나 이적과 기사가 나타나 주님의 영광이 선포되었습니다. 그러나 그 역시 평범한 인간임이 틀림없습니다.

그는 개인적으로 다음과 같이 고백한 적이 있었습니다.

"나는 어저께 앉은뱅이가 병 고침을 받고 벌떡 일어나는 하나님의 능력을 보고도 오늘 만난 반신불수 환자의 측은한 모습을 보노라면 '과연 이 지경의 중풍병자를 고칠 수가 있을까?' 하고 의심한다. 그러면 나는 '어저께 앉은뱅이를 일으키신 하나님이 오늘 중풍병자를 못

고치시겠는가?' 하는 믿음을 가지고 자꾸 기도하면 의심이 사라지고 확신이 왔으며, 그 확신으로 하나님께 간절히 기도하면 반드시 하나님은 이적을 일으키셨다."

'주여! 주님의 놀라우신 능력으로 저 앉은뱅이를 일으켜 세워 주소서!' 하고 기도할 때에 앉은뱅이가 일어나는 환상이 나타나면 반드시 앉은뱅이가 일어났고, ㄱ 환상이 부이지 아니하면 어느 누구도 일어서지 못했다고 그는 말했습니다. 그는 진실로 '믿음은 바라는 것들의 실상이며 보지 못하는 것들의 증거'라고 말했으며 믿음대로 성령의 역사가 일어났다고 증거했습니다.

재령읍에서의 병 고침 이적: 휜 발목, 수전증, 앉은뱅이 처녀, 전신마비를 고치다

재령 신대리 박재호 씨의 아들 형모는 자라면서 양쪽 발목이 안으로 휘어져 정상으로 걷지 못하고 발등으로 조금씩 걷는 불구였습니다. 하루는 김익두 목사가 재령으로 자동차를 타고 온다는 소문이 퍼져, 군중들이 구름처럼 몰려들어 길을 막고 김익두 목사를 기다렸습니다. 사리원에서 부흥회를 마치고 본 교회인 신천서부교회로 돌아가는 도중이었습니다. 박재호 씨도 아들을 데리고 가서 기다렸습니다. 사람들이 너무 많이 몰려서 차가 더 이상 가려야 갈 수 없는 형편이 되어, 김익두 목사는 수창리에 있는 신상조 씨의 집 2층에 머물게 되었습니다.

문전에는 많은 사람들이 몰려와 붐비고 있었는데, 때마침 김익두 목사가 수많은 사람 가운데 형모를 발견했습니다. 걷는 모양이 너무 애처로워 김익두 목사가 형모에게 다가가 물었습니다.

"네 발이 언제부터 이리 되었느냐?"

"날 때부터 그랬대요."

"고생 많이 했겠구나! 그래, 네 부모는 예수 믿느냐?"

"예, 오래전부터 교회 나가요."

"그렇구나. 이리 오너라."

김익두 목사는 형모를 땅바닥에 앉히고 자기도 흙 위에 무릎 꿇고 기도를 시작했습니다. 한참 동안을 불붙는 것같이 뜨거운 음성으로 하나님께 기도했습니다.

"어? 저 애 발바닥이 움직이잖아!"

누군가가 갑자기 외쳤습니다. 어린 형모도 놀랐고 사람들 모두 눈이 휘둥그레졌습니다. 휘었던 발목이 제자리로 돌아오면서 형모가 두 발로 꼿꼿이 섰습니다. 그리고 걷기 시작했는데 조금도 어색하지 않게 걸었습니다. 그 광경을 보고 있던 사람들이 경탄하며 하나님께서 행하신 일을 목도하고 그 살아 계심을 믿지 않을 수 없었습니다.

재령동부교회 김용순 목사의 모친은 수전증으로 손이 떨려 물건조차 뜻대로 잡을 수가 없었습니다. 1921년 9월 27일 신천서부교회로 직접 김익두 목사를 찾아가 안수기도를 받았는데, 김 목사의 간절한 기도가 끝나자 갑자기 두 손이 뻐근해지더니 떨리던 손이 진정되기 시작했습니다.

"아! 주님께서 이제 은혜를 주시는구나. 아버지! 감사합니다."

아직 떨림이 멈추기도 전에 '감사합니다!'를 거듭하며 기뻐하였습니다. 다음날 재령으로 돌아온 뒤 떨리던 손이 완전히 진정되더니 정상으로 회복되었습니다. 마침 이튿날이 주일이어서 모든 성도들 앞에서 하나님의 은혜를 증거했습니다. 모두가 김용순 목사 모친의 손을 보고 놀라지 않을 수 없었습니다. 언제나 수전증으로 떨던 손을 알고 있었기 때문입니다.

그러나 그녀는 더 크신 하나님의 은혜를 받게 되었습니다. 예배 중에 성경을 보려고 안경을 찾아보니 안경이 없었습니다. 전날 신천서부교회에 갔을 때 깜박 안경을 두고 온 것이 기억났습니다. 그러나 당장 성경을 봐야 하겠기에 기도했습니다.

"하나님이시여! 은혜를 주시옵기는 눈까지도 보게 하여 주옵소서."

수전증도 낫게 해 주신 하나님의 능력을 믿고 호소했습니다. 그리고 기도를 마친 뒤 성경책을 폈더니 이것이 웬일입니까? 신기하게도 글씨가 눈에 선명하게 잘 보였습니다. 안경 없이는 글자 하나도 제대로 볼 수 없던 눈이 마치 돋보기를 낀 것같이 잘 보였던 것입니다.

"오! 주님이시여 성경이 잘 보입니다. 찬송가도 잘 보입니다. 감사합니다. 할렐루야!"

노인은 너무도 감격하여 예배 중인 것도 깜박 잊은 채 자기도 모르게 소리를 쳤습니다. 모든 성도들이 노인의 환성에 잠시 어리둥절했습니다.

재령읍 남정리 송영모 씨의 장녀는 앉은뱅이임에도 그 아버지는 전혀 기적을 믿지 않았습니다. 김익두 목사의 소문을 듣기는 했으나 딸이 안수기도 받는 것에는 한사코 반대했습니다.

"다 허튼소리야! 지금이 어느 때라고 그런 터무니없는 소리들을 하고 있어?"

하면서 가족들이 졸라대는 소리를 일축했습니다. 그러나 딸이 흐느껴 울며 한 번만 가보자고 졸라대자, 하는 수 없이 딸을 수레에 태워 신천서부교회로 찾아갔습니다. 9일 동안을 예배당 안에 기거하면서 김익두 목사의 안수기도를 받았으나, 전혀 낫는 기색이 보이지 않았습니다.

"다른 사람들은 다 낫는데, 왜 나만 낫지 않을까?"

딸은 낙심하다가 더 이상 교회에 기거할 수 없어서 집으로 돌아오고 말았습니다. 그러나 10일 만에 집으로 돌아온 그녀는 혼자 지팡이를 잡고 일어섰습니다. 너무 기뻐서 소리를 질렀습니다.

“아버지! 어머니! 내가 일어섰어요.”

그러나 일어서기는 했으나 걸을 수가 없어서 그해 8월 20일에 두 번째로 신천서부교회로 김익두 목사를 찾아가게 되었습니다.

“하나님 아버지시여! 참으로 감사하옵나이다. 도무지 일어날 수도 없는 불구자를 일어날 수 있게 해 주신 것을 감사합니다. 그러나 아직 걷지를 못하오니 이제 은혜를 내리시사 걷게 하여 주옵소서! 예수님의 이름으로 기도하옵나이다. 아멘.”

김익두 목사는 있는 힘을 다해 기도했습니다. 하나님께서는 그의 기도를 들어주셔서 다음날 아침 그녀는 온몸에 힘을 얻어 힘 있게 걸어 나갔습니다. 40리 길도 더 되는 재령읍 자기 집으로 누구의 부축도 받지 않고 걸어갔습니다. 할렐루야!

황해도 온산면 광찬동 이부현 씨의 아들 원실(14세)은 10년 동안 전신마비 증세로 장애자가 되었습니다. 이 씨 부부는 기가 막혔습니다. 매일 같이 용변을 받아내고 먹이고 입히고 모든 일들을 감당해야 했기 때문에 그들의 고통은 이만저만이 아니었습니다. 밤낮없이 하나님께 매달려 부르짖고 기도했으나 고침 받지 못했습니다.

마침 김익두 목사가 8월 31일부터 일주일간의 전주 집회를 마치고 재령읍에 들렸을 때 그의 부모는 기회를 놓칠 수가 없어 원실이를 업고 와서 안수 기도를 받았습니다. 두 번 세 번 안수를 받았는데 그때 놀라운 성령의 능력이 나타나 손발이 조금씩 움직이기 시작하고 전신의 마비 증상이 차차 풀리기 시작하더니 얼마 후에 완쾌되었습니다. 그 후 1921년 2월 4일 원실은 관성학교에 입학했습니다.

신천읍교회에서의 이적: 혈루병, 곱추, 가슴앓이, 심장병, 불임이 깨끗이 낫다

1921년 8월 21일부터 29일까지 신천서부교회에서는 김익두 목사를 초청해 부흥회를 개최하였습니다. 김익두 목사가 시무하던 본 교회를 1919년에 떠나 서울 남내문교회의 담임목사로 부임한 지 3년 만의 일이었습니다. 신천서부교회로서는 김익두 목사와 헤어져 있는 동안 모든 성도가 무척 그리워하던 터여서 이번 집회에 대한 기대가 매우 컸습니다.

삼복더위가 기승을 부리던 햇볕이 무척 따가운 한여름이었지만, 그가 3년 만에 고향에 돌아와 부흥집회를 한다는 소식이 퍼지자 황해도 일대 모든 교회의 성도들이 은혜를 사모하는 마음으로 앞다투어 모여들었습니다. 순식간에 신천읍교회는 초만원이 되고 말았습니다. 예배당은 물론이고 골목까지 성도들이 꽉 들어차서 마치 명절 때의 시장터같이 온통 사람의 물결로 뒤덮였습니다. 인근의 여관과 하숙집까지 방마다 다 사람이 들어차고, 때가 여름이라 노천에서 가마니를 깔고 노숙하는 이들 또한 부지기수였습니다. 각처에서 불구자, 병자들도 수없이 모여들어 신천 시내가 소란했습니다.

부흥회가 진행되는 동안 많은 사람이 회개하고 통회자복하여 거듭나는 성령의 역사가 일어났고, 날마다 구원받는 사람의 수가 늘어갔습니다. 인파가 넘쳐 한 사람씩 안수 기도를 할 수가 없어서 김익두 목사가 단에 서서 손을 들고 하나님께 기도하고 있으면 병자들이 그 앞을 차례로 지나갔습니다. 그런데 놀라운 것은 단 앞을 지나간 많은 병자들이 병 고침을 받는 기적이 일어나, 사람들이 경탄했고 온 신천읍이 소동하였습니다. 이 시기에 병 고침을 받은 많은 병자들 가운데 특별히 이적명증회에서 확인한 사례들을 소개해 봅니다.

김변준 씨의 부인 정덕성 씨는 1918년부터 혈루증으로 고생하고 있었습니다. 아들이 세브란스 의대를 졸업하고 신천에서 병원을 개업하고 있었으나 어머니의 혈루증을 고칠 수가 없었습니다. 그러던 중 신천읍교회 집회에 참석하여 깨끗이 고침을 받고 완치가 되었습니다.

1922년 2월 황해노회 임시회의가 신천읍교회에서 열렸을 때, 정덕성 여인을 초청하여 간증을 들었습니다. 임택권 이적명증회 회장이 먼저 질문을 했습니다.

"언제부터 병이 생겼습니까?"

"약 5년 되었습니다."

"어떻게 나았습니까?"

"김익두 목사님의 안수 기도를 받고 당장에 나았습니다."

"예, 감사합니다. 하나님께 감사하십시오. 그리고 김익두 목사님께도 일생 동안 감사를 잊지 말아야 합니다."

"예!"

황해노회는 감탄하였으며 명증회에서는 그녀의 사진을 찍어 보관했습니다. 그녀의 남편 김변준 씨도 크게 감동하여 그가 사는 동네에 자비를 들여 교회당을 세우고 하나님의 은혜에 감사하였습니다.

신천읍 산천면 하덕동 최경원 씨의 3녀 음전(11세)은 앞가슴과 뒷잔등('등'의 사투리)이 다 튀어나온 안팎꼽추였습니다. 음전의 어머니 김봉녀 씨는 딸을 업고 일주일간 신천집회에 참석했습니다. 금식기도를 하면서 어떻게 하든지 딸아이의 병을 고쳐보려고 무던히 애를 쓰던 끝에 김익두 목사의 안수 기도를 받게 되었습니다. 병이 나을 것이라는 믿음과 금식기도로 간절히 매달렸습니다. 그런데 몇 날이 못 되어 음전의 앞가슴이 펴지고 뒷잔등이 평평해지면서 혹이 어디로 갔는지 아주 없어지고 말았습니다. 어머니의 기쁨은 말할 수 없었고 어린 음전이는 너무 좋아서 어쩔 줄 몰라 했습니다. 김봉녀 씨는 하나님의 은혜에 너무 감격하여 하염없이 눈물만 흘렸습니다.

"꼽추가 낫다니? 정말 음전이가 꼽추였었나?"

사람들은 도무지 믿어지지 않아서 도리어 음전이가 전에 꼽추였던 가를 의심까지 했습니다.

신천읍 교탑리 김금수의 모친 신선학 씨(43세)는 20여 년 동안 가슴앓이로 고통을 받고 있었습니다. 가슴에 주먹만한 것이 응어리져서 막혀있는 것처럼 숨이 답답하고 괴로워서 진종일 누워 지내고 있었습니다. 그러나 김익두 목사의 안수를 받고 그 병이 감쪽같이 없어졌다고 증언했습니다. 신기한 성령의 역사였습니다.

신천읍 척서리 197의 조병준 씨의 아들 계성은 나면서부터 선천성 심장병을 앓아왔습니다. 도저히 살 소망이 없던 병자였는데 척서리와 서부교회가 근접한 거리에 있었으므로 그의 부모가 아들을 데리고 집회에 참석하여 기도의 응답을 받고 깨끗이 고침을 받았습니다.

신천읍 척서리 이명화 씨(25세)는 결혼 7년 동안 불임증으로 고민하고 있었습니다. 한 동네 서부교회가 지척에 있었으나 전혀 교회에는 나가 본 일이 없었습니다. 혹시나 하는 생각으로 난생처음 교회에 나와 집회에 참석해 김익두 목사의 기도를 받고 이후 불임증이 없어졌습니다. 나중에 명증회에서 사실 확인 차 찾아갔을 때는 이미 임신 3개월이라 기뻐하고 있었습니다.

신천읍 척서리 문응련 씨의 모친 김승혜 씨(50세)는 10년간을 적체병(만성적인 소화불량)으로 인해 고생하고 있었습니다. 도무지 낫지를 않아 별별 방법을 다 써보고 수차례 병원을 다녀봤지만 효과가 없어 하나님을 믿어 보자고 작정했습니다. 교회에 다니며 예수님이 누구신

줄 알고 믿게 되었고, 믿음이 날로 성장하면서 예수의 이름으로 구하면 정말 병이 나으리라고 믿었습니다. 김익두 목사의 사경회에 참석하고 남들처럼 은혜를 달라고 주님께 간구하고 호소했습니다. 김익두 목사로부터 네 번의 안수기도를 받은 후 그녀의 병은 씻은 듯이 사라지고 완전히 병 고침을 받았습니다.

황주읍교회 집회에서: 사지마비와 천식도 고치다

1921년 9월 24일, 황주 주남면 전산리 김익진 씨는 두 남매를 두었습니다. 어느 날 아들 영학이가 누이를 때리려고 덤벼들다가 갑자기 손에 신경마비가 와서 전혀 감각을 느끼지 못하게 되었습니다. 점차 병세가 심해지더니 발까지 신경이 마비되어 손발을 쓰지 못하게 되고 말았습니다.

황주 집회에 참석하여 김익두 목사의 기도로 아이의 손과 발이 펴지고 병이 낫게 되었습니다. 29일 새벽기도회에 김익진 씨는 영학과 영애를 데리고 나와 회중 앞에 세우고 이 사실을 간증하였고, 성령의 능력을 목도한 모든 성도가 할렐루야를 외치며 주님께 찬미를 드렸습니다. 명증회에서도 이 사실을 사진 찍어 보존했습니다.

안주군 원산면 김종호 씨의 부인 이선우 씨(45세)는 심한 기관지 천식으로 수년째 고통을 받고 있었습니다. 밤에 잠을 이룰 수 없이 기침이 심하여 말로 다 할 수 없는 고생을 하다가 황주집회에 참석하여 하나님의 은혜를 받고 고침을 받았습니다. 안수 기도를 받고 나더니 기침이 완전히 멈췄습니다.

연백 집회: 소경이 눈을 뜨고 앉은뱅이, 각기병, 반신불수가 나음을 얻다

경성부흥회 이후 10월 27일 밤부터 연백읍교회에서 부흥회가 개최되었습니다. 해주, 연백, 백천, 유천 등의 지방에서 인파가 구름같이 몰려들어 교회당 안과 밖을 가득 메우고 마당에는 멍석과 가마니를 깔고 앉았습니다. 삼천 명이 훨씬 넘는 인파였습니다. 교회 뒤편은 삼림으로 둘러 있었고 온통 소나무가 빽빽이 들어차 있었는데, 집회에 모여든 사람들이 여기저기 숲속에 엎드려 기도하고 통회하는 울음소리로 연백산이 흔들리는 듯했습니다. 이 연백집회에서 병 고침을 받은 사람들이 무려 300여 명이나 되었고 많은 사람들이 간증을 하여 성령의 역사를 증거했습니다.

연백군 봉인면 한정리의 민영수(19세)는 어려서부터 원인 모르는 심한 두통을 앓다가 급기야 시력을 잃고 소경이 된 청년이었습니다. 앞 못 보는 고통과 앞으로 살아가야 할 서글픈 인생을 생각하고 괴로운 나날들을 보내고 있었는데, 뜻밖에 김익두 목사의 연백집회 소문을 듣게 되었습니다. 기도를 통해 병 고침을 받은 사람들의 소문을 듣고 어머니에게 부탁을 드렸습니다.

"어머니! 나를 김익두 목사님께 데려다주세요. 나도 눈 뜨게 해달라고 기도를 부탁해야겠어요."

어머니는 눈물을 흘리며 영수의 손을 잡고 집회에 참석하게 되었는데, 김익두 목사의 뜨거운 기도와 안수를 받고 돌아서는 순간 두 눈이 활짝 열리면서 캄캄했던 세상이 갑자기 확 트이면서 보이기 시작했습니다. 그는 기쁨이 북받쳐 한없이 울기만 했습니다.

연백군 석산면 태복리 김복성(20세)은 다섯 살 때 볏단 위에 올라가서 놀다가 떨어져 다리를 다쳐 앉은뱅이가 된 청년이었습니다. 김익두 목사의 사택까지 찾아와 기도를 받았는데 놀랍게도 기도가 끝나자마자 전신이 떨려오며 발이 저리더니, 불구인 다리가 새 힘을 받아 천천히 일어났습니다. 그리고 한 걸음씩 걸어 나가더니 완전히 걸어 다니게 되었습니다.

연백군 용도면 발산리 홍종환 씨(40세)는 각기병(비타민 B1인 티아민 결핍으로 다리 힘이 약해져 걷지 못하는 병)으로 10년 동안 지팡이에 의지하여 걸어 다니다가 김익두 목사의 안수기도를 받고 병 고침을 받았습니다. 얼마나 기뻤던지 "옜다!"하고 10년 동안 짚고 다니던 지팡이를 공중에 집어 던졌습니다.

연백군 석산면 구살리 184의 박원선 씨는 반신불수의 병자 생활 끝에 김익두 목사의 기도로 완전히 병 고침을 받았습니다. 그는 몸이 반은 살고 반은 죽은 것 같던 기억을 되새기며 그동안의 신앙생활을 크게 회개하고, 반쪽 신앙을 청산하고 온전히 주님께 헌신하는 신앙으로 바뀌었습니다. 그는 다음과 같이 서약했다고 간증했습니다.

"너희는 언제까지 둘 사이에서 머뭇머뭇하려느냐 하는 엘리야의 책망을 마음에 새기고 주여! 나는 반신불수에 진저리가 났습니다. 그러므로 나는 결단코 두 주인을 섬기지 않겠습니다."

전주 연합집회: 목사가 된 승려 김용안

1921년 9월 2일 전주부 남문리 예배당에서는 전북 지역 연합집회를 개최하기로 작정하고 먼저 전북교회의 교역자들이 준비기도회를 갖기로 결정했습니다. 전북지역 연합부흥회로 모든 교역자들이 남문리 예배당에 모여서 회의를 시작했는데, 교역자들 사이에 서로 주장이 엇갈려 의견 충돌이 계속 일어나 강사로 초청된 김익두 목사는 집회를 일정대로 진행할 수 없어 중도에 되돌아오고 말았습니다.

그러나 잠시 동안의 집회 중에도 한 가지 놀라운 이적이 나타났습니다. 정읍에 다리를 쓰지 못하는 중이 있었는데, 그의 본래 이름은 김용안이었습니다. 불구의 몸을 몹시 비관하던 중 김익두 목사의 소문을 듣게 되었습니다. 중의 신분이었지만 병을 고치기 위해서는 신분이나 체면을 따지고 있을 수 없다는 생각으로 승복을 입은 채로 부흥회에 참석했습니다.

김익두 목사의 신령한 설교에 마음이 크게 감동이 되었습니다. 믿고 기도하면 이루리라는 말씀을 듣고 본인도 마음의 확신을 갖게 되었습니다. 승복을 입고 맨 앞자리에 앉아 한눈 한 번 팔지 않고 열심히 설교를 들었습니다. 김익두 목사가 강론을 끝내고 단을 내려오자, 김용안이 두 손을 합장하며 그에게 간곡하게 청원했습니다.

"목사님, 저를 위해 기도해 주시기를 부탁드립니다."

"이름이 무엇입니까?"

"김용안이라고 합니다."

"그러면 빨리 승복을 벗으십시오. 그리고 예수님을 믿기로 작정하시오."

"예, 그리하겠습니다."

즉시 김용안은 승복을 벗어 던지고 속옷만 입은 채로 머리를 숙였습니다. 김익두 목사가 그의 머리에 손을 얹고 하나님께 간절히 기도했습니다. 불구 다리를 고쳐 주십사 하고 뜨겁게 간구했습니다. 기도가 끝났는데 김용안이 그대로 앉아 머뭇거리고 있는 것을 보고 김익두 목사가 말했습니다.

"일어나지 못하는 것은 일어나지 않기 때문입니다."

그 말을 듣고 김용안이 크게 깨닫는 바가 있었습니다. 자신의 믿음 없음을 생각하며 '불구의 다리로 어찌 일어나랴?' 하고 의심했던 자신의 부족함을 회개했습니다. 그는 강대상 하단을 꽉 붙잡고 소리 높여 부르짖었습니다.

"하나님 아버지시여! 믿음 없는 나를 불쌍히 생각해 주십시오."

그 순간 그의 무릎 관절이 뼈가 부러지는 듯한 소리를 내면서 다리가 꼿꼿이 펴지고 곧 힘을 얻더니 자리에서 벌떡 일어났습니다. 도저히 믿어지지 않는 기적이 일어났습니다. 다리를 내려다보니 곧게 펴져 있는 것이었습니다. 그의 놀라움과 기쁨은 말로 형용할 수 없었습니다. 승려였던 김용안! 그 후 거듭난 그는 그 길로 신학교에 들어가 신학 수업을 마치고 목사가 되었습니다. 지금은 정주시에 있는 신광교회 담임목사로 목회를 하며 또한 남경기도원의 원장이 되어 복음 사역에 신명을 다하고 있습니다.

경성 연합집회: 백부장의 하인을 낫게 하신 것처럼

1920년 10월 11일 대한예수교장로회 제9회 총회가 폐회된 직후, 서울에서는 일곱 교회가 연합해 김익두 목사를 강사로 초청하여 승동교회에서 대규모 부흥집회를 개최했습니다. 당시의 상황으로는 일찍이 없었던 엄청난 인파가 모여, 무려 일만여 명의 회중이 열흘 동안 대성황을 이루며 붐볐습니다. 이 집회에서도 이적과 기사와 회개의 놀라운 성령의 역사가 폭발하여 세상을 놀라게 했습니다.

총회 총대로 참석했던 평북 용천군 부리면 원성리 함석규 목사에게는 오산중학교 3학년에 재학 중인 아들 덕용이가 있었는데, 만성위장병으로 오랫동안 고생하고 있었습니다. 함석규 목사가 아들을 위해 김익두 목사에게 각별히 기도를 부탁했습니다. 백부장의 하인처럼 현장에 아들은 없었지만 시공을 초월하시는 주님의 능력을 의지하여 아들의 병을 고쳐 달라고 간구했습니다. 김익두 목사는 즉시 덕용을 위해 주님께 열심히 기도했습니다.

그런데 참으로 기이한 일이 생겼습니다. 10월 6일 오후 2시 김익두 목사가 안국동교회의 윤치소 장로(전 대통령 윤보선 씨의 부친)의 사랑방에서 예배를 드리고 있던 시간, 함석규 목사가 평북 용천의 자택으로 돌아가 보았더니 아들 덕용이 깨끗이 병이 나아 학교에 가고 집에 없었습니다. 하나님의 권능이 실로 2000년 전과 같이 동일하게 역사하였습니다.

경기도 광주군 반포리의 나영신(42세) 씨는 앉은뱅이로 전혀 보행이 불가능한 사람이었습니다. 그런데 경성 집회에 참석해 김익두 목사의 안수기도로 병 고침을 받고 일만여 회중들 앞에서 간증하였습니다. 이 사실은 1920년 11월 10일자 기독신보 제25호에 게재되었습니다.

신문 기사로 보도된 이적사건

당시에 세상을 놀라게 했던 신문 보도 기사를 몇 가지만 소개해 봅니다.

• 경기 기독신문 제259호 중에서
"과학을 초월한 현대의 기적 김익두 목사는 아이들까지도 탄복한다. 비행기가 나타나고 606호가 발명된 현세에 20세기 이전에 예수 때 일어났던 기적이 일어났다. 아득한 2,000년 후 오늘 한국에 이 진리는 거듭 증거되었다. 이는 다른 것이 아니라 신천읍교회 김익두 목사가 수년 내 경상도, 평안도 전국을 두루 다니며 선교하는 중 벙어리가 말하며 앉은뱅이가 일어나고 혈루증이 나았던 현저한 실적이 진실이라는 사실이다. 최근 신천에서는 앉은뱅이가 일어났고 전국적으로 모여들어 신천여관에 묵으면서 '김 목사 보셨소?' '오늘도 못 보았습니다'가 인사가 되었다. 마치 부모를 찾아 헤매는 사람들처럼 실망한다. 그러므로 미국 나이아가라 폭포의 물분량과 베스비어스 화산(폼페이를 멸망시켰던 베수비오^{Vesuvio} 화산을 지칭)의 뜨거운 분량과 김익두 목사의 헤아릴 수 없는 기도의 능력은 세계 3대 불가사의이다."

• 동아일보 제58호 기사 중에서

"벙어리가 말을 하고 앉은뱅이가 걸어 다니고, 황해도 신천읍교회 김익두 목사는 1920년 5월 17일 부산에 도착하여 부산진교회에서 부흥회를 인도하는 중 안수기도를 하여 앉은뱅이를 걷게 하였으니 두수이다. 두수는 부산진 좌천동 446번지 김낙언의 아들로 난 지 8개월 만에 우연히 앉은뱅이가 되었다가 8년 만에 김익두 목사의 안수를 받았다. 안수 받은 두수는 일어나 걷고 있는 것이다. 놀라운 이적이다. 밀양읍교회의 18세 여자 벙어리가 말을 하고 있고 경남지방 22명의 불구자가 완전히 완쾌되었다."

당시 동아일보 기사로 말미암아 조선 천지가 떠들썩하였고 세계 매스컴에 타전되었다.

• 기독신보 제257호

1920년 11월 10일, 만 명의 큰 무리가 김익두 목사 부흥회로 목욕을 하였다. 경성 승동교회에서 지난 10월 2일부터 김익두 목사를 청하여 부흥회를 하였다. 타락자가 나와 회개하고 교만한 자가 겸손해지고 굽은 손이 펴지고 앉은뱅이가 일어나고 병든 자가 나았다. 헌금이 천여 원에 달했다. 이적! 만 명의 무리가 밤을 새우며 회개하여 철야로 눈물을 쏟고 서울 장안이 성령의 큰 은혜로 단비를 맞았다.

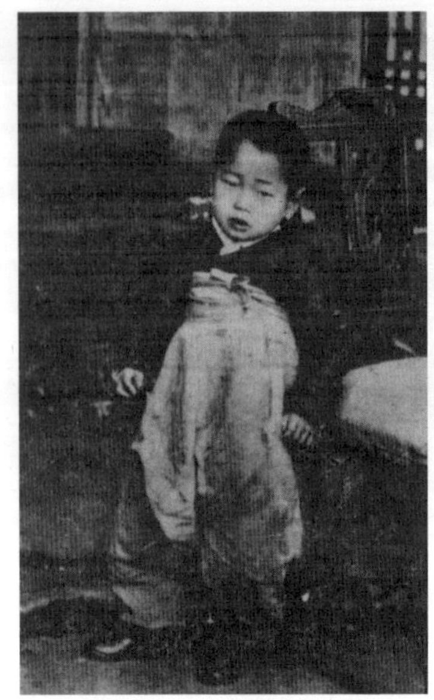

발목이 비틀어졌던 박득룡

정신병이었던 김성준

안질이 나은 김경출

자궁암이 나은 강택선

앉은뱅이였던 김두수

전신불수였던 이원실

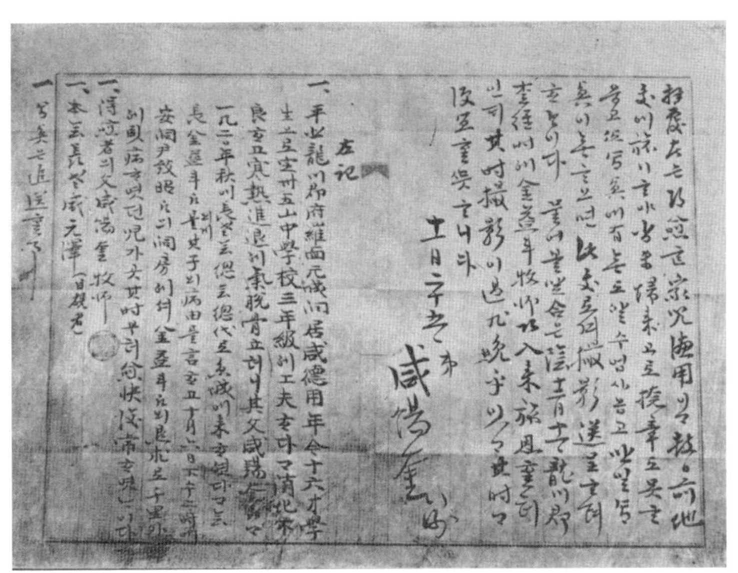

함석규 목사의 증언하는 서신

앉은뱅이었던 장인수

사리원 집회에서 병나은 불치병 환자들

발등이 뒤집혔던 박형모

38년된 옆구리 종기가 나은 최석황

대신 기도받고 병이 나은 함덕용

제 3 부

아! 순교의 현장

신천반공의거사건

한국 초대교회사의 거목 김익두 목사의 순교 현장을 생생하게 증언하기 위해서는 먼저 황해도 신천반공의거사건을 소상히 밝히지 않으면 안 됩니다. 당시의 시대적 배경을 모르고는 그의 순교 현장을 제대로 설명할 수 없습니다. 김익두 목사는 신천반공의거사건과 관련하여 죽임당했기 때문입니다.

해방 이후 북녘땅에서는 도처에서 반공의거 항쟁이 빈번히 일어났습니다. 신의주 학생의거사건, 함흥 청년회사건, 재령 의거사건 등의 유혈 반공의거사건이 동시다발적으로 일어나 수많은 희생자가 발생했고 유혈 충돌로 인해 정국이 몹시 불안했습니다.

그중에서도 1950년 10월 13일에 일어난 신천반공의거사건은 그 전투 규모에 있어서나 결과에 있어서 유례를 찾기 힘든 엄청난 사건이었습니다. 당시 대부분의 신천 군민이 일제히 봉기하여 공산주의자들과 싸웠고 그 결과 신천 군내의 공산당원 및 속칭 빨갱이 35,000여 명을 색출하여 격멸했습니다. 해방 이후 북한에서 일어난 대부분의 반공의거사건이 희생자만 낸 채 실패하고 말았지만, 신천반공의거사건은 대대적인 민중봉기로 공산당의 간담을 서늘하게 하였고 규모에 걸맞은 큰 성과를 거두었습니다.

이러한 결과의 배경에는 불의에 굴복하지 않는 기독교인들의 철저한 신앙과 김익두 목사와 같은 영적 지도자의 희생이 있었습니다.

신천반공의거 전의 정세: 김익두 목사와 김일성

황해도 신천은 유달리 반공사상이 투철한 곳이었습니다. 김익두 목사가 교회를 세운 이후 복음전도가 왕성하게 일어나 지역 전체가 거의 기독교인들로 구성되다시피 복음화되었던 까닭으로, 무신론 집단인 공산당 정권에 대한 저항이 가장 거세던 곳이었습니다.

1948년 신천교회당에서 황해노회가 회집(여러 사람이 한곳에 모임)되었을 때 김익두 목사의 성역 40주년 기념행사를 거행하기로 의결하고 그 기념 사업으로 김익두고등성경학교를 설립할 것을 만장일치로 가결했습니다. 그 인허 문제는 김익두 목사에게 일임하였습니다. 당시 황해노회장 박경구 목사는 후일 장로회 신학대학장 박창환 목사의 부친입니다. 그러나 고등성경학교의 인허 문제는 당시 공산당 치하에서는 거의 불가능한 난제였습니다. 최종적으로 김일성의 허락을 받아야만 설립인가가 가능했으므로 김익두 목사로서도 고심하지 않을 수 없는 문제였습니다. 심사숙고 끝에 김익두 목사는 신천서부교회의 신창록 집사를 사택으로 불렀습니다. 신창록 집사와 필자 한춘근은 오촌 관계였습니다.

"신 집사! 평양에 가서 강양욱 목사를 만나거든 내 의사를 잘 전달해서 성경학교 설립인가를 받아 오게."

"글쎄요, 제가 가서 일이 되겠습니까?"

"내가 보내서 왔다고 말하고 설립 취지를 잘 설명하면 되지 않겠나?"

"하여간 되든 안 되든 일단 다녀오겠습니다만, 글쎄 도무지 될 것 같지 않습니다."

신창록 집사는 자신이 없어서 주저하면서도 김익두 목사가 시키는 일이라 핑계 댈 수도 없고 해서 용기를 내어 평양으로 출발했습니다.

김일성을 만나 섣불리 이야기했다가 괜스레 호통이나 치면 어쩌나 하는 불안한 마음과 두려운 마음이 생겨 내심 걱정이 이만저만이 아니었습니다. 그는 먼저 김일성의 측근인 강양욱을 찾아가서 부탁했습니다. 강양욱은 해방 이후 김익두 목사를 만나기 위해 여러 번 서부교회를 출입했고, 신창록 집사는 그와 대화를 나눈 일이 많이 있었기 때문에 구면이어서 그다지 어려운 사이는 아니었습니다.

"강 목사님, 지난번 황해노회에서 김익두 목사 성역 40주년 기념행사를 거행하기로 결의했습니다. 김 목사님께서도 강 목사님이 꼭 참석해 주시기를 바라고 계십니다. 오셔서 축하해 주시면 고맙겠습니다."

"아! 그렇습니까? 대단히 감사합니다. 김 목사님 성역 40주년 기념 행사에 제가 빠진대서야 말이 됩니까? 필히 참석하겠습니다."

강양욱은 웃으면서 흔쾌히 승낙했습니다.

"그런데 강 목사님, 또 한 가지 말씀드릴 것이 있어 왔습니다."

"무엇입니까? 말씀해 보시지요."

강양욱은 으쓱해서 말했지만, 신창록 집사는 마음이 조려 머뭇거리다가 용기를 내어 말했습니다.

"예! 말씀드리지요. 사실은 지난번 황해노회에서 김익두 목사님 성역 40주년 기념 사업으로 김익두고등성경학교를 설립키로 결의했습니다. 그래서 설립 인가를 받기 위해 올라온 것입니다."

강양욱은 그 말을 듣자 금방 웃음을 거두고 어두운 얼굴로 잠시 생각하더니 입을 열었습니다.

"그 문제는 내가 대답할 성질이 못됩니다. 수상을 직접 만나 말씀드리도록 내가 주선하겠습니다."

강양욱은 곧 김일성에게 신창록 집사를 안내했습니다. 이북 땅 전역을 철권통치하며 막강한 권력을 휘두르는 김일성이었기에, 난생처음으로 그의 집무실에 들어서는 신창록 집사로서는 약간 떨리지 않을 수 없었습니다. 그러나 음성을 가다듬고 침착하게 말했습니다.

"저는 김익두 목사님이 보내서 온 신천서부교회의 신창록 집사입니다."

"예. 먼 길 오느라고 수고했습네다. 거기 좀 앉으시디요."

김일성은 친절하게 신창록 집사에게 자리를 권했습니다. 신창록 집사는 불안한 마음을 억제하고 침착하고 분명한 어조로 말했습니다.

"지난번 저희 황해노회에서 김익두 목사 성역 40주년 기념행사를 하기로 하고 그 기념 사업으로 김익두고등성경학교를 신천서부교회에 부설키로 의결했습니다. 그래서 이번에 그 허락을 받고자 왔습니다."

신창록 집사가 조심스럽게 말을 끝내자, 김일성이 갑자기 얼굴에 노기를 띠며 언성을 높여 말했습니다.

"안 됩니다. 어디에다 그런 것을 세우려고 합네까?"

"안 되겠습니까? 김익두 목사님이 허락받아 오라고 해서 왔는데, 허락해 주시면 감사하겠습니다."

"안 돼요! 그런 거 허락할 수 없습니다."

"아니, 이십개조 정강에도 종교의 자유를 준다고 하지 않으셨습니까?"

"그건 나를 반대하라는 종교의 자유가 아니외다!"

김일성은 화가 나서 손바닥으로 책상을 쾅 치면서 소리를 질렀습니다. 그러나 신창록 집사는 마음을 굳게 먹고 차분히 말했습니다.

"하나님의 말씀을 배우는 성경학교를 세우려고 하는 것입니다."

"뭐야요? 성경을 배운다고 하구서 도대체 모여서 무슨 짓들을 하려고 하는 게요?"

“기도하고 성경 배우는 일만 합니다.”

“그게 무슨 소리요? 김구, 이승만 타도할 생각은 아니하고 도리어 나를 타도할 모의들이나 하고 새파란 중학생 놈의 새끼들까지 삐라를 뿌리고 다니는 그러한 반동분자 소굴에다가 무스거 아지트를 만들어 달라 하는 게요?”

김일성은 무슨 정보를 입수했는지 더욱 화가 나서 마구 소리를 질러댔습니다. 신창록 집사는 어처구니가 없었지만 한동안 가만히 있다가 한마디 했습니다.

“우리는 하나님만 믿습니다. 그 외에 다른 것은 아무것도 모릅니다.”

“내가 쑥대밭을 만들고 싶은 것도 꾹 참고 있는 판에 어디다가 뭘 만들어 달라는 겁네까?”

신창록 집사는 그 말을 듣고 참다못해 분연히(떨쳐 일어서는 기운이 세차고 꿋꿋한 모양) 말했습니다.

“조선 민주주의 인민공화국 헌법에도 종교의 자유를 보장한다고 하지 않았습니까?”

그러나 그 말을 듣자마자 김일성은 벌떡 일어서더니 주먹을 들어 책상을 쾅 하고 내리치면서 고함을 질렀습니다.

“내가 헌법이요! 내가 말 한마디만 하면 북조선 전역의 교회들을 모조리 문 닫아버릴 수 있는데도 그냥 내버려두고 있는데, 고마워할 줄도 모르고 반동분자 소굴에다가 그따위 것을 만들어 어카갔다는 겁네까? 내가 벌써 요절을 낼 걸 그냥 두고 있는 것도 모르구서리 무슨 수작들이냐 말이요.”

화가 머리끝까지 치민 김일성이 분을 참지 못해 자리를 박차고 집무실을 나가버리고 말았습니다.

“아! 여기 있다가는 무슨 봉변을 당할지 모르겠구나.”

신창록 집사는 얼른 판단을 내리고 도망치듯 김일성 집무실을 빠져나와 신천으로 돌아왔습니다. 과연 그 당시의 신천은 그들의 말대로 반동분자 소굴이라는 말을 듣고도 남을 만큼 반공정신이 투철하던 곳이어서, 얼마 후에 가장 큰 규모의 반공의거가 발발했던 것입니다.

현재 신천에는 1950년 10월 13일 반공의거사건 당시에 죽은 공산주의자들을 기념하기 위해 박물관을 만들어 놓고, 외국의 수상급 국빈이 내방하면 이곳부터 참관시키고 있다고 합니다. 그 당시 반공봉기로 죽임을 당한 35,000여 명의 공산주의자들을 그들은 마치 영웅처럼 우상화하여 추앙하고 있다고 합니다.

신천 농업고등학교 반공 학생들

1946년 고요하던 신천지역 일대에 전단이 곳곳에 뿌려졌습니다.

'김일성을 타도하자!'

신천 농고의 유영찬을 비롯한 반공 학생들이 은밀히 모여 며칠 동안 밤을 새워가며 붓글씨로 이러한 전단을 수백 장 만들고, 각각 나누어 갖고 골목마다 누비고 다니면서 하룻밤 사이에 전신주나 담벼락에 붙인 것입니다.

밤사이에 이루어진 일이라 공산당원들이 전혀 눈치채지 못했습니다. 신천 시민 모두가 이 전단을 보고 술렁거렸고 공산당원들은 바짝 긴장하여 신천 전역에 비상망을 치고 범인 색출에 혈안이 되었습니다. 그들의 치밀한 탐문조사 끝에 결국 두 명이 체포되었고, 잔인하게 고문한 끝에 결국 자백을 얻어내어 나머지 일곱 명의 반공 학생들이 모두 체포되고 말았습니다.

이들 아홉 명의 반공 학생들은 공산당원들에게 이루 말로 다 할 수 없는 고문을 당하고 다시 해주로 압송되어 재판을 받게 되었습니다. 유영찬을 비롯한 아홉 명의 학생이 법정에 끌려 나와 피고석에 나란히 서서 심문을 받았습니다.

"피고들은 왜 김일성을 타도하자는 삐라를 살포하였는가?"

재판장이 준엄한 목소리로 묻자, 유영찬이 조금도 두려워하지 않고 당당하게 답변했습니다.

"김일성을 제거해야 하기 때문입니다."

"왜 제거해야 하는가?"

"그는 가짜이기 때문입니다. 진짜 김일성 장군은 칠십 노인으로 백두산 호랑이로 유명한 분인데, 어디서 난데없이 새파란 김일성이가 나타나서 나라의 허리를 두 동강 내고 붉은 색칠을 했기 때문에 이 가짜 김일성이를 갈아치워야 나라가 제대로 잘될 것입니다."

유영찬이 거침없이 할 말을 해버리자, 재판석의 법관들은 물론 방청석에 있던 사람들조차 아연실색하여 웅성거렸고 재판장이 기겁하여 당황해하다가 위협조로 말했습니다.

"피고는 목숨이 아깝지 않은가?"

"사람이 한 번 죽는 것은 정한 이치인데 값있게 죽는 것은 소중한 일입니다."

"피고들은 아직 어린 고등학생들인데 누가 시켜서 이런 일을 한 것인가? 주모자가 누구인지 말하라."

"아닙니다. 이 일은 누가 시켜서 한 일이 아니라 우리 스스로 한 행동입니다. 이번 일의 주동자는 이 유영찬입니다. 다른 사람들은 모두 나를 따라 행동했고 이번 일에 아무런 책임이 없습니다. 모든 것이 제 책임이오니 제게 적법한 벌을 내려주시고 여기 친구들은 석방해 주시기를 바랍니다."

유영찬의 말이 끝나자 다른 학생들도 일제히 앞다투어 말하기 시작했습니다.

"주모자는 저입니다!"

"아닙니다. 제가 주동자입니다!"

아홉 명이 저마다 주동자라고 주장하고 저마다 처벌을 자청하자 재판정 분위기가 잠시 숙연해지기도 했습니다. 재판장이 10분간 휴정을 선언하고 자리에서 일어섰습니다.

그러나 결국 이들 모두에게 아오지 탄광 노역 3년 형이 선고되었고 함경북도의 소련 접경 지역에 위치한 악명 높은 아오지탄광 광부로 끌려갔습니다. 아오지탄광의 강제노역은 사형선고나 다름없는 잔혹한 형벌입니다. 수형자에게 매일의 작업량을 할당하고 책임량을 완수하지 못할 경우에는 그날의 양식을 배급하지 않았습니다. 주먹밥만으로 생명을 부지하며 견디기에도 힘겨운 중노동을, 굶어 가면서 감당해야 하는 끔찍한 악형이었습니다. 그곳에 끌려온 수많은 수형자가 끝내 견디지 못하고 굶어 죽기도 하고 허기가 져서 흙에 깔려 죽기도 하고 병들어 죽기도 했습니다.

유영찬 일행도 예외 없이 아오지탄광에서 모진 고생을 하다가 모두 생명을 잃었고, 오직 유영찬만이 간신히 살아남아 뼈만 앙상하게 남은 몸으로 3년 만에 고향으로 돌아왔습니다. 참으로 구사일생으로 생명을 건져 집으로 돌아온 것입니다.

필자 한춘근과 유영찬은 불과 한 집 건너 살고 있었기 때문에 그와는 매우 가까운 사이였습니다. 유영찬은 두뇌가 명석하여 '콘사이스'(휴대용 소형 사전)라는 별명으로 불리던 수재였습니다.

그는 후일 필자 한춘근과 함께 인민군에 강제 징집되어 최전선으로 끌려가다가 도중에 필사적인 탈출로 월남에 성공하여 자유의 기쁨을 만끽하게 됩니다.

구월산의 인물들

1946년 신천서부교회 청년들이 반공결사단을 조직해 신천 일대의 공산 도당들을 소탕하려고 계획했다가 그만 사전에 발각되어 흩어져 도피하는 일이 있었습니다. 그래서 신천 일대에 무서운 검거 선풍이 일어났습니다. 혈안이 된 내무서원들이 총검을 들고 다니며 닥치는 대로 체포하고 연행하는 바람에 김정묵 목사, 신정균, 한태선 집사 등 수많은 인사들이 강제 연행되어 평양으로 이송되어 감옥에 구금되었습니다. 얼마 후 석방되어 나오기는 했으나 다시 한독당 사건(1947년 12월 서울 한국민주당 정치부장 장덕수가 암살되고 그 배후로 한국독립당이 의심받으면서 생긴 정치적 혼란)이 터져 신정균 씨는 또 끌려가 참혹하게 고문당한 끝에 그만 옥사하고 말았습니다.

신정균 집사의 맏동서가 유명한 백낙준 박사입니다. 신정균 씨의 딸은 1·4후퇴 때 홀로 월남하여 중부전선을 지나 동두천을 경유하다가 백낙준 박사 영결식에 참석하여 뭇사람들의 마음을 애달프게 했습니다. 그 당시 신천의 청년들 대부분이 월남해 버리고 남아 있는 청년들은 소수에 불과했습니다. 그러나 남아 있는 신천의 그루터기들이 반공의거의 횃불을 들었으니, 장한 신천 남아의 의기를 가히 짐작할 수 있습니다.

구월산을 중심으로 평산에서는 이승만, 안악에서는 김구, 신천에서는 안중근과 같은 애국열사와 민족지도자가 태어났습니다. 믿음의 영웅이라고 불리는 김익두 목사도 구월산 기슭의 안악에서 출생하여 신천에서 순교했으니, 구월산을 중심으로 위대한 인물들이 많이 배출된 것은 결코 우연이라고 할 수 없는 하나님의 섭리가 분명합니다.

폭풍 전야

신천반공의거가 일어나기 전, 그동안 산발적으로 숨어서 지하 항쟁을 전개하던 대한광복회 반적대, 반공구국동지회, 구국기독교연맹, 반공 동우회 등 황해도 일원의 반공 지하조직들이 1950년 4월 17일 한 자리에 모여 회합을 깆고 비밀결사를 조직했습니다. 1950년 6월 1일에는 신천고등학교 학생들과 교직원들이 회집하여 반공구국학도회라는 행동대를 조직했고, 1950년 7월 6일에는 구월산 반공유격대를 결성했습니다.

신천반공의거를 조직적으로 준비하고 있었던 것입니다. 1950년 8월부터는 곧이어 일어날 반공의거를 예고하듯, 공산당원들과의 소규모 충돌이 여기저기서 산발적으로 일어났습니다.

정보전의 승리

한때 신천중학교의 교원이자 북한 축구 국가대표 선수로 활약했던 고계성 씨는 북한 공산당 정부의 내무성 관리 신분으로 평양에 근무하고 있었습니다. 내무성을 자유롭게 출입하는 신분이었기 때문에 내무성의 기밀을 수시로 신천 비밀결사대에 알려주었습니다. 신천에 있는 자택에 내려올 때마다 모든 정보를 제공했던 것입니다. 그는 내무성 관리였기 때문에 신천 내무서를 자유롭게 출입하며 내무서 위원장에게 의도적으로 치안 상황을 질문하기도 했습니다.

"신천에서는 반동분자들이 봉기를 일으킬 가능성이 없소?"

"없습니다. 반동분자 소굴이라 소규모 반동사건은 일어났으나, 신천 전체가 봉기할 염려는 전혀 없습니다."

“안심해도 되겠소?”

“예, 염려 마십시오.”

내무서 위원장이 자신 있게 대답했습니다.

“그럼 나는 내일 평양에 올라가는 대로 내무성에 그대로 보고하겠습니다.”

“예, 그렇게 하셔도 무방합니다.”

고계성 씨는 반공의거의 사전계획을 내무서에서 전혀 눈치채지 못하고 있음을 탐지하여 즉시 이를 반공의거 본부에 알려주었고, 또 신천 지역에 주둔하고 있는 인민군의 병력 현황, 무기 보유 현황, 지원 병력 등도 조사하여 세밀하게 알려주었습니다. 그리고 일선의 전쟁 상황, 김일성과 내무성의 동정 등을 소상하게 연락해 준 다음 평양 내무성으로 다시 들어갔습니다.

내무성 위원장이 신천 지역 치안 상황을 파악하기 위해 고계성 씨에게 물었습니다.

“신천에 반동분자들이 봉기를 일으킬 조짐은 없겠나?”

“예. 전연 없습니다. 신천 내무서 위원장의 보고서를 가지고 올라왔습니다.”

비록 내무성에 몸을 담고 있었으나 반공의거의 성공을 위해 죽음을 각오하고 모든 기밀을 의거 본부에 알려주는 한편, 내무성에는 허위 보고를 하여 정세를 오판하도록 유도했던 것입니다. 고계성 씨의 이러한 활동은 신천반공의거를 승리로 이끄는 결정적인 요인이 되었다고 할 수 있습니다. 고계성 씨는 필자 한춘근의 신천중학교 재학 시절 영어 선생이었습니다.

무기 확보를 위한 전투

10월 거사를 결정한 의거 본부에는 전투에 필요한 무기라고는 겨우 낡은 권총 3정이 있을 뿐이어서 무기를 마련하는 문제로 고심하고 있었습니다. 그러던 중 1950년 10월 9일 오후 2시경 인민군 트럭 한 대가 사리원에서 해주 방면으로 무기를 수송한다는 정보를 입수하고, 무기를 탈취하기 위해 용감한 특공대원을 선발하여 현지로 출동시켰습니다.

무기 수송차량을 급습하기 위해 여섯 명의 특공대가 인민군 장교복과 사병복으로 위장하고 인민군 수송차량이 지나가는 통로에서 숨을 죽이고 기다렸습니다. 숨 막히는 긴박감 속에 총기와 탄약을 가득 실은 무기 수송차량이 다가오는 것이 보였습니다. 특공대는 검문 자세를 취하고 도로를 막고 서있다가 다가오는 트럭을 정지시켰습니다.

"정지! 검문이요. 통행증 봅시다."

"예. 여기 있습니다."

차창을 열고 별다른 의심 없이 통행증을 내미는 순간, 인민군 장교의 손목을 꽉 움켜잡은 특공대원이 날쌔게 끌어당겨 단검으로 등을 찔러 쓰러뜨리고 다른 대원 한 명은 차 안으로 뛰어들어가 운전병에게 권총을 들이대고 명령했습니다.

"빨리 차를 과수원으로 몰아!"

마침 미군 B-29 폭격기가 상공을 선회하고 있었기 때문에 신속히 차량을 대피시켜야 했습니다. 인민군 운전병이 잔뜩 겁에 질린 채 차를 과수원 깊숙이 대피시켰습니다.

모두가 순식간에 일어난 일이었습니다. 무기와 탄약을 트럭에서 다 끌어내렸는데, 총은 소련제 아식장총(러시아제 총기, '아식'은 러시아제를 뜻하는 한자 표현) 214정이었습니다. 신천반공의거에서 사용된 병기는 이렇게 용감한 특공대의 활약에 힘입어 얻은 것입니다. 의거 본부에서는 장총 214정을 나누어, 재령으로 100정을 보내고 114정은 신천으로 옮겨 거사에 대비했습니다.

태극기를 준비하다

신천 시내의 부인들과 처녀들, 여학생들은 1950년 10월 14일로 예정된 반공 의거에 사용될 태극기를 밤새워 만들었습니다. 그 수고의 결과로 거사 당일에는 남녀노소를 막론하고 손에 손에 태극기를 들고 '대한민국 만세!'를 마음껏 외칠 수 있었습니다. 당시 공산당, 노동당원들의 부인들마저도 얼마나 다급했던지 태극기를 손에 들고 '대한민국 만세!'를 부르면서 거리를 뛰어다니는 웃지 못할 광경도 볼 수 있었습니다. 자기들 집이 불길에 휩싸여 타오르고 있는데도 태극기를 휘두르며 만세를 부를 수밖에 없었으니, 그날 밤의 정황을 짐작해 봄직합니다.

의약품 준비

부녀회에서는 반공의거 때에 절대적으로 필요한 비상 구급 의약품을 준비했습니다. 거사 당일에 발생할 부상자 치료를 치밀하게 준비하려고 부녀회가 한자리에 모여 사전작업을 했으니, 신천반공의거 사건은 전 신천 시민이 하나 되어 단결한 쾌거였다고 할 수 있습니다.

비밀 안보

신천 지역 일대의 공산당원들은 1950년 10월 13일에 일어난 반공 봉기에 관해 사전에 거사 정보를 어렴풋이 수집하고 있었습니다. 무언가 심상치 않은 공기를 육감적으로 느끼고 신천 일원에 비상망을 펴고 거사에 대한 정보를 탐지하기 위해 혈안이 되었지만, 신천 시민 누구 한 사람 그들에게 동조하지 않고 비밀을 철저하게 유지하고 있었습니다. 물샐틈없는 반공 안보에서부터 신천 시민들은 이미 승리하고 있었던 것입니다.

어떻게 보면 기적에 가까운 비밀유지였습니다. 그 수많은 사람이 한결같이 공산당으로부터 비밀을 지켰다는 것은 실로 놀라운 일이 아닐 수 없습니다. 이는 신천 사람이면 남녀노소 누구를 막론하고 투철한 결사 반공 의식을 가지고 있었기 때문입니다. 불행하게도 이 일 때문에 1·4후퇴 때는 공산당원들이 신천 사람이라면 남녀노소를 불문하고 무조건 붙잡아 죽였습니다. 그 바람에 수많은 신천 시민이 희생되는 참사를 빚어 사람들의 마음을 비통하게 만들기도 했습니다.

반공의거를 준비하는 의거 본부는 김순경 씨의 집이었는데, 신천서부교회에서 그다지 멀지 않은 같은 척서리 마을이었고 신천중학교 옆에 있는 큰 기와집으로 마당이 무척 넓었습니다. 전에는 필자 한춘근의 친구 황수일의 집이었는데, 그의 부친이 집을 처분하고 월남해서 김순경 씨가 살고 있었습니다. 의거 본부는 신천 남쪽에 위치했고 신천 중심가를 따라 북쪽으로는 내무서, 정치보위부, 노동당 군당부 등이 줄줄이 모여 있었습니다.

김익두 목사의 기도

신천반공의거를 주도하는 본부 요원들은 이번 거사를 성공적으로 수행하기 위해서는 절대적인 하나님의 도우심이 필요하다고 믿었습니다. 총지휘를 맡은 김봉선 대장은 거사 요원들을 대동하고 김익두 목사를 찾아왔습니다.

"목사님, 저희가 반공의거를 일으키려고 합니다. 지금 놈들이 양민을 학살하려고 음모를 꾸미고 있습니다."

"나도 알고 있습니다."

김봉선 대장은 신천서부교회의 집사였으나 당시는 부인 이상신 집사와 제순, 인순 등 자녀들만 교회에 출석하고 있었습니다.

"목사님, 이번 거사를 위해 목사님께 기도를 부탁드리려고 왔습니다."

"잘 왔습니다. 거사 일자는 언제입니까?"

"예, 10월 14일 밤 9시입니다."

"그럼 함께 기도합시다."

김익두 목사와 김봉선 대장을 비롯한 참모들이 모두 무릎 꿇고 하나님께 기도했습니다.

"하나님 아버지시여! 8·15해방으로 우리 민족에게 기쁨을 주셨던 아버지시여! 이제 광복의 기쁨도 잠깐 지나고 지금 이 나라는 허리가 두 동강 나서, 이 북녘땅이 온통 하나님을 대적하는 공산당들로 가득 차 잔인무도한 그들이 권세를 잡고 무고한 백성들에게 횡포를 자행하고 있나이다. 이제 나라와 민족을 사랑하는 젊은이들이 목숨을 내걸고 과감히 일어섰사오니, 전능하신 하나님께서 도와주시사 이번 거사가 꼭 성공하게 하여 주시옵소서! 비밀이 누설되지 않도록 지켜주시고 용감하게 분투하여 공산당을 무찌르고 자유대한의 품에 안기게 하여 주시옵소서! 또한 이번 거사에 우리 젊은이들의 희생이 없도록 특

별히 보살펴 주옵시고 특히 의거를 지휘하는 김봉선 대장에게 슬기를
주옵시며 신천서장 신상균 씨에게 용기를 주시사 신천의 해방을 성공
시켜 주시옵소서.

주여! 종의 마지막 기도이오니 허락하여 주옵소서! 이로 말미암아
이 땅에서 자유롭게 예수님을 믿을 수 있도록 광복을 주옵시고 무신
론자들을 다 제거해 주셔서 삼천리 금수강산이 자유대한의 나라가 되
게 하여 주시옵소서! 예수님의 이름으로 기도하옵나이다. 아멘.”

김익두 목사의 기도는 피땀을 쏟는 것처럼 간절하고 뜨거웠습니다.
그가 기도 중에 말한 대로 이 기도가 그의 마지막 기도가 되어 유언이
되었던 것은 참으로 애석한 일입니다.

반공 결사 의거

이 무렵은 9·28 수도탈환 후 국군과 유엔군이 북으로 진격하여 해주
를 향해 전진하고 있을 때였습니다. 패배 도주하는 인민군의 주력 부
대는 사리원을 거쳐 평양으로 후퇴하고 있었고, 옹진에 포진하고 있던
패잔병 1개 사단은 신천을 경유하여 평양으로 후퇴하고 있었습니다.

1950년 10월 13일은 아직 국군과 유엔군이 해주에 입성하기 이전
공산당 치하의 전쟁 상황이었는데, 이러한 정세 속에서 공산당 소탕
을 위한 신천의 반공의거가 일어났던 것입니다.

유엔군이 9월 28일에 서울을 수복했고 신천반공의거가 10월 13일
에 일어났으므로 15일간의 간격이 있습니다. 서울수복이 되었다고는
하나 일진일퇴의 치열한 격전 중에 언제 아군이 신천에 입성할지 아
무도 예측할 수 없는 상황에, 적진 한가운데서 거사를 일으켰다고 하
는 것은 결사각오의 결심이 아니면 도저히 할 수 없는 일이었습니다.

당시 해주에 인민군의 잔류부대가 있었고 옹진에도 인민군 사단이 주둔하고 있었는데, 어떻게 거사가 성공할 수 있겠습니까? 뿐만 아니라 신천과 가까운 구월산, 안악, 은율, 장연 등지에도 수많은 인민군 부대가 포진하고 있는데도 대규모 반공의거를 일으켰던 것은, 신천 시민 모두가 목숨을 건 생사의 도박이 아니면 할 수 없는 일이었습니다.

신천 의거의 근본적인 동기는 해방 이후 쌓이고 쌓였던 반공사상의 폭발이었고, 그동안 공산 치하에서 잔인무도한 압정을 겪어 온 신천 사람들이 유엔군이 입성하기 전에 먼저 자기들의 손으로 공산도당들을 척결해야겠다는 굳은 각오가 하나로 뭉쳤기 때문일 것입니다.

또 하나의 큰 이유로는, 그 당시 북한 전역에서 신천이 가장 복음화되어 대부분의 주민들이 기독교인이라는 점이었습니다. 김익두 목사의 영향을 받아 철저하게 영적으로 무장된 신천 주민들로서는 공산당들의 기독교인 말살 음모로 말미암아 절박한 위기의식을 느꼈고, 이것이 반공의거의 결정적 동기라 해도 과언이 아니었습니다.

맥아더 장군이 지휘하는 유엔군의 인천상륙작전이 성공적으로 수행됨에 따라, 눈앞에 한반도 적화통일을 바라보던 공산군들이 여지없이 궤멸되어 패배 도주하면서 수많은 민족지도자와 종교인들을 살해하고 도망할 음모를 세웠습니다. 처치대상자 명단을 작성하고 공산당원 한 사람당 16명씩 살해하라는 끔찍한 지령을 하달했던 것입니다. 심지어 살인 방법까지 세밀하게 지령을 내렸는데, 그 방법 중에는 지하도 옆에 우물을 파놓고 캄캄한 밤중에 처치대상자를 유인해 동행하다가 갑자기 뒤에서 밀어뜨려 빠뜨려 죽이는 방법도 있었습니다.

이처럼 잔인무도한 그들의 살인 만행과 특히 기독교인들을 곧 체포해 들인다는 정보를 입수하게 되자, 김익두 목사는 신창록 집사로 하여금 진상을 철저히 조사하도록 지시했습니다. 신창록 집사가 백방으로 조사하고 얻은 정보에는 공산당들이 작성한 처치대상자 명단에 한태선, 김용규(현재 서대문교회 이복순 권사의 남편), 김봉선(반공의거 대장) 외에 수많은 인사들이 포함되어 있었습니다. 이 끔찍한 기밀을 접한 김익두 목사는 모든 이들에게 알렸습니다.

한태선 집사는 즉시 서부교회 유치원 천정(필자 한춘근이 숨어있던 장소에서 조금 떨어진 곳)에 몸을 숨겼다가 다음 날 밤에 다시 내려왔습니다. 그의 집에서는 김봉선과 그의 부인, 임재봉, 김장성 등이 모여 이 긴박한 사태에 대해 어떻게 대처할 것인가를 의논하고 있었습니다.

이때, 누군가 다급하게 문을 두드리는 소리가 나서 모두가 깜짝 놀라 겁에 질려 잔뜩 긴장했습니다. 이천실 집사가 뛰어나갔다가 다시 들어와서 남편 한태선 집사에게 빨리 나와보라고 손짓했습니다. 한 집사가 나가 보니 문 앞에 장재동교회의 김성환 장로가 피투성이가 되어 쓰러져 있었습니다. 한태선 집사는 김성환 장로를 부축하여 안으로 들어가 눕히고 피를 닦아주고 상처를 치료해 주며 간신히 진정시켰습니다. 김성환 장로가 겨우 의식을 회복해 간신히 말했습니다.

"인민군들이 신천 온천에서 기독교인들과 동네 청년들을 30여 명 붙잡아다가 물이 가슴까지 차는 창고에다가 가두고 총살시킬 준비를 하고 있드랬어요. 우리는 '아! 이제 다 죽었구나' 생각하면서 '천당 갈 준비나 하자' 하구서 '내 주를 가까이' 찬송을 부르기 시작했습니다. 그러자 인민군 아이들이 들어와 따발총을 마구 난사했드랬는데, 그만 30여 명이나 되는 교회 청년들과 동네 청년들이 다 죽고 말았습니다."

김 장로는 이 말을 하며 슬픔을 못 이겨 가슴을 치며 울다가 기절하고 말았습니다. 얼마 후 정신이 들어 목멘 소리로 말을 이었습니다.

"나만 이렇게 구사일생으로 살아나 도망쳐 왔습니다. 손민태는 놈들이 혀를 잘라 죽이고, 안창섭 장로는 마루기둥에 뒷짐지워 묶어 놓고 그가 보는 앞에서 일곱 식구를 때려죽였습니다. 온천 내무서에 끌려간 청년들도 다 죽었습니다. 이제 신천도 곧 학살이 시작될 것입니다."

이 말을 마치고 김성환 장로는 또 실신해 버렸습니다. 숨 막혔던 공포와 긴장에서 벗어나 피로가 일시에 겹쳐왔던 것입니다.

한태선 집사는 이 천인공노할 끔찍한 사실을 즉시 김익두 목사에게 보고했습니다. 실로 모든 신천 주민이 죽느냐 사느냐의 위기일발의 순간이 되었습니다. 의거를 총지휘하는 김봉선 대장은 이 급박한 보고를 받고 즉시 회의를 소집했습니다. 일각도 더 이상 지체할 수 없음을 모두에게 알리고 거사를 앞당겨 준비할 것을 지시했습니다.

1950년 10월 13일 아침.

공산도당들은 신천 일원에 있는 모든 장년 남자들의 공민증을 반장을 시켜 회수해 갔습니다. 그리고 그날 저녁 7시까지 신천역 창고에 모두 모이라는 지시를 내렸습니다. 독보회를 한다는 구실이었습니다. 당시에 이 사실을 필자 한춘근에게 알려준 사람은 한동네에 사는 반장이었습니다. 반장은 필자와 함께 북진하는 유엔군 방송을 이불 속에 숨어 몰래 듣던 가까운 사이였기 때문입니다.

"오늘 밤 창고에 양민을 다 잡아넣고 석유를 뿌려 태워 죽이려고 하니까 빨리 피신하시오!"

이 소식을 들은 필자의 부친 한개선 집사는 즉시 척사재 개울을 건너 논으로 피신했습니다. 아직 논에 벼를 베지 않았던 관계로 숨어있을 수 있었습니다.

인민군들은 신천 노동당 군당부 앞마당에 직경 10미터 정도의 큰 구덩이를 넓게 파고 양민들을 학살한 후 그곳에 파묻을 준비를 하고 있었습니다. 그러나 하나님의 섭리는 측량할 수 없어서 1950년 10월 13일의 반공 봉기로 말미암아 오히려 그 잔악한 공산도당들이 그곳에 파묻혀 죽고 말았습니다. 자기들이 파놓은 함정에 빠져 죽임당한 것은 마치 하만이 모르드개를 나무에 달아 죽이려고 음모를 꾸몄다가 자기가 매달려 죽게 된 이치와 흡사한 사건이라고 하겠습니다.

불발로 끝난 재령 의거

반공의거 본부에서는 1950년 10월 14일 밤을 D-day로 결정하고 신천과 재령에서 동시에 행동을 개시하기로 약속했습니다. 10월 14일 밤 10시에 척사재 뒷산에서 신호탄을 쏘아 올리는 것을 계기로 일제히 행동을 시작하기로 한 것입니다. 그러나 불행히도 재령에서는 사전에 사소한 사건으로 이런 기밀이 누설되어, 재령의거 본부는 더 이상 지체할 수 없게 되었습니다. 언제 인민군이 총부리를 들이대고 밀어닥칠지 시간문제였기 때문입니다.

"어차피 거사하기로 한 일이니까 해치웁시다."

"먼저 선수를 치는 수밖에 다른 방도가 없지 않습니까?"

그러나 재령의거 대장은 난색이 되었습니다. 한낮에 의거를 일으키는 것보다 밤에 행동을 개시하는 것이 유리하기 때문입니다.

"이왕 이렇게 비밀이 새어버렸으니 내일 밤까지 어떻게 기다립니까? 그놈들이 밀어닥치면 꼼짝없이 우리가 먼저 당할 수밖에 없지 않겠습니까?"

누군가 이렇게 말하자 만부득이(어쩔 수 없이) 반공의거대는 거사를 결의하고, 아식총을 들고 13일 낮에 행동을 개시했습니다.

고요하던 재령읍이 삽시간에 요란한 총소리로 뒤덮였습니다. 쌍방 간에 치열한 총격전이 벌어졌고 반공의거대가 닥치는 대로 인민군과 내무서원, 공산분자들을 공격하기 시작했습니다. 인민군들의 군용차를 탈취해 시내를 질주하며 총을 난사했습니다.

그러나 경비가 철통같은 내무서, 정치보위부, 인민군본부, 군사동원부, 노동당 군당부 같은 요격 대상은 접근하지 못하고 시내를 맴돌기만 했습니다. 탄환도 부족하고 중과부적인 상태에서 작전도 없는 무모한 공격을 감행했던 것입니다. 더욱이 대낮이어서 대부분의 양민들은 겁이 나 대문을 닫아걸고 밖으로 나올 엄두조차 내지 못했습니다.
그러니 전혀 협력을 못해서 거사에 아무런 도움이 되지 못했습니다.

인민군들은 초반에 불의의 습격으로 당황했으나 곧 반공의거대의
규모를 파악하고 전열을 가다듬어 저녁 무렵에는 일제히 반격을 개시
했습니다. 전혀 전투 훈련을 받은 바 없는 의거대원들이 열세에 몰릴
것은 불을 보듯 뻔한 일이었습니다. 결국 재령의 반공의거는 수많은
희생자를 낸 채 무위로 끝나고 말았습니다.

거사에 참여했던 반공의거대는 지리멸렬하여 모두 흩어지고 말았
고, 전세를 완전히 장악한 인민군은 맹렬한 기세로 공격하며 도주하
거나 숨어있는 반공의거대원들을 샅샅이 색출해 사살하거나 체포했
습니다. 밤이 깊어지자 인민군들은 숨어 있는 반공청년들을 찾으려고
집집마다 무단 난입하여 무차별로 불을 지르고 집집마다 구들장을 뜯
고 파헤치며 아궁이에 불을 질렀습니다. 그리고는 숨어있는 사람을
찾아내는 즉시 잔인하게 쏘아 죽이거나 찔러 죽였습니다. 악마처럼
냉혹해진 인민군들은 심지어 불에 타죽은 반공청년의 시체를 끌어내
어 창으로 찌르고 사지를 찢어 재령 네거리에 매달았습니다. 차마 눈
뜨고 볼 수 없는 참상이 벌어져 문자 그대로 목불인견(눈 뜨고 차마 볼 수
없음)의 광경으로 보는 이의 눈시울을 뜨겁게 만들었습니다.

이때 순국하여 희생된 반공투사들의 수는 김순학 외 329명이었습
니다. 현재 이들은 동작동 국립묘지(국립서울현충원)에 안치되어 있습니
다. 재령의 반공의거는 허무한 비극으로 끝난 채 수많은 희생자를 냈
고, 이 비보는 곧 재령강을 넘어 신천으로 전해졌습니다.

신천반공의거의 횃불

이 슬픈 소식이 전해진 신천에서는 초긴장 상태가 되었습니다. 인민군 부대와 노동당 군당에서도 초비상 상태가 되어 신천의 반공봉기에 대비해 삼엄한 경계를 펴고 전전긍긍하고 있었습니다.

반공의거 본부에서는 혹시 재령과 같이 실패하지 않을까 하는 초조감으로 긴장했고 숨 막히는 불안한 공기가 신천 일대를 뒤덮고 있었습니다. 그러나 상황이 다급해진 이상, 의거 본부로서는 더 이상 14일 밤까지 기다릴 수가 없었습니다. 당장이라도 인민군들이 먼저 출동하여 공격개시를 한다면 거사도 하기 전에 모든 일이 수포로 돌아갈 수밖에 없었습니다. 의거 본부에서는 심사숙고 끝에 결단을 내리고 반공의 기치 아래 13일 밤 9시를 기해 일제히 행동을 개시했습니다.

1950년 10월 13일 밤 9시!

이렇게 해서 저 유명한 신천반공의거 사건이 발발했던 것입니다. 척사재 냇가 산봉우리에서 행동 개시를 알리는 신호총성이 폭풍전야의 고요를 깨뜨리고 밤하늘을 진동시켰습니다. 한 발의 총성을 신호로 갑자기 사면팔방에서 지축을 뒤흔드는 듯 요란한 총소리가 났습니다.

문을 걸고 집안에서 대기하고 있던 모든 신천 시민도 일제히 문을 박차고 거리로 뛰쳐나왔습니다. 손에 손에 태극기를 들고 '대한민국 만세!'를 소리 높이 외치면서 남녀노소 할 것 없이 거리와 골목에서 마치 봇물이 터진 것처럼 쏟아져 나왔습니다. 신천 시민들은 억눌렸던 울분과 감정을 폭발시키면서 공산당원들의 집에 불을 지르고 노동당 건물, 내무서 등을 차례로 습격하여 삽시간에 온 신천 시가는 화염에 휩싸여 하늘을 붉게 만들었습니다.

때마침 유엔군 전투기 한 대가 신천 상공을 비행하고 있었습니다. 전 같으면 마구 기총소사를 해왔을 터인데 유엔군 전투기 조종사도 신천의 반공의거를 알아차리고 전혀 기총소사를 하지 않고 상공을 선회하면서 정찰비행을 하고 있었습니다. 이를 본 신천 시민들도 한층 사기가 올라 하늘을 향해 태극기를 흔들며 만세를 불렀습니다.

신천 중심지 네거리에 자리를 잡고 있던 인민군위원회, 내무서, 정치보위부, 군 노동당 본부는 문을 닫아걸고 겁에 질려 우왕좌왕하며 어찌해야 할지 당황하고 있었습니다. 의거대장 김봉선 씨는 치밀하게 의거대를 총지휘하여 작전을 잘 수행하고 있었습니다.

반공의거 무장대는 1·2·3중대와 특공대, 선무공작대, 의무반, 연락반으로 편성되어 있었습니다. 그들에게 지급된 병기는 소련제 아식장총으로 한 발씩 발사하는 구식 장총이었고 탄환이라야 고작 몇 발씩밖에 지급받지 못한 상황이었습니다.

그러나 열악한 상황에도 불구하고 선무공작대의 활약은 눈부셨습니다. 선무공작대는 '국군 입성'이라는 전단을 사전 제작해 두었다가 행동 개시와 동시에 전 신천 시가에 뿌렸고, 신천 덕수국민학교에 국군 1개 부대가 트럭을 타고 들어왔다는 소문을 퍼뜨렸습니다. 소문은 빠른 속도로 입에서 입으로 전달되어 신천 주민들은 사기가 충천하였고 기쁨과 흥분으로 용기백배했습니다. 반면에 공산당들은 사기가 저하되어 도망하는 자가 속출했고 당 간부들은 겁이 나서 산으로 도주하고 말았습니다.

이때 필자 한춘근도 김익두 목사가 숨겨주었던 서부교회 유치원 다락에서 인민군을 피해 숨은 지 20일 만에 뛰쳐나올 수 있었습니다.

삽시간에 신천 시가는 남자들로 붐볐습니다. 숨어있던 남자들이 다 쏟아져 나왔기 때문입니다. 선무공작대의 눈부신 활동으로 전 시가는 태극기의 물결로 뒤덮였습니다. 또 대원들이 뛰어다니며 '국군 트럭이 또 들어왔다!'라고 소리 높여 외치고 다녔기 때문에 공산당들은 간담이 서늘했고, 시민들은 기쁨에 넘쳐서 그날 밤 목이 쉬도록 만세를 부르고 돌아다녀 공산당들의 활동을 위축시켰던 것입니다. 그러나 실상은 국군이나 유엔군이 들어온 일이 없고 헛소문을 퍼뜨린 것이었습니다.

이로 인한 성과는 대단했습니다. 다음날이 되어서야 그 진위를 알게 된 신천 시민들은 오히려 기뻐하고 좋아했습니다. 신천 내무서원들과 인민군, 노동당원들은 반공의거를 피하여 북쪽 산으로 도망가 불길에 휩싸인 신천 시가를 굽어보며 발을 동동 굴렀습니다. 신천 시가에 있는 공산당원들의 집은 모조리 불타버렸고 그들은 가족의 생사를 알 길이 없어 안절부절 못했습니다.

서울 KBS방송국의 보도

자정이 넘어 필자 한춘근은 의거 대장 김봉선 씨의 집에서 그의 아내 이상신 집사, 아들 제순과 인순, 또 친구 조원형 등과 더불어 라디오를 듣고 있었습니다.

"국군이 어디까지 진격해 왔는지 들어보자."

필자가 라디오의 다이얼을 돌렸는데 때마침 KBS 방송에서는 신천 반공의거에 대한 뉴스를 보도하고 있었습니다.

"지금 구월산 일대에서는 반공의거가 일어났습니다. 신천 일대에는 봉화가 밤하늘을 낮과 같이 환하게 비추고 있습니다."

모두들 라디오에서 흘러나오는 구월산과 신천이라는 말에 귀가 번쩍 뜨여 라디오 앞에 바짝 다가앉았습니다.

"크게 틀어!"

누군가 말했습니다. 지금까지 이남 방송을 마음 놓고 듣지 못했던 터라 반갑기 한량없었습니다. 방송이 계속되고 있었습니다.

"신천 시민 여러분! 반공의거를 일으킨 용감한 시민 여러분! 용감하게 싸우십시오. 이제 유엔군과 국군이 곧 올라갈 것입니다. 아군은 지금 해주를 향하여 진격하고 있습니다."

모두 환성을 지르며 서로 얼싸안고 포옹했습니다. 눈앞에 아군이 가까이 다가온 것 같은 느낌으로 모두 감격했습니다. 밖에서는 여전히 총격전이 치열했고 곳곳에서는 불길이 치솟아 화염에 휩싸이고 있었습니다.

1950년 10월 14일 새벽이 다가오면서 신천 전역에 안개가 자욱이 덮여 지척을 분간하기 어려웠습니다. 밤새도록 만세를 부르고 거사에 참여했던 시민들도 지쳐버렸습니다. 공산당원들의 집들은 대부분 불에 타 재만 남았고 한 치 앞을 분간하기 어려운 짙은 안개가 신천 시가를 적막 속에 잠기게 했습니다. 불길한 침묵이 고요히 흐르고 있었습니다.

10월 14일 새벽 5시.

이 시간에 신천서부교회 목사의 순교 사건이 일어납니다. 이 순교 현장의 기록은 반공의거 사건의 전말을 매듭짓고 뒷 지면에 기술하기로 하고, 의거 사건의 뒷부분을 먼저 좀 더 소상히 밝히겠습니다.

내무서 전투

15일 아침부터 내무서 공방 전투가 치열하게 전개되었습니다. 14일에 신천서부교회에서 김익두 목사의 순교 사건이 일어났기 때문에 내무서 공격이 하루 늦춰졌던 것입니다.

인민군들과 정치보위부, 내무서원, 노동당원, 인민위원회 위원들을 차례로 소탕하기 위해서는 먼저 내무서를 점령해야 했습니다. 내무서는 4층으로 된 신식건물이었는데, 옥상에는 인민군들이 전투 대오를 편성해 아래에서 공격해 오는 반공의거 대원들을 향해 총탄을 발사하고 있어서 접근할 수가 없었고, 정문에는 중기관총을 거치해놓고 사방을 향해 난사하고 있었습니다. 또 2층, 3층 창문마다 내무서원들이 아식장총을 겨누고 응사하고 있었기 때문에 반공청년들이 도저히 돌격할 수 없어서, 좌우 모퉁이에 진을 치고 15일 하루 종일 인민군들과 대치하고 있었습니다.

해가 질 무렵 마침내 의거대원들은 묘안을 생각해 냈습니다. 병에 휘발유를 넣고 솜으로 틀어막아 화염병을 만들고 솜에 불을 붙여 내무서 건물을 향해 수십 개를 투척했습니다. 화염병으로 공격 개시의 포문을 연 것입니다. 연달아 던진 화염병이 터지면서 내무서 건물의 정문을 비롯해 이곳저곳에서 불길이 치솟았습니다.

삽시간에 내무서는 불길과 연기로 휩싸여 아수라장이 되고 말았습니다. 옷에 불이 붙은 내무서원들이 비명을 지르며 밖으로 뛰쳐나왔고 이때를 기해 반공청년들이 일제히 사격을 개시하고 돌격을 감행했습니다. 콩을 볶는 듯한 요란한 총소리가 나면서 쌍방 간에 치열한 전투가 벌어졌습니다. 불길을 견디지 못한 인민군들이 뛰쳐나오다가 아군이 발사하는 총에 맞아 계속 쓰러졌습니다. 순식간에 대여섯 명의 시체가 마당에 뒹굴었습니다.

때를 기다리던 신상균이 '돌격!'을 외치자 '와!'하는 함성을 지르며 반공의거대원들이 정문을 향해 일제히 돌격했습니다. 화염과 자욱한 연기 속에 내무서원들과 의거대원들 간에 백병전이 벌어졌습니다. 총소리, 비명소리가 요란한 가운데 생사를 건 육탄전이 전개되었습니다. 죽고 죽이는 생사의 싸움이 한동안 계속되었지만 싸움이 그리 오래가지는 않았습니다. 소란했던 총소리, 비명소리, 신음소리도 사라지고 건물 안팎으로 인민군들과 내무서원들의 시체가 즐비하게 쓰러져 있었습니다.

승리한 반공의거대원들이 사기가 충천하여 내무서 정문 위에 태극기를 달아 올렸습니다. 해방 후 5년 동안을 공포와 압제에 시달렸던 그들에게 바람에 휘날리는 태극기를 바라보는 그 순간은 참으로 감개무량한 시간이 아닐 수 없었습니다.

반공의거대원들이 내무서 안 유치장 문을 열어 그동안 고문과 옥고로 고생하던 무고한 양민들과 반공투사들, 그리고 신천서부교회에서 끌려온 성도들을 구출했습니다. 내무서를 점령한 반공의거청년대는 곧이어 정치보위부, 노동당 군당을 공격하여 차례로 소탕하고 완전히 점령했습니다. 이로써 반공의거는 완벽한 승리를 거두며 성공했습니다. 반공의거 본부를 노동당 군당 건물로 옮기고 그곳에서 작전을 지휘했습니다. 노동당 신천군당은 붉은 벽돌로 지은 새 건물로 신천 서쪽 높은 언덕에 자리잡고 있었습니다.

패주하던 인민군들이 생겻산과 범바위산에서 전열을 가다듬어 반격해 왔지만 투지에 불타는 용감한 반공청년 무장대의 공격을 견뎌내지 못해 도망쳤고 인민군 패잔병들은 모두 흩어져 버렸습니다. 신천은 마침내 반공의거에 성공하여 거리마다 태극기가 휘날리고 기쁨이 넘쳐흘렀습니다.

그러나 승리의 기쁨도 잠시, 10월 17일 새벽에는 삼팔선을 돌파한 국군의 일대 반격으로 옹진의 인민군 1개 사단 대규모 병력이 옹진에서 후퇴하면서 신천으로 밀려들어 왔습니다. 후퇴하던 인민군 사단 병력은 신천 시가의 곳곳에 태극기가 휘날리는 것을 보고 신천에서 일어난 사태를 즉각 파악하고는, 요소요소에 기관총 부대를 배치하고 병력을 총집결시켜 전투태세에 들어갔습니다.

반공의거에 참가했던 무장대원이나 시민들은 13일부터 16일까지 3일간 한잠도 자지 못하고 전투에 임했기 때문에 의거가 성공한 후 긴장이 풀려 모두 깊은 잠에 빠져있을 때였습니다. 간혹 밤거리 골목에서 무장대원들이 보초를 서고 있을 뿐이었습니다.

신천 시가로 진입한 인민군 부대는 기관총을 장착하고 다니면서 아군이 눈에 띄는 즉시 그대로 총을 난사하여 죽였습니다.

아군의 반공청년 무장대원들은 미처 인민군의 사단 병력이 신천 시가에 진입한 사실을 알지 못했기 때문에, 무심코 밖으로 나갔다가 인민군이 쏘아대는 불의의 총격을 받고 죽은 사람도 많았습니다. 인민군들은 밤거리에 돌아다니는 사람은 무조건 눈에 띄는 대로 사정없이 따발총을 쏘아댔습니다. 애석하게도 이날 밤 옹진에서 후퇴하는 인민군 사단 패잔병들에게 불의의 죽임을 당한 희생자가 가장 많았습니다.

인민군 사단 병력은 북상 중이었기 때문에 신천에 오래 머무를 겨를이 없이 평양 방면으로 후퇴하기 시작했습니다. 그들은 후퇴하면서도 반격에 대비해 신천 중앙 네거리에 중기관총을 세워 놓고 경계를 게을리하지 않았고, 뒷걸음질하면서도 길가에 펄럭이는 태극기를 보면 끌어내려 찢어버리면서 단계적으로 퇴각하고 있었습니다.

"대장님! 지금 중무장한 인민군 부대가 길을 꽉 메우고 신천 시가를 통과하고 있습니다."

반공의거 본부의 총지휘자인 김봉선 대장은 대원으로부터 정세 보고를 받고 깜짝 놀랐습니다.

"뭐라고? 내가 나가봐야지."

그는 자리를 박차고 일어나 권총을 빼 들고 나섰습니다. 참모대원들이 황급히 그를 붙들며 만류했습니다.

"안 됩니다! 지금 나가시면 죽습니다."

그러나 김봉선 대장은 부하들을 뿌리치며 소리쳤습니다.

"한 번 죽지, 두 번 죽어?"

그는 문을 열고 밖으로 뛰쳐나갔습니다. 이 건물은 네거리 모퉁이에 돌출된 곳이었기 때문에 어느 곳에서도 눈에 잘 띄는 위치였습니다.

"따르르르!"

그가 나가자마자 요란한 기관총 소리가 공기를 갈랐습니다. 돌계단을 뛰어내려가다가 불의의 습격을 받은 김봉선 대장은 그 자리에서 장렬한 최후를 맞이했습니다. 전혀 예기치 못한 순간에 애석하게도 전사하고 말았던 것입니다.

이 신천반공의거 때 적과 싸우다가 전사한 희생자의 수는 김봉선 대장 외 224명으로 이들의 유해는 현재 국립묘지에 안장되어 있습니다. 그러나 그 외의 희생자 수는 알 수가 없었습니다. 당시 신천 시가에는 누구의 시체인지 구별할 수 없는 상태로 거의 5미터 간격으로 시체들이 널려있었으니, 누가 그 많은 사람의 신원을 확인할 수 있었겠습니까. 참으로 우리 민족사에 지울 수 없는 부끄러운 동족상잔의 비극이 아닐 수 없었습니다.

얼마 후 인민군 사단은 완전히 퇴각하여 재령을 거쳐 사리원을 지나 평양으로 후퇴해 갔습니다. 아침 해가 떠오르자, 거리거리에서 신천 시민들이 뛰쳐나왔습니다. 그들의 눈에 너무나 처참한 광경이 펼쳐져 있었습니다. 거리마다 골목마다 수많은 시체가 즐비하게 쓰러져 있었고 곳곳에 핏자국이 얼룩져 있어서 차마 눈으로 볼 수 없는 목불인견의 참혹한 광경이었습니다. 모든 사람이 비통함과 허탈감에 빠져 오열했습니다.

유엔군의 입성

이날 신천 상공에 제트기 한 대가 날아왔습니다. 푸른 하늘에 원을 그리며 선회하고 있는 것을 바라본 신천 시민들은 태극기를 흔들며 함성을 올렸습니다. 누군가 횟가루를 가져다가 길바닥에 SOS를 여기저기에 그려 놓고 비행기가 발견할 수 있도록 표시했습니다. '대한민국 만세! 유엔군 만세!'를 목이 쉬도록 외치면서 신천 시민들은 환호했습니다.

신천 상공을 몇 번씩 선회하던 전투기가 돌아가고 난 후, 오후에는 동체가 엄청나게 큰 유엔군 수송기가 폭음을 울리며 나타났는데 하늘을 두 번 돌더니 노란색 낙하산 한 개를 떨어뜨리고 돌아갔습니다. 조그만 상자 속에 봉투가 들어있었는데, 의거 본부에서 그 봉투를 뜯어 보았더니 영어로 기록된 편지가 나왔습니다. 필자와 매일 반 숙어서 영어 공부를 하던 김정의가 이 글을 번역하여 읽었습니다.

내일 오후 3시 유엔군 선발대가 신천에 입성한다는 내용이었습니다. 이 소식을 접한 사람들은 일제히 환호성을 올렸습니다.

"와! 살았다. 대한민국 만세!"

모두들 어린아이처럼 기뻐하며 춤을 추었습니다. 다음 날 오후 3시가 되어 유엔군 선발대가 신천에 입성하였습니다. 1개 분대의 선발대 병력이 미군 GMC 트럭에 타고 들어왔는데 이 미군들을 환영하기 위해 수많은 시민이 몰렸습니다. 대부분의 신천 시민들이 이때 처음으로 흑인을 보았다고 합니다.

황해도 인민위원회 위원장(도지사급) 이용진은 해주에서 소련 여자인 첩 류포프엔 리포프(해주극장 배우)와 그녀의 딸을 데리고 신천으로 들어오다가 체포되었습니다. 신천반공의거대와 돌무지부대, 노월부대의 합동작전에 의해 도위원장이 인솔하던 부대는 궤멸되고, 이용진과 그의 가족은 모두 아군에게 체포되어 결국 이용진은 처형당하고 소련 여자인 첩은 유엔군에 인계되었습니다. 또 1950년 11월 10일에 반공의거대는 그동안의 신천, 재령 전투에서 인민군, 공산당으로부터 노획한 전리품 일체를 유엔군 사령부에 인계하였습니다.

당시의 전리품 내역과 포로 현황을 의거 본부의 기록으로 살펴보면 다음과 같습니다.

포로 1,078명

화물자동차 118대

야포 2문

반탱크포 39문

소총 4,046정

따발총 312정

중·경기관총 195정

수류탄 1트럭분

탄환 200상자

TNT 2트럭분

권총 46정

우마차 300대

1·4후퇴의 비극으로

우리가 1·4후퇴라고 말하는 것은 뜻하지 않은 중공군의 침입으로 말미암아 서울에서 후퇴한 날짜를 기점으로 하는 것입니다. 따라서 북한 지역에서는 훨씬 이전의 날짜에 후퇴를 시작했습니다.

황해도 신천이 중공군의 침입으로 후퇴하기 시작한 날은 12월 4일이었으니 서울의 1·4후퇴에 비해 꼭 한 달 전이 되는 시점이었습니다. 반공의거의 성공으로 희망과 기쁨에 넘쳤던 순간도 잠깐 사이에 지나고, 모든 신천 시민이 또다시 전쟁을 피해 눈물을 머금고 피난길에 올라야 했습니다. 그날은 함박눈이 쏟아지는 추운 날씨였습니다. 중공군은 문자 그대로 인해전술을 쓰며 엄청난 병력을 투입해 파상공격을 해 왔고, 승승장구하며 북진을 계속하던 유엔군과 국군에게 일대 타격을 가했습니다. 중공군이 불의에 남침해 온 것은 남북통일을 눈앞에 두고 있던 시기에 정세를 뒤엎는 역사적인 사건이었습니다.

유엔군은 작전상 일시 후퇴했다가 곧 다시 북진할 계획으로, 신천의 반공무장대에게 일시적인 후퇴를 지시했습니다. 그러나 반공무장대로서는 고향을 버리고 후퇴할 수가 없어서 안악에서 퇴각하는 무장대를 향해 "어떻게 무장대가 양민을 버리고 피난 갈 수 있느냐"하고 버텼습니다. 그러나 결국 작전상의 지시를 따르지 않을 수 없어 그들도 눈길을 헤쳐가며 신천을 등질 수밖에 없었습니다. 그 때문에 신천에 사랑하는 가족들을 남겨둔 채 남하한 장정들이 수없이 많았습니다. 거의 단신으로 월남한 장정들이 대부분이었으니, 북녘땅에 남겨둔 가족들과 헤어져 이산가족이 되어버린 사람들이 얼마나 많았겠습니까!

백필환 씨는 단신으로 월남하여 1953년 유엔 종군경찰대에 근무하고 있을 때 그의 부인이 아들과 함께 의정부로 찾아와 기적적으로 상봉했습니다. 그러나 김익두 목사의 그림자 같은 동역자 한태선 집사는 아들 셋과 부인을 그대로 신천에 남겨둔 채 월남했으나 그 후 가족들이 어찌 되었는지 알 길이 없습니다.

1·4후퇴로 월남한 이북 동포가 무려 삼백만 명이 넘습니다. 해방 후 5년 동안 공산당의 압제에 진저리가 난 삼백만 명의 동포가 가족과 생이별하면서까지 월남하여 자유대한의 품에 안겼던 것입니다. 얼마나 공산당이 싫었으면 사랑하는 가족들과 헤어지면서까지 월남했겠습니까.

뜻밖의 중공군 침입으로 반공의거무장대는 구월산으로 후퇴하고 일부는 초도, 백령도로 분산하여 퇴각했습니다. 일주일 후면 다시 북진할 것이라는 서울의 방송보도를 그대로 믿었던 반공의거무장대는 다시 신천으로 들어가서 한 달 이상을 인민군과 전투를 계속했습니다. 내종전투, 용문전투, 두라전투, 돌무지전투 등 크고 작은 전투를 치르며 인민군과 공방을 벌였습니다. 그러나 중과부적으로 또다시 퇴각하지 않을 수 없었고, 일부는 구월산 유격대로 남아 항전을 계속했고 일부는 서해안을 따라 퇴각하며 최후의 옹진전투로 끝을 맺습니다.

신천반공의거 사건의 와중에 특히 우리의 눈물을 삼키게 하는 것은 반공의거대장 김봉선 씨의 둘째 아들 인순의 죽음이었습니다. 인순은 백령도에서 다시 신천으로 잠입하여 자기 집 지하실에 숨어있다가 공산당원들에게 붙잡히고 말았습니다. 반동봉기 대장의 아들이라는 죄목 때문에 갖은 고문과 수모를 겪고 매를 맞았습니다. 공산당의 가족들은 반공의거 때 죽은 자기 가족들의 원수를 갚는다고 인순의 얼굴에 침을 뱉고 때리고 발로 걷어차기도 하면서 '반동분자 괴수 김봉선의 아들'이라는 팻말을 목에 걸고 그를 벌거벗긴 뒤 신천 네거리에서 조리를 돌리다가 마침내 나무에 높이 달아 목을 졸라 죽였습니다.

국립묘지에 묻힌 반공투사들

서해안 도서 지방에 다시 집결한 10·13부대(신천부대)는 해병의용대, 봉부대(재령부대), 수월부대(수호부대), 안악부대 등과 함께 미 극동사령부 소속 8240부대의 지원을 받으면서 2년 동안 구월산과 신천 일대에서 진퇴를 거듭하며 인민군과 교전했습니다. 마침내 1953년 8월 휴전협정이 체결된 후 반공의거무장대는 국군 제8250부대로 편성되어 국군 정규군이 되었고, 죽음을 무릅쓰고 싸웠던 반공의거대원들은 장교로, 혹은 사병으로 편입되어 국군 계급장을 달게 되었습니다. 필자 한춘근의 형제인 한춘식도 대수압도에서 동키 12연대로 편입되어 장교로 활약하다가 국군 대위로 전역제대한 바 있습니다.

후에 신천반공의거를 기념하기 위해 오정식 씨를 중심으로 애국 동지들이 뜻을 모아 황해도 반공유격대 6만 명의 순국위령탑을 세우고

자, 박정희 대통령에게 그 뜻을 품신하고 재가를 얻어 국립묘지 언덕에 순국위령탑을 높이 세웠습니다. 지금도 해마다 10월 13일이 되면 월남한 신천 사람들은 국립묘지를 찾아 고인들을 추모하고 있습니다.

김익두 목사의 순교사화(殉敎史話)

다시 기록을 거슬러 신천반공의거 당시에 일어났던 김익두 목사의 순교 사건을 소상히 증언하고자 합니다. 김익두 목사는 신천반공의거가 일어났던 그날, 서부교회 사택에 있었습니다. 통일이 되는 그 날까지 예배당에서 철야기도를 드리기로 작정했던 그는 그날 밤도 철야기도를 할 참이었습니다.

10월 13일 밤 9시.

서부교회에서 그다지 멀지 않은 척사재 냇가 부근에서 고요한 밤하늘을 가르는 총소리가 '탕!'하고 울려 퍼졌습니다. 그는 뜻하지 않은 총소리에 깜짝 놀랐습니다. 거사일자가 10월 14일 밤 10시로 예정된 것을 알고 있었기 때문에 하루 전인 13일 밤에 척사재 냇가에서 총소리가 났으니 놀라지 않을 수 없었습니다.

"아니? 이게 웬 총소리입니까?"

사택에는 조예득 장로와 가족들이 함께 있었는데 김익두 목사의 질문에 모두 긴장이 되었습니다. 조예득 장로는 서울 서대문교회의 조제도 장로의 부친입니다. 한 발의 총소리가 난 직후 요란한 총소리와 함께 '대한민국 만세!'를 외치는 함성과 군중들의 내닫는 소리로 신천 시가가 온통 소란했습니다. 사면팔방에서 쏘아대는 총소리, 밤거리로 뛰쳐나와 만세를 부르는 남녀노소의 함성은 신천 시가를 진동시키고 마치 지축을 뒤흔드는 것 같아서 서부교회 안마당까지 잘 들렸습니다.

모든 사태를 직감한 김익두 목사는 척사재 냇가의 타오르는 봉화를 바라보며 눈물에 젖었습니다. 잠시 눈을 감고 하나님께 기도했습니다. 그리고 집 안으로 들어가더니 대형 태극기를 들고나왔습니다. 언제 그렇게 큰 태극기를 준비했는지 가족들마저도 미처 몰랐던 일이었습니다. 긴 대나무에 태극기 양깃을 묶어 서부교회 정문에 세우고 밤바람에 태극기가 휘날리게 했습니다. 그는 조예득 장로와 한태선 집사, 한춘식, 신창로 집사 등 7~8명의 성도들과 함께 태극기를 바라보며 만세를 불렀습니다.

"대한민국 만세! 대한민국 만세!"

만세를 부르는 김익두 목사와 성도들의 눈에서 감격의 눈물이 흘러내렸습니다. 서로가 한동안 목이 메어 말을 못하고 있다가, 신창로 집사가 침묵을 깨고 입을 열었습니다.

"목사님! 저렇게 큰 태극기를 언제 준비하셨드랬습니까?"

"평생 간수하고 있었지. 내 생전에 오늘 같은 날이 찾아왔으니 이제 죽어도 소원이 없네."

그는 자나 깨나 '대한민국 만세!'를 마음껏 부르는 것이 소원이었는데 이제 목청을 높여 큰 소리로 만세를 불렀으니 한없이 기뻤던 것입니다. 그때 밤하늘 멀리서 뎅그렁뎅그렁 하는 종소리가 들려왔습니다.

실로 오랜만에 들어보는 천주교 성당의 종소리였습니다. 5년 전 서부교회의 김현준 목사와 성당의 신부가 나란히 내무서에 붙잡혀 간 일이 있었습니다. 그때 김현준 목사는 기지를 발휘하여 집에 가서 공민증을 가져오겠다고 핑계를 대고 빠져나와 그 길로 38선을 넘어 월남했고, 천주교 신부는 화장실 아래로 탈출하여 구사일생으로 월남하여 서울로 왔습니다. 그리고 서울 KBS방송국으로 가서 "저는 황해도 신천의 천주교회 신부입니다"하고 방송을 했습니다.

그 일로 인해 신천천주교회는 공산당의 탄압으로 교회문이 폐쇄되고 이날까지 성당의 종을 일체 울려보지 못하다가, 비로소 5년 만에 종을 치게 되었던 것입니다. 한국연예인협회 전정근 씨가 당시 이곳 천주교회 교인이었기 때문에 이 일에 대해 자세히 증언한 바 있습니다.

성당의 종소리가 우렁차게 들려오는 가운데 서부교회의 종탑에서도 한춘식이 신이 나서 종을 치기 시작했습니다. 시가를 가운데 두고 양편 교회에서 울리는 종소리가 온 신천 시가로 울려 퍼졌습니다. 반공익거에 참여하는 군중들도 이 종소리를 듣고 용기가 솟구쳐 올랐습니다.

이날 서부교회의 새벽기도회는 평소보다 많은 성도가 참석했습니다. 김익두 목사도 사택에서 겉옷과 속옷을 다 갈아입고 예배당으로 들어왔습니다. 평소에는 냉수마찰을 한 후에 대개 입던 옷을 그대로 입었는데 이날은 사모에게 새 옷과 새 내의를 가져오게 하여 깨끗이 갈아입었습니다. 아마도 그의 소천을 예견한 듯 마치 사전준비를 하는 것만 같았습니다.

이 무렵 필자는 신천농업고등학교 반공의거사건의 주인공으로 아오지 탄광에 끌려갔다가 간신히 살아서 돌아온 유영찬과 함께 인민군에 강제 징집되어 전선으로 끌려가다가 감시가 소홀한 틈을 타 죽기 살기로 탈출하여 수양산을 타고 나흘 만에 신천으로 돌아와 있을 때였습니다. 집을 떠나 끌려간 지 꼭 9일 만의 일이었습니다. 이때 김익두 목사는 목숨을 건져 돌아온 필자 한춘근을 교회유치원 다락에 이십 일 동안 숨겨주었다가 이제 반공의거가 일어나자 밖으로 나오게 했던 것입니다.

그날 밤, 필자는 밖으로 나오자마자 바로 의거본부로 향했습니다. 본부로 사용하고 있는 김순경 씨의 집은 대문이 활짝 열려있었고 어둠 속에서도 여러 사람이 분주하게 출입하고 있었습니다. 이미 공산당원, 노동당원들이 여러 명 잡혀 와있었습니다. 필자는 곧 그곳에서 20미터 정도 거리에 있는 의거대장 김봉선 씨의 집으로 가서 구월산과 신천 일대에서 대대적인 반공의거가 일어난 상황을 자세히 들은 후, 곧 교회로 돌아왔습니다. 필자의 집도 교회당 울타리 안에 같이 있었기 때문입니다.

모든 상황과 정세를 파악하게 된 필자 한춘근의 판단으로는 속히 김익두 목사를 도피시켜야 한다는 생각이 들었습니다. 왜냐하면 밤새 서부교회와 천주교회에서 종을 쳤기 때문에 인민군들의 최우선적인 공격목표가 될 것이라는 판단이 들었기 때문입니다. 분명히 인민군들로서는 밤새 치는 종소리를 반공의거의 신호로 간주했을 것입니다.

새벽 3시경.

불을 지르고 만세를 부르며 밤새도록 뛰어다니던 군중들이 새벽녘이 되자 모두 피곤해져서 집으로 돌아가고 마치 물이 빠져나간 듯 사방이 조용해졌습니다. 그날 따라 밖은 짙은 안개가 끼어 지척을 분간하지 못할 정도로 어둡고 희미했습니다.

"목사님!"

필자 한춘근이 대문을 열면서 김익두 목사를 부르자 그 시간까지 마당에 서서 생각에 잠겨 있던 김익두 목사가 선뜻 대답했습니다.

"봄뿌리!"

어둡고 안개가 자욱해 형체를 분간하기 어려운 가운데서도 그는 쉽게 목소리를 분별하여 춘근이라 부르지 않고 봄 춘(春)자와 뿌리 근(根)자를 풀어 봄뿌리라고 대답한 것입니다. 필자는 마음이 다급해서 그를 붙들다시피 하고 말했습니다.

"목사님! 얼른 다른 곳으로 피하시는 것이 좋겠습니다. 이제부터가 위험합니다. 아마 지금쯤 인민군들이 서부교회를 향해 오고 있을 텐데 그렇게 되면 아군과 인민군이 한바탕 총격전을 벌일 것입니다. 그리고 국군이 덕수국민학교까지 들어왔다고 하는 말도 아군이 일부러 퍼뜨린 말이랍니다. 인민군들이 의거본부를 향해 가다가 틀림없이 종소리가 난 서부교회로 방향을 바꿔 공격해 올 것 같습니다. 그러니까 오늘 새벽기도회는 미루시고 얼른 피하십시오."

필자는 불길한 예감이 들어 속히 그를 피신시켜야 한다는 생각으로 마음이 조마조마했습니다. 그러나 김익두 목사는 담담한 표정으로 조용히 대답했습니다.

"모든 것은 천명이니라. 죽음이 다가왔다면 그것을 피한다고 해서 피해지는 것이 아니다. 하나님의 뜻이 있을 때는 깨끗이 최후를 마쳐야 하는 것이야."

그러나 필자의 귀에는 아무 말도 들리지 않았고 다시금 떼를 쓰듯 만류했습니다.

"목사님! 아무튼 오늘만은 새벽기도회를 한번 쉬시고 일단 피하십시오. 반드시 그놈들이 덤벼들 것입니다."

"목사가 위험이 닥친다고 새벽기도회를 중지하면 되겠나?"

그는 엄숙하고 결연한 자세로 말했습니다. 그래도 필자는 물러설 수가 없어서 애원했습니다.

"하지만, 목사님! 아무래도 위험한데요. 그러시다가 그놈들에게 죽임을 당할는지도 몰라요!"

"예정대로 되는 게야! 가고 오는 것이 다 하나님의 뜻대로 되는 것이야. 내가 하나님의 은혜를 입고 세운 예배당에서 40년 만에 죽을 수 있다면 그야말로 영광이 아니겠느냐?"

필자는 김익두 목사의 조용하고도 결연한 말을 듣고 더 이상 만류하는 것이 무의미함을 깨달았습니다.

새벽 4시 반이 되자 사찰집사는 여느 때와 같이 새벽기도회를 알리는 초종(사람을 불러 모으기 위해 치는 종)을 쳤습니다. 안개가 가득한 신천 시가를 향해 종소리가 울려 퍼졌습니다. 참으로 이 종소리가 그가 마지막으로 듣는 조종(죽음을 애도하는 종)이 될 줄 누가 알았겠습니까!

김익두 목사는 새벽기도회의 종소리를 들으며 단상 아래서 조용히 눈을 감고 묵상기도를 하고 있었습니다. "죽음이 온다면 조용히 죽어야지…"라고 하는 것처럼 그의 표정은 이미 순교의 각오가 되어 있는 모습이었습니다. 교회 안은 무척 어두웠습니다. 반공의거의 성공을 위해 대원들이 신천 시가의 모든 전깃줄을 절단해버렸기 때문에 시가는 캄캄한 암흑이었습니다. 새벽기도회에는 희미한 촛불 아래서 약 60명의 남녀 성도들이 참석하고 있었습니다.

예배가 시작되고 김익두 목사는 하나님께로부터 받은 사명 가운데 마지막이 될 설교를 시작했습니다. 최후를 예견한 듯 그의 음성은 성령이 충만하여 힘에 넘쳐 있었습니다. 그의 나이 76세의 고령에도 불구하고 목소리는 조금도 기력이 쇠하지 않았고 설교는 영력이 넘치는 듯했습니다.

"여러분! 우리는 하나님께 감사해야 하겠습니다. 이제 하나님께서 우리의 기도를 들어 주신 것입니다. 일제 치하 36년간의 압제에서 우리를 해방시켜 주셨고 또 공산당의 마수에서도 우리를 해방시켜 주셨으니, 이제 우리에게 더 원이 없습니다. 그러므로 우리는,

첫째로, 언제나 감사로 영광을 돌립시다.

둘째로, 이제 곧 유엔군이 신천에 입성할 텐데 우리는 그들을 거족적으로(공동체가 전체적으로) 환영해야 하겠습니다. 목숨을 걸고 우리를 구해준 유엔군에게 충심으로 고마움을 표해야 할 것입니다. 더욱 유엔군 가운데 피부색이 검은 흑인도 섞여 있을 것인데 그들에게도 극진히 대해 주어야 할 것입니다.

셋째로, 우리 신천서부교회당을 동양에서 제일가는 큰 교회당으로 건축합시다. 교회 종소리가 40리 너머 재령까지 들리게 하고 신천 군내가 다 들리도록 큰 음악종을 울려퍼지게 합시다. 공산 치하에서는 마음대로 못했지만, 이제 자유를 얻으면 우리 마음대로 교회를 지읍시다."

그는 희망이 넘치는 음성으로 역설했습니다. 당시 서부교회당은 40년 전 김익두 목사가 세운 건물이었습니다. 김현준 목사가 부임한 후 현대식 건물로 다시 건축하기로 공동의회에서 의결한 바 있었고

최초 설립자인 김익두 목사의 의사를 묻기 위해 당시 직전리교회에 시무하고 있던 김익두 목사에게 사람을 파송했던 일이 있었습니다. 그 후 김현준 목사가 월남한 뒤에는 김익두 목사를 청빙하여 오늘에 이르렀는데, 김현준 목사 때부터 모금한 건축헌금을 수년 동안 적립하여 이미 교회당 건축의 기공식이 임박해 있던 때였습니다. 김익두 목사의 설교가 이어지고 있었습니다.

"넷째로, 부탁할 말씀은 통일이 되면 국회에 건의할 사항이 있습니다. 우선, 5일 장을 폐지할 것을 건의합시다. 주일날 장이 서면 주일을 범하는 교인이 많이 생기므로 5일 장을 폐지하고 주일날 전국적으로 쉬도록 국회의 결의를 촉구합시다.

다섯째, 술, 담배 없는 나라를 만들도록 국회에 건의합시다.

여섯째, 국민학교부터 중고등학교, 대학교까지 수업 시간표에 꼭 성경 과목을 넣어 배우도록 건의합시다.

일곱째, 기독교를 국교로 하는 나라가 되도록 기도합시다.

여덟째, 반공을 헌법에 명기해야 합니다. 공산주의란 비단보에 똥을 싸놓은 것과 같은 것입니다. 그러므로 절대로 속아서는 안 됩니다. 그들이 허울 좋은 위장을 하고 있으나 그것이 전부 속임수라는 것을 알아야 합니다. 공산당들이 20개 정강을 내세우고 있지만 이론과 현실은 다른 것입니다. 그러니까 공산주의는 속이는 사기꾼이요 거짓말쟁이입니다."

김익두 목사는 이날뿐만 아니라 5년 동안을 공산주의는 비단보에 똥을 싸놓은 것과 같다고 누차(여러 차례) 강조했으며, "여기는 공산당에 고자질할 사람이 없을 테니까…"하면서 회중들을 웃기곤 했습니다.

김익두 목사가 여기까지 말하고 설교를 마치려고 할 즈음, 밖에서는 자욱한 안개를 헤치고 인민군 아홉 명이 바짝 자세를 낮추고 예배당 앞쪽과 뒤쪽에서 다가오고 있었습니다. 몇 명이 교회 안을 살핀 뒤

계단을 올라왔는데 이들 모두가 총기로 무장하고 서부교회당을 완전히 포위하고 있었습니다. 정복 차림을 한 인민군 두 명이 정문 앞에 서고 한 명은 계단에서 주위를 경계하면서 나머지 여섯 명은 교회당 출입구와 후문, 건물 옆 찬양대 창문 쪽에서 일시에 총구를 들이밀고 쳐들어왔습니다. 불의의 침입으로 예배 중이던 성도들이 소스라치게 놀랐습니다.

"앗! 인민군이?"

그 순간 인민군들이 일제히 총부리를 겨누며 소리쳤습니다.

"손 들엇!"

깜짝 놀란 성도들이 소리 나는 쪽으로 시선을 돌리는 순간 "탕!"하는 총소리가 나면서 앞자리에 앉아있던 임성근 장로가 총을 맞고 그대로 쓰러졌습니다. 인민군 한 명이 찬양대 옆 창문에서 아식총을 겨누고 김익두 목사를 향해 발사했는데 강대상 하단에 서 있던 김익두 목사 앞으로 총알이 스치면서 제일 앞 좌석에 앉아있던 임성근 장로의 머리를 관통하여 즉사시키고 말았던 것입니다.

돌발적인 사태로 혼비백산한 60여 명의 성도들이 제각기 사방으로 흩어지며 몸을 피했습니다. 몸이 빠른 남자들은 창문으로 뛰쳐나갔고 여자들은 마땅히 몸 숨길 곳을 찾지 못해 우왕좌왕 뛰어다녔습니다. 천명을 수용할 수 있는 큰 예배당이 삽시간에 혼란에 빠지고 말았습니다. 필자 한춘근의 부친 한개석 집사는 창문을 뛰쳐나가 꽃밭 가시철망을 단숨에 건너뛰어 돌계단을 내려가서 교회 옆집 나무를 타고 그 집 뒷마당에 떨어져 창고에 몸을 숨기고 종일 숨어있었습니다. 월남 후에 장로가 된 한개석 집사는 청년 시절 유도로 몸이 단련된 덕분에 날쌔게 몸을 피할 수가 있었습니다.

예배당 안은 완전히 공포의 도가니였습니다. 안으로 들어선 인민군들이 성도들을 한쪽으로 몰아세우고 두 손을 뒷짐 지운 채 고개를 들지 못하게 했습니다. 성도 삼십 명 정도는 부리나케 몸을 피해 다행히화를 면했고, 남은 성도들은 붙들려서 인민군들이 시키는 대로 할 수밖에 없었습니다. 임성근 장로의 몸에서 흘러내린 피가 교회 마룻바닥을 붉게 물들이고 있었습니다.

한춘근과 김홍선

필자 한춘근은 예배당 뒤편 마루에 앉아있었고 뒤에는 김홍선(당시 24세)이라는 낯선 성도가 앉아있었습니다. 그는 돌발 사태가 일어나자 제일 먼저 문을 박차고 뛰어나갔는데 불행히도 밖에서 대기하고 있던 인민군들이 소련제 아식총 끝에 꽂은 대검으로 그의 가슴을 사정없이 찔렀습니다. 선혈이 분수처럼 솟구치며 그는 몸을 가누지 못하고 쓰러졌습니다. 인민군 한 명이 쓰러진 김홍선의 가슴을 밟고 대검을 뽑았습니다.

그 순간 필자 한춘근은 문을 열고 막 밖으로 나가려다가 그 광경을 목격하고 얼른 안으로 되돌아들어가 신발장 뒤로 몸을 숨겼습니다. 정말 아차! 하는 순간에 바라본 장면이었기에 필자는 생명을 건질 수 있었습니다. 만약 김홍선의 뒤를 따라 나갔다면 여지없이 인민군들에게 죽임을 당했을 것입니다.

김홍선은 그날 처음으로 신천서부교회의 새벽기도회에 참석한 청년이었습니다. 그가 누구인지 그 당시에는 몰랐는데 30년이 지난 후 1980년에 그의 신분을 확인할 수 있었습니다. 그는 황해도 신천군 노월면 성미촌교회 집사로 당시 김인석 조사가 시무하고 있던 교회에 다니고 있었습니다. 인민군 동원통지서를 받고 신천에 있는 외삼촌 집으로 도피하여 숨어 지내다가 신천반공의거를 만나게 되었고 이날 신천서부교회의 새벽기도회에 참석했다가 애석하게 죽임을 당한 것입니다. 그는 결혼한 지 불과 몇 달도 되지 않는 새신랑이었습니다. 아마도 그의 유복자가 태어나 지금 북한에 생존해 있을지도 모를 일입니다.

필자 한춘근은 그날 새벽 김홍선이 없었더라면 분명히 죽었을 것입니다. 만일 김익두 목사가 순교한 그 현장에서 함께 죽었다면 오늘날 김익두 목사의 순교 현장을 증거하지도 못했을 뿐만 아니라 그의 전기도 쓰지 못했을 것입니다. 그랬다면 김익두 목사의 순교와 그의 복음 사역의 일화들은 진실이 가려진 채 영원히 사람들의 기억 속에서 사라지고 말았을 것입니다.

한춘삼의 구사일생

필자의 동생인 한춘삼도 함께 밖으로 나가려다가 인민군이 김홍선의 가슴에서 대검을 뽑는 것을 보고 후다닥 뒤로 물러나 예배당 창문을 뛰어넘어 도망쳤습니다. 그러나 예배당 꽃밭을 뛰어넘는 순간 탕! 하는 총소리와 함께 총탄을 맞고 땅에 쓰러지고 말았습니다. 김홍선을 찔렀던 인민군이 한춘삼을 발견하고 총을 쏘았는데 탄환이 그의 손과 다리를 관통하여 피를 쏟으며 쓰러진 것입니다.

불과 10미터도 안 되는 거리에서 아식총을 발사했기 때문에 큰 상처를 내어 출혈이 심했습니다. 그러나 그는 이를 악물고 고통을 참으며 죽은 듯이 엎드려 있었습니다. 인민군 한 명이 그에게 다가와 피투성이가 된 채 꼼짝도 하지 않고 쓰러져 있는 그의 몸을 총개머리로 툭툭 쳐 생사 확인을 했습니다. 죽은 듯이 엎드려 미동도 하지 않으니까 그제야 "죽었구먼!" 하고 한마디 내뱉고 예배당 안으로 들어가 버렸습니다. 한춘삼은 현재 서울 상계동에 살고 있는데 지금도 왼손가락

세 개를 쓰지 못하고 있습니다.

이천실과 신창로

한태선 집사의 부인 이천실 집사는 예배덩에서 뛰어나의 우물 쪽으로 정신없이 달아났는데 그때 인민군이 그녀를 발견하고 "서랏!"하고 소리치면서 총을 쏘았습니다. 탄환이 이천실 집사의 등을 관통하여 그 자리에서 비명을 지르며 쓰러지고 말았습니다. 거의 동시에 이천실 집사를 앞질러 가던 필자의 모친 신창로 집사는 그 순간 돌부리에 발이 걸려 넘어지는 바람에 총알이 머리 위를 스치고 지나가 위기일발의 순간에 생명을 건졌습니다. 이천실 집사의 딸 한경덕과 은경은 현재 영등포에 살고 있습니다.

김익두 목사의 순교 현장

예배당 안은 인민군의 난입으로 순식간에 혼란에 빠지고 말았습니다. 그러나 김익두 목사는 조금도 동요하지 않고 눈을 감고 묵상기도를 하는 듯 의연한 모습 그대로였습니다. 미처 피신하지 못한 성도들이 겁에 질려 한쪽 구석으로 몰려서서 겁에 질려 떨고 있을 때 총을 든 인민군들이 김익두 목사에게 총구를 들이대고 소리를 질렀습니다.

"네가 목사냐?"

그러자 김익두 목사는 조금도 두려워하는 빛이 없이 태연하게 그들을 바라보며 말했습니다.

"여기가 어딘 줄 알고 총칼을 들고 들어왔나?"

인민군들은 일순간 그의 위엄 있는 태도와 음성에 압도되어 잠시 아무 말도 하지 못하고 주춤거렸습니다. 한쪽 구석에서 겁에 질려 떨고 있던 성도들이 이 모습을 보고 "주여! 주여!" 하면서 마음을 졸였습니다. 그러나 주춤했던 인민군들이 곧 자기들의 무력을 믿고 그에게 다가가서 아식총 끝에 장착한 대검으로 가슴을 쿡쿡 찌르며 소리를 질렀습니다.

"뭐야? 이 반동 새끼야!"

"무례하다! 창끝을 치워라. 어디에다 함부로 총을 대느냐?"

김익두 목사는 전혀 두려워하는 빛이 없었습니다. 오직 하나님만을 두려워하는 그가 사람을 두려워할 리가 만무했습니다. 이 광경을 보는 성도들도 그의 담대하고 경건한 모습에 큰 감동을 받았고, 신발장 뒤에 숨어 숨죽이며 이 광경을 지켜보던 필자 한춘근도 평생 잊지 못할 감동을 받았습니다. 그때 인민군 한 명이 뛰어 들어오며 소리쳤습니다.

"김익두가 누구야?"

"이 새끼다. 이 새끼가 김익두야!"

총을 들이대고 있던 인민군이 손가락질을 하면서 대답했습니다.

"이 늙은이가 김익두야?"

인민군들이 김익두 목사의 근엄한 얼굴에 총을 겨누며 말했습니다.

"그렇다. 내가 김익두다!"

그는 조금도 두려운 마음이 없이 담대하게 대답했습니다. 무릎을 꿇려 공포에 떨고 있던 성도들이 새파랗게 질린 얼굴로 하나님께 부르짖었습니다.

"하나님! 도와주소서!"

"주여! 살려주소서!"

그때 인민군 분대장인 듯한 자가 예배당 안으로 들어오더니 김익두 목사를 향해 윽박질렀습니다.

"공산주의가 비단보에 똥 싼 거라고?"

화가 치민 듯 살기 등등하여 힐난하자 김익두 목사가 태연히 대답했습니다.

"그렇다! 그것이 바로 공산주의다."

"뭐라고? 이 반동 간나새끼!"

이때 김익두 목사는 이미 순교를 각오한 듯 그의 얼굴은 평상시와 다름없이 평온했고 하고 싶은 말을 거침없이 하고 있었습니다.

"공산주의란 허울 좋은 개살구(겉은 먹음직하나 맛이 시고 떫은 과일)야!"

"뭐야? 개살구?"

"그렇다. 전부 새빨간 거짓말이다."

"아니? 이 늙은이가 죽으려고 환장을 했나?"

"당신들도 공산주의에 속지 말고 예수를 믿으시오!"

절박한 생명의 위협 속에도 그는 예수를 믿으라고 전도했습니다. 그러나 그 말에 화가 치민 인민군 한 명이 총 개머리판으로 그의 가슴팍을 사정없이 내리쳤습니다. 그는 노령의 몸을 지탱하지 못하고 주저앉았습니다. 뒤에 서 있던 인민군도 총개머리로 주저앉은 그의 어깨를 향해 힘껏 내리찍었습니다. "윽!" 하는 신음소리와 함께 그의 몸이 앞으로 거꾸러졌습니다. 한쪽 구석에 몰려 겁에 질려 있던 성도들이 이 광경을 보고 "목사님!"하고 울부짖었습니다. 화가 난 인민군 두 명이 울고 있는 여성도들의 몸을 총머리를 들어 사정없이 후려치며 욕설을 퍼부었습니다.

"두 손을 머리 뒤로 얹어!"

여성도들이 벌벌 떨면서 모두 두 손을 머리 뒤에 얹고 고개를 수그렸습니다. 인민군들은 여성도들의 연약한 몸을 사정두지 않고 마구 때리고 발길로 걷어차며 욕설을 퍼부었습니다. 여성도들이 비명을 지르면서 쓰러졌습니다. 네 명의 인민군들이 살기 등등하게 김익두 목사 주위를 둘러싸고 있었습니다.

인민군들이 전투태세를 갖추고 군당 본부에서 출동할 때는 서부교회의 새벽 종소리를 듣고 새벽기도회에 모인 사람들을 모두 체포해 오라는 명령을 받고 왔는데, 예배당 안의 동정을 살피고 있을 때 마침 김익두 목사의 설교 중에 공산주의가 비단보에 싼 똥이라는 말에 격분하여 살기를 폭발시켰던 것입니다. 조용히 죽음을 기다리던 김익두 목사가 감고 있던 눈을 뜨면서 그들에게 말했습니다.

"예수 믿고 천당 가시오!"

"예수? 너 같은 늙은이나 잘 믿으라우. 김 목사! 당신은 죽어도 억울하지는 않을 거이야. 예수처럼 부활할 테니끼니."

광기가 서린 인민군들이 저마다 한마디씩 조롱하고 욕설을 퍼부었습니다.

"이 영감태기, 정말 천당 가는지, 어디 한번 천당으로 보내보자."

"예수를 믿지 않으면 어느 개인이나 나라를 막론하고 결국은 다 망합니다."

"그러고 보니끼니 영감이 우리 인민군 멸망하기를 빌었구만 기래."

인민군들은 예수를 믿지 않으면 모두 망한다는 말이 자기들을 저주하는 소리로 들었는지 격분하여 이를 악물었습니다. 김익두 목사는 최후의 순간을 목전에 두고도 생명을 위협하는 원수들에게 천국의 복음을 전하려고 마지막까지 사명을 다했습니다. 필자 한춘근은 그의 위대하고 숭고한 복음의 정신을 똑똑히 지켜보았습니다. 최후의 순간에도 복음을 전하던 그의 거룩한 순교의 모습을!

마침내 인민군 분대장이 소리치며 명령을 내렸습니다.

"찔럿!"

김익두 목사의 뒤편에 있던 인민군이 총 끝에 장착한 날카로운 대검으로 그의 등을 힘껏 찔렀습니다. 윽! 하는 비명과 함께 붉은 피가 분수처럼 솟구치며 사방으로 튀었습니다. 그러자 앞에 서 있던 자가 또 총검을 들어 그의 앞가슴을 향해 찔렀습니다. 처절한 신음소리와 함께 앞가슴에서 핏줄기가 솟아올랐습니다. 고통을 이기지 못한 김익두 목사는 의자에서 떨어지면서 혼신의 힘을 다해 무릎을 꿇었습니다. 그리고 최후의 기력을 다해 하나님께 기도했습니다.

"주여! 저들이 아무것도 모르오니 저들을 용서하소서."

그는 앞으로 쓰러지기 전에 하늘을 우러러 두 손을 모으고 하나님을 불렀습니다.

"하나님이시여! 내 영혼을… 받아… 주소서."

그는 처절한 고통 속에서도 오직 하나님만을 외치며 기도했습니다. 그러나 잔인무도한 인민군들은 최후를 눈앞에 두고 있는 그를 향해 다시금 총검을 들어 등을 힘껏 찔렀습니다. 거의 동시에 앞에 있던 인민군도 그의 가슴을 예리한 대검으로 사정없이 찔렀습니다. 피투성이가 된 그의 몸에서는 선혈이 분수처럼 솟구치면서 차마 눈 뜨고 볼 수 없는 참혹한 모습이 되어 강대상 앞으로 쓰러졌습니다. 흘러내리는 피가 예배당 마루바닥을 붉게 물들이고 있었습니다. 김익두 목사는 전신의 기력을 다해 숨을 모으고 가까스로 하늘을 향해 최후의 말을 외쳤습니다.

"주여!"

장렬한 최후의 모습이었습니다.

한국 교회사 100년의 역사 속에 우뚝 선 거목으로서 민족의 복음화를 위해 분골쇄신하고 하나님의 종으로서 일생을 헌신하며 오직 하나님의 영광과 영혼의 구원을 위해 종신토록(목숨이 다할 때까지) 몸 바쳤던 김익두 목사는 그가 평생을 통해 사랑했던 신천서부교회에서 생애를 마쳤습니다. 그의 죽음은 마치 사도행전에 나오는 스데반과 같이 거룩한 순교를 함으로써 복음 사역의 대미를 장식했습니다. 1910년 혼신의 힘을 다해 신천서부교회당을 설립했고, 그 후 서부교회당을 떠나 서울 남대문교회, 승동교회, 직전리교회를 거쳐 40년 만에 다시 본 교회에 부임하여 5년간 시무하다가 새벽기도회 중에 순교의 잔을 마시고 하나님의 품에 안긴 것입니다.

회심한 이후, 그의 일생은 실로 복음을 떠나서는 설명할 수 없는 믿음의 생애였고 또한 신실한 그리스도의 종으로서의 일생이었습니다. 임종 현장마저도 복음의 사역자답게 예배당을 선택하여 설교강단에서 복음을 전하다가 죽었으니, 참으로 귀하고 복된 죽음이 아닐 수 없습니다. 그는 이북5도의 밀알로 썩어져 순교했고 하나님을 대적하는 무신론자들과 싸우다가 순교한 것이며 공산주의자들에 의해 피살되어 거룩한 최후를 마친 것입니다.

그가 숨을 거둔 후, 인민군들은 그의 죽음을 확인하고 예배당 안에 갇혀 있던 성도들을 겁박하여 모두 인민군 군당 본부로 연행했습니다. 불행 중 다행한 것은 만일 그날의 비극적인 현장에 인민군들이 따발총을 가지고 왔었더라면 아마도 더 많은 희생자가 나왔을 텐데 그날 예배당에 난입한 인민군 아홉 명 중에는 아무도 따발총을 가진 자가 없었던 것이 그나마 희생자를 덜 내게 된 동기가 되었던 것 같습니다.

이윽고 예배당 안이 텅 비고 음산한 적막이 감돌았습니다. 사방이 조용해지고 언제 그런 소동이 있었는가 싶게 인적이 끊어진 고요함이 흐르고 있었습니다. 그때야 필자 한춘근은 숨죽이고 숨어 있던 신발장 뒤에서 나와 쏟아지는 눈물을 손등으로 닦으며 김익두 목사가 누워있는 곳으로 다가갔습니다. 그리고 그의 시신을 붙들고 통곡했습니다. 온몸은 피투성이가 되었지만 얼굴은 마치 하얗게 분칠을 한 듯 부드러웠고 금방 잠든 사람마냥 평온했습니다. 필자는 자신도 모르게 "목사님…" 하고 불러보았습니다. 금방 깨어 일어날 것만 같이 막 잠든 사람의 모습을 하고 있었기 때문입니다. 그러나 그의 영혼은 이미 육신의 장막을 벗고 그의 본향인 천성으로 올라갔습니다.

필자 한춘근은 눈물을 흘리며 예배당을 나와 집으로 돌아갔습니다. 마음속에는 난생처음 겪는 거룩한 충격과 김익두 목사의 장렬한 순교의 감동으로 가득 차 있었습니다. 그의 죽음은 진실로 자신의 십자가를 지고 예수 그리스도를 쫓은 믿음의 산 제사였습니다.

"주여!" 하고 숨져간 그의 마지막 음성은 지금도 생생한 여운으로 남아 평생토록 지워지지 않는 기억으로 남아있습니다.

영결식

서부교회의 새벽기도회에서 희생된 사람들은 김익두 목사와 임성근 장로, 이천실 집사, 김홍선 집사 네 사람이었습니다.

당시는 전쟁 상황이었기 때문에 죽임당한 지 나흘이 지나도록 장례를 치를 수가 없어 시신이 그대로 방치되어 있었습니다. 한참 전쟁이 치열하여 밀고 밀리는 공방전 가운데 있었기 때문에 산 사람의 생명도 부지하기 힘든 때여서 장례를 치를 엄두도 내지 못했기 때문입니다.

김익두 목사가 순교를 당하던 그날, 새벽기도회에 참석했다가 인민군들에 의해 노동당 군당 본부까지 강제로 끌려갔던 한태선 집사는 공산당원들의 감시가 소홀한 틈을 타 2층에서 뛰어내려 탈출했습니다. 죽기 살기로 도망치는 그를 향해 인민군들이 총을 쏘며 추격했지만 하나님의 도우심으로 용케 추격을 따돌리고 탈출에 성공했습니다. 안악목으로 도망쳐 진종일 숨죽이고 숨어 있다가 밤이 돼서야 서부교회로 되돌아올 수 있었습니다. 아내인 이천실 집사의 시신이 예배당 뜰에 뉘여있는 것을 보고도 도무지 어찌해 볼 도리가 없어서 눈물만 흘리다가 집으로 돌아오고 말았습니다. 당시의 긴박한 상황으로는 어쩔 수 없었던 일이었습니다.

10월 13일 신천반공의거가 발발한 때로부터 유엔군 선발대가 10월 18일 입성하기까지는 5일간이었으나, 생사를 예측할 수 없던 그

때는 5일이 마치 5년이 지나가는 것처럼 길기만 했습니다. 그 5일 동안은 반공의거대와 인민군들과의 전투가 치열하게 계속되었고 언제 어디서 인민군들의 대규모 공격이 가해질지 전혀 예측할 수 없던 나날들이었습니다. 길거리, 골목마다 피아(彼我)를 구분할 수 없는 시체들이 아무렇게나 뒹굴고 있었고 사람들은 생명의 존엄성이나 인권, 도덕심 등을 생각할 만한 겨를이 없었습니다. 공포와 생사의 갈림길에서 모두의 마음속에는 다만 '내가 어떻게 하면 살 수 있는가?' 하는 생각과 '언제 국군이 들어올 것인가?'하는 것만이 최대의 관심사였습니다.

사람들은 경황없이 쫓겨 다니다가 나흘이 경과한 뒤에야 김익두 목사와 세 명의 시신을 예배당 뒤뜰에 일단 가매장할 수 있었습니다.

신천 시민들은 유엔군 수송기가 유엔군의 입성을 알리는 노란 봉투를 떨어뜨리고 간 후부터는 조금씩 마음이 진정되기 시작했습니다. 그동안은 거의 3~4일 간을 잠을 자지 못해서 심신이 모두 피곤할 대로 피곤해져 있었습니다. 잠이란 참 야속해서 총탄이 비 오듯 오가는 전투 중에도 깜박 졸기도 하고 때로는 탄환이 머리 위를 스쳐 지나가도 잠에 빠져있을 때가 있습니다.

국군과 유엔군이 신천에 입성하고 난 후 신천서부교회의 온 성도들은 공동의회를 열어 김익두 목사의 장례 일자를 11월 29일로 결정하고 분주하게 장례 준비를 시작했습니다. 임성근 장로, 이천실 집사, 김흥선 집사의 장례는 11월 14일에 장재동교회와 합동으로 거행했습니다. 온 성도들이 11월 29일을 앞두고 절차와 장례 준비에 정성을 다했습니다. 청년들은 상여에 씌울 흰 꽃을 만드느라고 밤을 새우기도 했습니다.

그때 영결식 순서를 담당한 사람은 다음과 같습니다.

집례 전재선 목사

상주 김정묵 목사
약사 한태선 집사
찬양 서부교회 성가대

　11월 29일 장례식 날이 되자 김익두 목사를 애도하는 문상객들이 이른 아침부터 구름같이 모여들었습니다. 신재령, 송화를 비롯하여 황해도 일대의 원근 각처에서 수많은 사람들이 줄을 이어 신천서부교회를 찾아왔습니다. 인산인해라고 표현해야 할 만큼 많은 조문객들이 찾아왔기 때문에 예배당 안은 일찌감치 만당이 되어버렸고 2천 평이 넘는 예배당 앞 넓은 마당이 발 디딜 틈 없이 사람들로 메워졌습니다.
　그는 살아서도 가는 곳마다 인산인해를 이루더니 죽어서도 인산인해로 장관을 이루어 과연 그의 발자취가 범상치 않음을 넉넉히 보여주고 있었습니다. 생전에 그가 부흥집회를 할 때처럼 구름같은 인파가 모여들어 전쟁의 황폐한 상황을 무색하게 했습니다. 제시간에 도착하지 못한 조문객들은 예배당 앞 큰 길가에 즐비하게 늘어서서 영결식이 끝나기만을 기다리고 있었습니다. 모든 이들의 존경과 사랑을 한 몸에 받았던 고(故) 김익두 목사의 영결식은 슬픔과 애도 가운데 진행되었습니다. 영적 지도자를 잃은 애통함과 통한으로 모두 텅 빈 가슴을 안고 눈물을 흘리며 울고 있었습니다. 그에게는 아무런 수식어도 필요하지 않았습니다. 다만 그를 애도하는 구름 같은 인파가 눈물로 진실을 말하며 그의 일생을 증언하고 있었습니다. 그가 얼마나 진실하고 성실한 하나님의 종이었는지 모두가 너무나 잘 알고 있었습니다. 예수 그리스도의 신실한 종으로 오직 성령에 의지하여 목회 사역을 감당했던 그였기에 그는 사람들을 끌어들이는 자력이 있었습니다. 그러므로 그는 죽은 뒤에도 진리를 갈망하는 하나님의 사람들에게 나타나 그들을 영결식장으로 모은 것입니다.
　강단 하단에 김익두 목사의 영구(靈柩)를 안치하고 영결식은 경건하고 장엄한 분위기 속에서 진행되었습니다. 순서가 진행될 때마다 이곳저곳에서 흐느끼는 소리와 탄식하는 소리가 더욱 장내를 비통하게 만들었습니다.

"후일에 생명 그칠 때 여전히 찬송 못하나
성부의 집에 깰 때에 내 기쁨 한량 없겠네."

목메인 찬송가가 하늘을 향해 울려 퍼졌습니다. 상주인 김정묵 목사가 상여를 붙들고 오열하며 눈물을 흘려 모든 이들이 함께 울었습니다.

"양떼를 버리고 혼자 도망할 수 없다고 하시더니, 이제 자유가 왔는데 왜 가시고 말았습니까? 이제 통일의 새 아침이 찾아왔는데 어찌하여 목사님은 먼저 가셨습니까! 이승만 형님을 만나보시겠다고 입버릇처럼 외시던 형님이 어찌 먼저 가신단 말입니까? 형님! 대답해 주시오!"

김정묵 목사는 평소에도 언제나 김익두 목사를 형님이라고 불렀습니다. 김정묵 목사가 울면서 말한 대로, 김익두 목사는 얼마든지 자기 한목숨 구하기 위해 피신할 수 있는 조건과 기회가 있었지만 홀로 살기 위해서 주님의 양 떼를 버리고 생명을 구하기를 거부했습니다. 하나님의 교회를 지키기 위해 끝까지 자리를 지켜 예배를 인도하다가 마침내 순교의 잔을 마신 참된 목자였습니다.

신천이 생긴 이래로 그와 같은 장례식이 없었습니다. 신천 시가가 철시하여 슬픔에 잠겼고 믿지 않는 사람들도 꼭같이 상주가 되어 함께 슬픔을 나누었으니, 과연 그는 교회만의 목사가 아니라 모든 사람들의 목사였습니다. 그의 영구가 신천서부교회를 떠날 때는 그의 손으로 세웠던 정든 건물을 뒤로 하고 흰꽃으로 덮인 관이 성도들의 어깨에 메어져 한발 한발 계단을 따라 내려갔습니다. 400명의 호상들이 두 줄로 나뉘어 영구의 앞과 뒤를 100명씩 열을 지어 따라갔습니다. 흰 광목천을 두 줄로 연결해 상여와 동행했고 그 호상 앞에는 수백 개의 조기가 앞길을 인도했습니다. 맨 앞에서 악대가 열을 지어 걸어가고 뒤로 상주와 상객들이 뒤를 따랐습니다. 행렬이 얼마나 길었는지 앞과 뒤가 서로 보이지 않았고 신천 시가의 길이 사람들로 꽉 메워져 있었습니다.

마지막 떠나는 김익두 목사를 전송하려고 거리마다 뛰쳐나온 사람들이 그들 앞으로 영구가 지날 때 모두 고개를 숙여 경의를 표했습니다. 믿는 사람이나 믿지 않는 사람이나 모두 존경했던 신천의 정신적 지도자였기 때문이었습니다. 무장한 반공의거대원들도 총을 땅에 세우고 묵념했습니다. 일본 사람들이 예수는 믿지 않아도 가가와 도요히꼬는 존경했던 것 같이, 신천의 모든 사람들이 그를 존경했습니다. 그것은 김익두 목사의 인격에 대한 살아있는 증거라고 말할 수 있었습니다. 성도들은 찬송가를 부르며 뒤를 따랐습니다.

"천사 날 부르니 늘 찬송하면서

주께 더 나가기 원합니다."

약 30명의 악대가 북을 치고 나팔을 불며 행진해 갔습니다. 김인순이 부는 트럼펫 소리가 듣는 이의 마음을 더욱 애절하게 만들었습니다. 김익두 목사의 상여는 신천 시가의 대로를 통과해 그의 고향 안악목을 향했습니다. 안악목을 넘어 내리막길을 내려가다가 그곳에서 왼쪽 밭길로 들어서서 경사진 언덕을 올라가 물이 흘러내리는 골짜기를 지나 나지막한 언덕에 도착했습니다.

언덕 기슭에 자리잡은 묘소는 양지바른 아늑한 곳으로 보기에 참 좋았습니다. 하관예배를 마치고 삽으로 고운 흙을 떠 무덤을 메웠습니다. 그의 장례식은 이렇게 하여 모두 끝마쳤습니다. 하나님께서는 놀라우신 은혜로 그의 장례식을 온전히 주관하셨습니다.

11월 29일에 장례식을 마치자 곧이어 엄청난 병력의 중공군 침입으로 모든 신천 시민들이 피난길에 올라야 했습니다. 장례식을 마친 5일 후인 12월 4일이었습니다. 서울이 1월 4일에 후퇴했기 때문에

1·4후퇴 라고 명명되었지만 신천으로서는 12월 4일에 짐을 꾸려 모두 피난길에 나섰던 것입니다. 만일 11월 29일에 장례식을 치르지 못했다면 장례식은 40여 년이 지난 오늘날까지 영영 치르지 못하고 말았을 것이니, 참으로 하나님의 은혜가 아니고 무엇이겠습니까! 하나님께서 사랑하시는 종이었기에 때를 따라 돕는 은혜를 주셔서 장례식도 적시에 맞춰 끝마치게 하시고 또 77세에 순교의 면류관을 씌우시고 그를 부르셨으니, 일생을 주님의 종으로 살아간 김익두 목사에게 베푸신 영육간의 상급이 아니고 무엇이겠습니까!

제 4 부

그가 남긴 일화들

김익두 목사는 믿음의 영웅답게 일생에 수많은 일화를 남겼습니다. 아마 목회자 중에 김익두 목사만큼 갖가지 일화를 남긴 분도 그리 많지 않을 것입니다. 그의 말과 행적은 영적 교훈을 주는 일화들로 가득하며, 그의 생애는 한 편의 드라마와 같이 큰 감동을 던져줍니다. 필자 한춘근은 신천서부교회의 한 울타리 안에서 김익두 목사와 함께 생활했기 때문에 그의 일화들에 대해서 가감 없이 증언할 수 있습니다. 5년 동안 그분에게서 직접 들은 이야기나 목격한 일 가운데 기억나는 일 몇 가지를 엮어 기록하였습니다.

아버지여 아프지 않게 해 주소서

김익두 목사가 승동교회의 담임목사로 시무하고 있을 때의 일입니다. 모든 교회가 신사참배 거부로 일제로부터 수난을 당하고 있을 때, 김익두 목사도 종로경찰서에 연행되어 취조를 받게 되었습니다.

종로경찰서장이 직접 그를 취조했습니다.

"김 목사는 예배 때 신사참배를 하지 말도록 설교했다고 하는데 그 것이 사실입니까?"

"사실입니다."

김익두 목사가 서슴없이 대답하자 서장이 언성을 높였습니다.

"왜 천황폐하의 명을 어기고 신사참배를 거부하는 것입니까?"

"성경에 나 외에 다른 신을 섬기지 말라 하였으니 우상죄를 범할 수 없습니다."

"황국신민된 도리로 폐하의 명령을 어기면 어떻게 되는지 모르오?"

"천황의 명을 어기려는 것이 아니라 하나님의 명령을 지키려는 것 이외다."

"앞으로는 솔선수범하여 신사참배를 하도록 하시오."

"못합니다."

김익두 목사가 신사참배를 단호히 거부하자 경찰서장은 설득으로 는 불가능하다고 판단했는지 부하에게 눈짓했습니다. 그때부터 그는 모진 고문에 시달렸습니다. 목검을 가지고 뒷잔등을 마구 후려치고 발로 사정없이 걷어차고 짓밟다가 또 목검으로 내려치기를 수없이 했 습니다. 때로는 쇠망치로 몸을 때리기도 해서 김익두 목사는 너무 아 파서 도저히 견딜 수가 없었습니다. 그러나 이를 악물고 견뎠습니다.

"이러다가 내가 고문에 못 견뎌 굴복하면 어떻게 하나?"

그는 모진 고통과 싸우면서도 '혹시 고문을 못 이겨 실언하면 어떻 게 하나?' 염려했습니다. 그래서 하나님께 간절히 기도했습니다. 목 숨을 살려달라는 기도가 아니라 믿음을 굽힐까 염려되어 마음을 잘 지켜달라는 기도였습니다.

"주여! 고문을 못 이겨 실족할까 두렵사오니 종의 몸이 아프지 않게 해주소서."

그의 기도가 얼마나 간절했던지 그때부터는 아무리 맞아도 아픔을 느끼지 못했습니다. 신기한 일이었습니다. 몸에 몽둥이가 닿을 때마다 '퍽! 퍽!'하는 둔탁한 소리가 났지만 전혀 고통을 느끼지 못했습니다. 마치 목석처럼 가만히 앉아서 신음 소리 한번 내지 않고 맞기만 하니, 오히려 고문하던 경찰서장과 그의 부하들이 의아해하며 고개를 갸웃거렸습니다.

"이거 이상하다. 쇠막대기로 때리는데도 끄떡도 하지 않으니 이거 어떻게 된 거야? 지독한 놈이다."

아무리 심한 매질을 하고 고문을 가해도 전혀 아파하지 않으니까, 일경들이 지독한 놈이라고 욕을 퍼부었습니다. 처음에는 의아하게 생각하고 대수롭지 않게 생각했다가 나중에는 무언가 겁이 덜컥 나서 그만 몽둥이를 내던지고 나가버리고 말았습니다. 그러나 고문은 그 다음 날도 계속되었습니다. 모질게 때리면서 굴복을 강요했습니다.

"아니? 이래도 신사참배를 거부하겠나?"

"죽는 한이 있더라도 우상에게 절할 수는 없소이다."

단호하게 거부하는 말에 악에 받친 일경들이 참대나무를 깎아 만든 뾰족한 표창으로 손톱 사이를 마구 찔렀습니다. 그는 '으악!' 하고 자기도 모르게 비명을 질렀습니다. 그러나 잔인한 일경들이 고문을 멈추지 않고 이번에는 물에 고춧가루를 타서 목을 강제로 젖히고 코에 부어 넣었습니다. 얼마나 혹독한 고통이었던지 그는 그만 견디지 못하고 기절하고 말았습니다. 얼마 동안 정신을 차리지 못하고 쓰러져 있으니까 일경들이 양동이에 찬물을 담아와 그의 몸에 쫙 부었습니다. 기절했던 몸이 부르르 경련을 일으키며 간신히 눈을 떴습니다. 정신이 가물가물했지만 이를 악물고 굴복하지 않았습니다.

"신사참배 하겠나?"

"절대로 못 한다."

이 말에 화가 머리끝까지 치민 일경이 쇠막대기를 들어 사정없이 그의 온몸을 때리기 시작했습니다. 뼈가 부러지고 온몸이 시퍼렇게 멍이 들어 피투성이가 되었지만 결코 신앙의 절개를 굽히지 않았습니다. 고통으로 견딜 수가 없어 그는 다시 하나님께 기도하기 시작했습니다.

"아버지시여! 육신은 연약합니다. 너무 아파서 실족할까 심히 두렵사옵니다. 어제처럼 아프지 않게 종의 육신을 지켜 주옵소서!"

그는 떨리는 입술을 깨물면서 오직 주께 의지해 고통을 달랬습니다. 하나님은 언제나 그의 편이셨습니다. 한참을 기도하는데 놀랍게도 그의 전신에 이상한 기운이 솟아올라 새 힘이 생겨났습니다. 그때부터 전혀 아픔을 느끼지 않았고 여전히 매질을 당하는 데도 아무런 고통을 느끼지 않았습니다. 고문을 하던 일경이 두려움을 느끼고 그만 손을 놓고 말았습니다. 종로경찰서장이 도저히 그를 굴복시킬 수 없음을 깨닫고 마지막으로 부탁했습니다.

"왜 그렇게 고집을 부립니까? 조금만 양보하면 서로가 좋을 텐데. 죽어도 신사참배는 못하겠소이까?"

"그렇소이다."

"그러면 둘 중 하나를 택하시오. 당신 같은 사람이 승동교회에 있으면 곤란하니까 사직하던지, 아니면 신사참배를 하시오."

"난 사직하면 했지 절대로 신사참배는 못 하오."

이것이 왠 은혜냐

사역의 대부분을 부흥회와 영혼구원사업으로 일관한 김익두 목사였습니다. 당시 부흥회가 열리면 교회의 제직들이 번갈아 가며 부흥강사를 자기 집으로 초청하여 식사대접을 했는데, 집집마다 정성껏 차려서 언제나 식사는 진수성찬이었습니다.

어느 날 모 장로의 집에 초청받아 저녁 식사를 대접받게 되었습니다. 담임목사, 장로, 권사, 집사들이 큰 상에 김익두 목사를 중심으로 둘러앉아 식사하는데 상다리가 휠 정도로 잔뜩 음식을 올려놓았습니다.

"감사기도합시다."

김익두 목사가 먼저 말했습니다.

"전지전능하신 하나님 아버지시여! 벌레만도 못하고 금수만도 못하여 백번 죽어 마땅한 죄인에게 이것이 웬 은혜이옵니까? 주님께서는 가시는 곳마다 박해와 고초를 당하셨건만 이 죄인은 가는 곳마다 진수성찬을 받사오니 참으로 민망하고 송구하나이다. 이것이 웬 은혜이옵니까? 남의 등이나 쳐서 먹고살던 망나니가 구원받아 영원한 생명을 얻은 것만 해도 무한 감사하온데, 목사 되게 하시고 부흥사 되게 하시사 가는 곳마다 천사 대접을 받게 하시니 이것이 웬 은혜이옵니까."

한참 기도하던 김익두 목사는 깡패 노릇 하던 자신의 과거가 생각이 나면서 현재의 자신이 너무나 감격스러워서 그만 목이 메어 기도할 수가 없었습니다. 눈물이 북받쳐 쏟아져 나오는 것을 억제하지 못해 그만 문을 박차고 밖으로 뛰쳐나오고 말았습니다. 교회 뒷산으로 올라가 하나님의 은혜를 생각하고 울고 또 울었습니다. 부흥회 시작을 알리는 종을 칠 때까지 눈물을 그칠 수가 없었습니다.

"웬 말인가 날 위하여 주 돌아가셨나.

이 벌레 같은 날 위해 큰 해 받으셨나"

그날 밤 김익두 목사가 행한 부흥회 설교가 얼마나 은혜스러웠던지, 마치 하늘의 천사가 하강하여 설교한 것처럼 큰 은혜가 임했다고 합니다.

아멘에 덜미 잡힌 선교사

김익두 목사는 신학생 시절에 별로 성적이 우수하지 못했습니다. 어려운 신학 이론에 싫증이 나서 공부를 게을리하다가 그만 학기말 시험에 낙제할 위기에 처하게 되었습니다. 예나 지금이나 선교사들은 태평양을 건너와서인지 학점에 대해서는 지극히 사무적이어서 필수 과목에 학점이 미달이면 예외 없이 낙제시켰습니다. 이때 김익두 조사는 선교학 과목에 50점을 받아 영락없이 낙제였습니다. 이만저만 염려가 되는 것이 아니어서 별의별 궁리를 다 해보았으나 묘안이 떠오르지 않았습니다.

"이거 야단났구나. 어찌할꼬."

낙제해서 한 해를 더 공부할 생각을 하니 눈앞이 캄캄했고, 본교회 교인들 앞에 차마 어떻게 얼굴을 내미나 생각하니 아찔하기만 해서 무척 고민이 되었습니다. 어찌할 도리가 없어 선교사를 직접 만나 해결을 봐야겠다고 생각하고 집으로 찾아갔습니다.

"목사님, 안녕하십니까?"

"김 조사! 어서 오십시오. 갑자기 웬일입니까?"

"목사님께 상의드릴 일이 있어 찾아왔는데 마침 점심때도 되었고 제가 냉면을 대접해 드리고 싶은데 들면서 말씀드리면 어떨까요?"

"그거 좋습니다. 갑시다!"

그 선교사는 냉면 좋아하기로 소문이 난 분이라 성큼 따라나섰습니다. 냉면집에서 스승과 제자가 마주 앉아 냉면을 들게 되었습니다. 김익두 조사가 선교사에게 제의했습니다.

"목사님. 제가 기도해도 되겠습니까?"

"그렇게 하십시오."

김익두 조사가 무릎을 꿇고 목소리 높여 기도를 시작했습니다.

"하나님 아버지, 감사합니다. 오늘 스승님을 모시고 함께 점심을 나누게 해주시니 감사하옵나이다. 죄인을 구하러 오신 주님! 오늘도 굽어살피시사 이 죄인을 용서해 주옵소서. 이번 학기 말 시험에 이 종이 낙제를 하게 되었습니다. 용서하러 오신 주님이시여! 선교사님 마음에도 용서하는 마음을 내리시사 이 죄인을 낙제시키지 말고 진학하게 해 주시옵소서. 상한 갈대도 꺾지 아니하시고 꺼져가는 심지도 끄지 아니하시는 주님께서 가엾은 신학생을 불쌍히 여기사 구해 주옵소서. 꼭 진학시켜 주시옵소서. 주 예수 그리스도의 이름으로 기도하옵나이다, 아멘."

김익두 조사가 '아멘'하고 기도를 마치자 선교사도 함께 '아멘' 했습니다.

"어서 잡수시지요, 목사님."

"감사합니다. 드십시다."

한참 두 사람이 맛있게 냉면을 먹었습니다. 거의 다 먹어갈 무렵 김익두 조사가 느닷없이 꾸벅 머리를 숙이며 선교사에게 절을 했습니다.

"감사합니다, 목사님."

"뭐가 감사합니까? 먹다가 말고."

"올려 주셔서 감사합니다."

"뭘 올려 주었다는 말입니까?"

"방금 제가 기도할 때 낙제한 것 용서해 주시고 올려 주신다고 하지 않으셨습니까?"

김익두 조사가 능청맞게 시치미를 뚝 떼고 말하자 선교사가 영문을 몰라 어리둥절하다가 반문했습니다.

"내가 언제 그런 말을 했습니까?"

"아까 제가 기도할 때 '아멘' 하지 않으셨습니까?"

"그거야 기도를 마치니까 아멘 했지요."

"목사님! '나를 용서해 주시고 낙제하지 않게 해 주옵소서' 할 때

‘아멘’ 하시고 아니라고 하십니까?”

“아멘?”

“아멘이 무엇입니까? 아멘이란 진실로 이루어지이다 하는 뜻이 아닙니까?”

“그거야 그렇지요.”

“목사님! 강의 때는 그렇게 가르쳐주시고 지금은 아니라 하십니까?”

기상천외한 억지로 궁지에 몰아넣자 선교사는 그만 진퇴양난의 함정에 빠져 이러지도 저러지도 못하게 되었습니다. 어쩌다가 냉면 한 그릇 얻어먹고 실수로 아멘 했다가 입장이 난처하게 된 것입니다. 어쩔 수 없이 선교사로서는 정직한 용단을 내리지 않을 수 없었습니다.

“그렇습니다. 내가 ‘아멘’ 했으니 김 조사는 낙제가 안 되었습니다. 기도한 대로 올라갔습니다.”

울며 겨자 먹기로 아멘 때문에 김 조사의 요구를 승낙하고 말았습니다. 아멘 때문에 김익두 조사는 낙제를 면하고 진학할 수 있었습니다.

암송했던 기도문이 막혀

김익두 목사의 성품은 매우 적극적이었습니다. 무엇이든 하고 싶은 일은 누구에게도 뒤지지 않으려는 성품의 소유자였습니다. 그가 회심하고 초신자 때의 일입니다.

‘남들은 청산유수로 기도를 잘하는데 나도 한번 남들 앞에서 멋있게 기도해야 할 텐데.’

이런 엉뚱한 생각을 하면서 기도문을 멋있게 작성해 잘 외워두었습니다. 목사님이 ‘누구든지 성령이 인도하는 대로 기도하시기를 바랍니다' 할 때 얼른 일어나서 기도하리라 생각하고 열심히 암송했습니다. 어느 수요일 밤 기도회 때였습니다.

"누구든지 성령의 인도하심을 따라 기도하시기를 바랍니다."

담임목사의 말이 떨어지자, 그는 기도 순서를 빼앗길세라 얼른 일어나 큰 목소리로 기도하기 시작했습니다.

"전지전능하시고 무소부재하신 만군의 하나님 여호와 아버지시여!"

부지런히 암송했던 기도문 서두로 거침없이 말문을 열었습니다. 그러나 잠시 한숨 돌리고 다음 말을 이어 나가려고 하는데 그만 앞뒤가 꽉 막혀서 아무 생각도 나지 않았습니다. 기도 순서를 먼저 맡아야겠다는 생각에만 정신을 쏟았다가 그만 열심히 암송했던 기도문을 깜박 잊어버리고 말았던 것입니다. 아무리 생각해내려고 애를 써도 도무지 기억나지 않아 가물가물했습니다. 이마에서 진땀이 나기 시작했습니다.

"이럴 줄 알았으면 차라리 기도문을 가지고 오는 건데, 야단났구나."

기도가 꽉 막혀 더 이상 말이 나오지 않으니 다른 성도들이 모두 눈을 감은 채 그의 입에서 다음 말이 나오기만을 기다리고 있었습니다. 짧은 시간이었지만 그에게는 진땀 나는 긴 시간이 아닐 수 없었습니다. 차라리 '예수님의 이름으로 기도하옵나이다'하고 끝낼 수 있다면 좋겠는데 서두만 시작해 놓고 그렇게 할 수도 없어 진퇴양난의 딱한 처지가 되었습니다. 등에서 땀이 흘러내렸습니다. 이러지도 저러지도 못하고 견디다 못한 그는 그만 '에라! 모르겠다' 하고는 후다닥 자리에서 일어나 밖으로 도망치고 말았습니다. 그 뒷이야기는 안 들어도 알만 합니다.

그러나 이 민망스러운 실수로 말미암아 그는 진실한 기도의 사람이 되었고 능력 있는 기도의 용사가 되었습니다. 오히려 이러한 실수를 통해 큰 믿음의 진보를 보여 전화위복의 계기로 삼았던 것입니다.

사단아 물러가라

신천서부교회에서는 매년 졸업 때가 되면 언제나 닥쳐오는 시험이 있었습니다. 주일학교 졸업식은 주일에 하기 마련인데 졸업사진을 언제 찍느냐 하는 것이 문제였습니다. 평일에 찍으려고 하면 학생들이 잘 모이지를 않아서 졸업사진을 만들 수가 없고 그렇다고 주일날에 사진사를 오라고 하면 주일날 일시키는 것이 되니 교회에서 그렇게 할 수도 없었던 것입니다.

주일학교 박춘애 부장을 비롯하여 주일학교 반사들이 유치원에 모두 모여 이 문제를 결정짓기 위해 한참을 토론했습니다. 아무래도 주일날 사진을 찍을 수밖에 없다는 쪽으로 결론 내리고, 사진은 주일날 찍되 사진 촬영비는 평일에 지급하기로 했습니다. 주일학교 교장인 김익두 목사에게 허락을 받아야 해서 박춘애 부장이 사택으로 찾아갔습니다.

"목사님, 주일학교 졸업사진을 아무래도 졸업식이 끝난 후 바로 찍어야겠습니다."

"안 됩니다. 주일을 범하는 일이 되니 다른 날 찍도록 하시오."

"그렇지만 다른 날은 학생들이 잘 모이지 않으니 어찌합니까?"

"안 모이면 할 수 없지요."

"사진을 못 찍으면 어떡합니까?"

"못 찍어도 할 수 없는 일입니다."

하는 수 없이 박춘애 부장이 허락을 받지 못하고 교사회의실로 되돌아왔습니다. 다시 다음 주일 날 회의 끝에 이번에는 신창록 집사가 김 목사의 허락을 받아 보려고 했으나, 역시 퇴짜를 맞고 돌아왔습니다. 졸업식을 한 주 앞두고 박춘애 장로가 또 청원을 했습니다.

"목사님, 다음 주일이 졸업식인데 허락해 주시지요."

그러나 이 말을 듣자마자 김익두 목사가 느닷없이 소리를 질렀습니다.

"사단아, 물러가라!"

박춘애 장로는 김익두 목사가 자기를 향해 사단이라고 고함치는 바람에 기겁해서 쫓겨나다시피 교사회의실로 돌아왔습니다. 부장을 기다리던 여러 교사들이 이 말을 듣고 한바탕 크게 웃었습니다. 졸지에 '사단아 물러가라'는 호령을 들었으니 한바탕 웃고 어찌해 볼 도리가 없었습니다. 주일날 사진을 찍자 한다고 '사단아 물러가라!'하고 호령하던 김익두 목사였습니다.

벼락이 애꿎은 나무를 친 것은

일제 치하 때의 일입니다. 만주 봉천 석탑교회에서 김익두 목사를 초청해 부흥회를 열었습니다. 당시는 공산주의자들이 만주에서 본격적인 활동을 하고 있을 때여서 부흥회 기간에도 공산당원 두 명이 자리를 지키고 있었습니다. 사경회로 말씀 공부하는 중에 '사람이 범죄하면 하나님이 형벌을 내리신다'라고 가르치자, 공산당원 한 명이 손을 번쩍 들어 질문했습니다.

"목사님, 질문이 하나 있습니다."

"말씀하시오."

"사람이 죄를 지으면 벌을 받는다고 하셨는데, 그러면 우리 옆집에 버드나무 한 그루가 벼락을 맞아 타죽은 것도 죄를 지어 하나님께 벌을 받은 것입니까?"

갑자기 예상치 않던 애매한 질문을 받고 김익두 목사는 난감해졌습니다. 버드나무가 무슨 죄를 짓는다는 말인고? 공산당원의 돌연한 질문에 얼른 대답할 말이 떠오르지 않아 마음속으로 당황하지 않을 수 없었습니다. 다급해진 그는 얼른 하나님께 전보를 올렸습니다.

'주여! 대답할 말을 주소서.'

그 순간 번개같이 떠오르는 생각이 있어 대답했습니다.

"예, 그렇습니다. 사람이 범죄할 때 하나님께서 벌을 주시려고 벼락을 내리다가 차마 택한 자를 칠 수가 없어 애꿎은 나무를 친 것입니다. 학교에서 학생들이 말을 안 듣고 떠들면 선생님이 회초리를 들고 흑판을 두들깁니다. 왜 그렇게 합니까? 차마 학생을 때릴 수가 없으니까 애꿎은 흑판이 매를 맞는 것입니다. 그러므로 사람이 범죄하면 벌이 내려오다가 차마 하나님께서 자녀를 칠 수가 없어서 엉뚱한 나무를 치거나 물건을 치시는 것입니다."

그 말을 듣고 모든 성도가 고개를 끄덕이며 말씀의 은혜를 받았고, 질문했던 공산당원조차 반문할 말을 찾지 못해 유구무언으로 가만히 앉아 있었습니다.

그냥 가면 되나? 기도하고 가야지

6·25동란이 일어나기 전 1949년의 일입니다. 당시 신천서부교회에서는 매월 첫 번째 목요일에 신재령, 장연, 송화, 신천 네 군의 목사, 장로들이 함께 모여 통일을 위한 기도회로 모임을 가졌습니다. 합심으로 기도하고 이남 소식을 서로 교환하기도 했습니다. 그즈음 김익두 목사에게는 수시로 정치보위부 사람들이 찾아와 귀찮게 하는 일이 많았고, 그래서 자리를 피하느라 외출하는 일이 잦았습니다. 정치보위부 사람들이 찾아오면 심방 나갔다고 말하게 하고 밖으로 나가 전도하고 심방하는 일로 시간을 보내는 경우가 많았습니다.

그런데 정기모임이 있는 첫 번째 목요일을 깜박 잊어버리고 심방을 나가고 말았습니다. 그 바람에 먼 길을 기차로 혹은 버스를 타고 온 목사, 장로들 50여 명이 그의 행방을 알 수 없어 오랜 시간을 기다리다가 오후 기차 시간이 임박해 부득이 되돌아가게 되었습니다. 장연과 재령 방면으로 가는 일행은 기차를 타기 위해 신천역으로 가다가 민청 앞 사직네거리 노상에서 김익두 목사 일행을 만났습니다.

"목사님, 오늘 정기모임인데 어디를 가셨드랬습니까?"

"미안하외다. 내가 그만 깜박 잊었구려. 이 일을 어찌하나? 이제라도 우리 집으로 다시 갑시다."

김익두 목사가 너무 미안해서 그들의 등을 떠밀면서 다시 집으로 돌아가자고 재촉했습니다.

"목사님! 기차 시간이 다 되었습니다."

"다음 차로 가면 되지 않나!"

"송화, 은율, 안악 방면으로 가는 분들은 벌써 버스를 타고 가려고 다 떠나고 기차 탈 사람들만 이쪽으로 왔습니다."

"그래도 그냥 가서야 되겠나? 기도를 하고 가야지! 기도합시다."

김익두 목사는 큰 네거리 한쪽으로 가서 재령 서부교회의 임재학 장로, 김지학 목사, 정한용 목사, 윤영현 목사, 신천 온천교회의 김제석 목사, 서부교회의 한태선 집사, 임성근 장로 등 무려 30여 명의 사람들과 함께 머리를 숙이고 기도하기 시작했습니다.

김익두 목사는 큰 음성으로 기도했습니다. 그날이 신천 장날이어서 인파가 많았고 더욱이 장소가 번화한 네거리여서 왕래하는 사람이 무척 많았음에도 서슴지 않고 목소리를 높여 기도했습니다. 6·25 사변이 일어나기 한 해 전이라 공산당이 활개를 치던 때였는데도 전혀 개의치 않고 당당한 모습으로 기도하고 있었습니다. 때와 장소를 가리지 않고 오직 믿음으로 살아가는 장쾌한 모습에서 그는 믿음의 영웅다운 기개를 유감없이 발휘하는 하나님의 종이었습니다. 많은 불신자와 공산주의자들이 이를 보고 빈정거리기도 하고 조롱하기도 했지만,

그는 조금도 개의치 않았습니다. 당시 필자 한춘근도 그런 모습을 보고 그의 믿음의 기백에 감탄을 금치 못했습니다.

그런데 기도가 길어져서 기차 출발 시각이 3시인데 그만 그 시간을 넘기고 말았습니다. 그 차를 놓치면 밤차가 있을 뿐이어서 모두 안절부절못했습니다. 김익두 목사가 기도를 마치자 일행들은 부리나케 바쁜 걸음으로 역으로 달려갔습니다. 그러나 기차가 연착되어 아직 도착하지 않고 있었습니다.

"그것 보라구! 괜히 기도 오래 한다고 떠들어댔지만, 하나님께서 기차 바퀴를 꼭 붙들어맸다구!"

김익두 목사가 기분이 좋아서 익살스럽게 말하자 모두 한바탕 웃었습니다.

"이제 가기는 다 틀렸으니까, 사모님한테 저녁 식사 준비나 하라고 하세요."

임재형 장로가 김익두 목사의 말을 받아 투정처럼 말하자 최지학 목사가 거들었습니다.

"자! 모두 목사님 댁으로 가서 저녁밥 먹고 갑시다."

"기차 바퀴가 기도를 따라와야지, 기도가 기차 바퀴를 따라갈 수야 있나?"

김익두 목사는 호탕하게 웃으면서 큰소리쳤습니다.

그의 건강 관리

김익두 목사의 슬하에는 3남 2녀의 자녀가 있었습니다. 그중에서도 셋째 아들 용식은 어려서부터 축구를 무척 좋아했고 건강했습니다. 특히 언제나 냉수마찰을 해서 몸이 튼튼했습니다. 김익두 목사가 용식으로부터 냉수마찰을 하면 건강에 좋다는 권유를 받고 그때부터 시작해서 평생을 계속했습니다. 무슨 일이든지 한번 결심하면 초지일관하는 기질이 있어 춘하추동 거르는 법이 없이 냉수마찰을 계속했습니다. 엄동설한 아무리 추운 겨울에도 얼음을 깨고 찬물로 몸을 문질러 건강을 유지했습니다. 항상 믿음과 행함의 일치를 신앙의 목표로 삼아서 무엇이든 옳다고 믿는 것은 일관하는 것이 그의 장점이었습니다.

김익두 목사가 청진에 부흥회를 인도하고 돌아와 예배당 뜰 포플러 나무 그늘에서 쉬고 있는 것을 보고, 필자 한춘근이 한번 여쭤본 일이 있습니다.

"목사님, 청진 부흥회 가셔서도 냉수마찰을 하셨드랬습니까?"

"그거야 물론이지."

"손님으로 가셔서 어디 할 데가 있습니까?"

"내 방으로 물 좀 가져다 달라 해서 냉수마찰을 했드랬지."

그는 누구에게든지 좋은 점은 항상 겸허한 자세로 배웠고 무엇이든 좋다고 믿으면 끝까지 관철하는 훌륭한 성품을 가지고 있었습니다. 필자가 1982년 8월 23일에 그의 3남인 김용식 씨의 자택을 방문했을 때 그 이야기를 먼저 했습니다.

"김 목사님은 집사님께 냉수마찰을 배워 순교하시는 그날까지 계속하셨습니다. 1950년 10월 14일 순교 전까지 하루도 거르지 않고 냉수마찰하시는 것을 지켜보았습니다."

필자가 그때 일을 회상하면서 증언했더니 김용식 집사는 기분이 좋아서 빙그레 웃으며 대답했습니다.

"저도 어릴 때 이북에서 시작한 냉수마찰을 지금까지 계속하고 있습니다."

부전자전으로 역시 그 아버지에 그 아들이었습니다. 인천 제2교회를 시무하던 이승길 목사는 설교 중에 김익두 목사에 대해 다음과 같이 증거했습니다.

"한국의 목사와 성도 중에서 회심한 후 오직 일직선으로 믿음의 본을 보인 사람은 아마 김익두 목사 한 분뿐일 것입니다. 일제 시대 때 나는 신사참배를 했습니다. 내 아들이 연희전문학교를 다니고 있었는데 그 아이가 학교에 가면 싫어도 신사참배 할 것이 뻔한 일입니다. 그러면 학교에 못 가게 하든지 해야 하는데, 그렇게 할 수는 없었습니다. 아들이 신사참배한 것을 뻔히 알면서 학교에 보내고 나 혼자 천당 가겠다고 할 수도 없고, 아들하고 천당을 가든지 지옥을 가든지 같이 가야지 아들은 지옥에 보내놓고 나 혼자 천당 가겠다고 신사참배 안 하고 있으면 되겠습니까? 그래서 나는 비굴하게도 신사참배를 하고 말았습니다. 그러나 끝까지 버티고 일직선 신앙으로 산 사람은 오직 김익두 목사 한 분뿐이었습니다."

아마 한국교회의 목사 중에 이처럼 신사참배 문제를 솔직하게 고백한 사람도 드물 것입니다. 구구하게 변명을 늘어놓고 위장된 행동을 한 사람도 많았기 때문입니다. 총회장을 역임한 바 있는 이승길 목사는 김익두 목사를 칭찬하며 실로 그는 존경할 만한 목회자였다고 증언했습니다.

예정론 문답

1948년 봄경에 필자 한춘근이 김익두 목사와 성경문답을 한 일이 있습니다. 3년 동안 성경 공부를 하면서도 종시 풀리지 않는 수수께끼처럼 의문이 가는 대목이 있어 고심 끝에 질문을 한 것입니다.

"목사님! 하나님께서는 택한 자의 모든 것을 다 예정해 놓으셨다고 했는데, 그렇다면 하나님은 왜 사람의 선악 간에 이렇게 하라 저렇게 하라 말씀하십니까?"

이 예정론에 관한 의문에 대해 김익두 목사는 간결하면서도 명료하게 대답했습니다.

"춘근아, 잘 들어봐라! 내가 이 세상 어딘가에서 출생하였다. 그리고 내 마음대로 모든 것을 하면서 살았다. 그러다가 죽었는데 천당에 가보니 거기에 예정이라고 하는 책이 있었다. 그 책을 펴보니 나의 일생에 대한 모든 행적이 낱낱이 기록되어 있었다. 그런데 그것이 내가 이 세상에서 행한 것과 꼭 같았다. 내가 살아서는 내 마음대로 행했는데 천당에 가보니 그것이 세상에 있을 때 지낸 것과 같더라는 이야기다. 시편 139편 16절 이하에 보면 '정한 날이 하나도 되기 전에 주의 책에 다 기록이 되었나이다'라고 하였다. 그러니까 사람은 자기의 의지대로 자유롭게 살아간다. 그러나 천당에 가보면 벌써 예정이라는 책에 다 기록되어 있다는 말이다."

설명을 듣고 나니 무언가 깨달아지는 부분이 있었습니다. 그의 간결한 설명에서 확신을 발견한 필자 한춘근은 신천서부교회의 도서실에 있는 칼빈의 예정론을 찾아서 탐독했습니다. 그 후 필자는 확고부동한 예정론주의자로 많은 신학생을 가르치며 강의했습니다. 수년 동안을 심사숙고하던 문제에 대해, 김익두 목사는 무언가 결론을 주는 영력이 있었던 것입니다. 성경에 대한 해박한 지식과 신학적 근거가 분명했던 김익두 목사였습니다.

이 시계 팔면 얼마나 받겠나?

주일과 신천 장날이 겹치는 날이면 으레 김익두 목사는 지팡이를 짚고 장터로 나갔습니다. 장사가 생업인 교인들이 5일 만에 돌아오는 장날 장사를 놓칠 수가 없어서, 주일임에도 불구하고 돈벌이에 바빠

주일을 범하기 때문입니다. 그래서 그들을 훈계하기 위해 출동하는데 그때마다 장사하는 교인들은 주일 오후가 되면 마음이 조마조마했습니다. 김익두 목사가 나타나서 책망이나 하지 않을까 전전긍긍했던 것입니다. 멀리서 그가 나타나면 교인들끼리 서로 연락하여 슬금슬금 피했다가 그가 가고 나면 다시 나와 장사를 하곤 했습니다.

신천 시내 중심가에서 큰 시계점을 경영하는 강 집사는 장날이면 외곽지에서 찾아오는 손님들을 놓치기가 아까웠습니다. 그래서 주일날임에도 불구하고 열심히 손님을 상대로 시계도 팔고 수리도 해주고 있었습니다. 그때 김익두 목사가 불쑥 들어왔습니다. 한쪽 눈에 돋보기 안경을 쓰고 수리에 열중하던 강 집사는 무심결에 인사했습니다.

"어서 오세요."

말해놓고 다시 쳐다보니 김익두 목사가 떡 버티고 서 있는 것이었습니다. 그렇지 않아도 주일날 장사하는 것이 죄스러워 양심의 가책을 느끼고 빨리 돈 벌어 여유가 생기면 기필코 주일성수를 해야지 하고 결심하던 강 집사였기에, 그를 보자 민망하여 어찌할 바를 몰랐습니다. 그러나 김익두 목사는 아무 말 없이 포켓에서 회중시계를 꺼내더니 불쑥 디밀면서 물었습니다.

"강 집사, 이 시계 팔면 얼마나 받겠나?"

'왜 오늘은 주일인데 성수하지 않나?' 하고 책망할 줄 알았는데 예상외로 시계값을 물어오니 강 집사는 갈피를 잡을 수가 없었습니다. 대답을 못하고 우물쭈물하고 있으니 김익두 목사가 다시 물었습니다.

"이것을 팔면 얼마를 받을 수가 있을까?"

당황한 강 집사가 엉겁결에 얼마쯤 받을 수 있다고 대답하자, 그는 그 시계를 진열대 위에 얹으며 말했습니다.

"그러면 이 시계를 팔아서 오늘의 이익금을 충당하게나! 오늘 버는 수입은 될 테니까."

그렇게 말하고 돌아서서 밖으로 나갔습니다. 강 집사는 재빨리 따라나가 용서를 빌었습니다.

"목사님! 제가 잘못했습니다. 이 시계 받아주세요. 다시는 이런 짓 하지 않겠습니다."

"아니, 이 시계 팔아서 밑지는 것 보충하면 될 것 아닌가?"

"아닙니다. 목사님! 목사님 목전에서 당장 문을 닫겠습니다."

강 집사는 즉시로 점원 아이를 불러 서둘러 문을 닫고 자물쇠를 채웠습니다. 그리고 김익두 목사의 시계를 되돌려 주면서 말했습니다.

"자! 목사님. 이제는 시계를 받아 주십시오."

그제야 그는 시계를 받아 들고 발걸음을 옮겨 교회당을 향했습니다. 철저한 행동주의로 교인들을 훈도하던 김익두 목사였습니다.

가물치를 잡겠나? 용달치를 잡겠나?

6·25동란 직전에 공산당원들이 너무 성가시게 찾아와 괴롭혔기 때문에 김익두 목사는 그들을 피하느라 아침 일찍부터 전도를 나가거나 심방을 나갈 때가 많았습니다. 대체로 심방을 할 때마다 임성근 장로, 한태선 집사와 권사, 여 집사 등 칠팔 명이 늘 동행했습니다. 한번은 사택을 나오면서 한태선 집사에게 물었습니다.

"가물치를 잡겠나? 용달치를 잡겠나?"

이 말의 뜻은 전도를 의미하는 말이었습니다. 그는 만나는 사람마다 누구든지 빼놓지 않고 전도했습니다. 성의 없이 하는 말이 아니라 꼭 다짐을 받고 말았습니다.

"믿겠습니까? 안 믿겠습니까? 안 믿으면 망합니다."

그의 전도 방법은 매우 적극적이어서 북한의 김일성에게도 믿겠다는 약속을 받아낼 만큼 집요했습니다. 비록 지금까지 지켜지지는 않고 있지만, 김일성이 김익두 목사에게 분명한 말로 예수를 믿겠다는 대답을 한 사실이 있었습니다.

그의 머릿속에는 오직 영혼 구원을 위한 복음의 열정만이 가득했습니다.

"가물치를 잡겠나? 용달치를 잡겠나?"

그러므로 그의 적극적인 전도와 설교를 듣고 목사된 사람이 200명이 넘고 권면을 받아 목사된 사람이 100명 이상이며 그의 복음 전도를 통해 기독교인이 된 사람이 무려 300만 명 이상이나 되었던 것입니다.

진흙탕도 모르고 밤새운 기도

김익두 목사가 평양신학교 재학 시절에 기숙사 생활에서 있었던 일화입니다. 성경을 열심히 읽고 기도 생활에 전념하던 김익두 조사는 하나님의 신실한 종이 되기 위해서는 무엇보다 성령의 능력을 받아야 한다는 것을 절실히 깨닫고, 마음에 결심한 바가 있어 학교 뒷산에 올라가 밤새워 기도했습니다. 무릎을 꿇고 머리를 조아려 성령의 충만을 주실 것을 간절히 구했습니다.

"주여! 이제 영혼 구원을 위하여 하나님의 신실한 종이 되기를 원합니다. 성령의 권능을 받지 않고는 목사가 될 수 없사오니 능력을 허락하여 주시옵소서"

하나님께 매달려 밤새도록 부르짖으며 간구했습니다. 기도에 몰입해 시간이 가는지도 모르고 기도하고 있을 때, 갑자기 하늘에 검은 구름이 몰려오더니 한 방울 두 방울 빗방울이 떨어지면서 소낙비가 쏟아지기 시작했습니다. 투두두두둑… 요란한 소리를 내며 비가 쏟아졌습니다. 그러나 김익두 조사는 아는지 모르는지 전혀 요동치 않고 무아지경에 빠져 기도했습니다. 온몸이 비에 흠씬 젖었건만 주먹으로 땅바닥을 치면서 하나님께 부르짖고 있었습니다. 빗방울이 흙과 범벅이 되어 튀어 오르는 바람에 전신이 흙탕물로 뒤집어쓴 것처럼 흠뻑 젖었지만, 아랑곳하지 않고 밤새도록 기도에 전념했습니다.

성령 충만을 간구하는 그의 열화 같은 기도는 밤이 새도록 계속되었습니다. 새벽이 되자 보름달같이 크고 둥근 성령의 불이 그의 가슴에 들어왔고, 그는 전신이 불덩어리처럼 뜨거워지는 신비로운 체험을 했습니다. 새벽이 되어서야 산에서 내려와 기숙사로 돌아왔습니다. 그가 방문을 열고 들어오자 학우들이 보고 기겁을 했습니다. 온몸이 흙탕물에 젖어 기괴한 모습을 하고 불쑥 들어왔으니 놀라지 않을 수 없었습니다. 그러나 김익두 조사는 놀란 눈으로 자기를 쳐다보는 학우들을 오히려 의아하게 생각하고 말했습니다.

"나 김익두인데 뭘 그리 놀라나?"

"네가 정말 김익두냐?"

"그렇다. 내가 어때서 그러는 게야?"

"그 모양이 도대체 그게 뭐냐? 진흙탕에 빠졌댔냐?"

모두들 얼굴을 찡그리며 흠뻑 젖은 그를 어이없다는 듯 쳐다보았습니다. 이렇듯 그에게는 남다른 점이 있었으며, 우리가 아는 김익두는 우연히 이루어진 것이 결코 아니었습니다. 언제나 그에게는 명성을 얻을 만한 곡절과 일화가 따라다녔습니다.

무조건 내가 잘못했다

신천서부교회는 그 당시 황해도 일대에서 제일 큰 교회였습니다. 교역자는 사례비 외에도 1년 양식을 현물로 받았습니다. 매월 양곡 한 달치를 가족 수에 맞게 지급받았으니 생활하는 데에는 전혀 지장이 없었습니다. 한번은 김익두 목사가 회계 집사에게 특별히 부탁했습니다.

"내가 어디 쓸 데가 있어 그러니, 내 앞으로 나올 양곡 1년치를 한꺼번에 다 주면 좋겠네."

"목사님, 그렇게 하셨다가 나중에 쌀이 다 떨어지면 어쩌시려구요?"

"뒷일은 내가 알아서 할 테니 걱정하지 말고 다 주게."

"그렇게 할 수는 없습니다".

"어차피 내게 줄 건데 쌀 창고에 그냥 두나 지금 단번에 주는 거나 마찬가지 아닌가? 그러니 편리를 좀 봐주게."

"그건 그렇지만, 목사님, 그렇게는 안 됩니다."

회계 집사가 일언지하(한마디로 잘라 말함)에 잘라 거절하자, 김익두 목사는 은근히 부아가 치밀었습니다.

'고얀 친구로군. 회계 집사라는 자가 마치 제 물건인 양 된다 안 된다 하는군.'

마음속으로 괘씸하게 생각하고 언성을 높여 말했습니다.

"어째서 이렇게 못되게 굴어!"

연로한 목사가 피치 못할 사정이 생겨 모처럼 부탁한 것인데 회계 집사가 인정사정도 없이 거부하니 그로서는 불쾌하고 언짢았던 것입니다.

"거꾸로 기도할까?"

"예?"

축복을 뒤집어 기도한다는 뜻으로 알아들은 회계 집사는 그 나름대로 몹시 마음이 상했습니다.

"아니? 그러면 목사가 저주 기도를 하겠다는 말인가?"

김익두 목사는 1년치 양곡을 일시에 다 달라는 말하기 힘든 부탁을 어렵게 꺼냈는데, 일거에 거절당하고 나니 권위와 자존심을 한꺼번에 뺏긴 것 같아 마음이 상했습니다. 회계 집사는 그 나름대로 자기가 할 일을 공사분별하여 공정하게 말했을 뿐인데, 괜스레 목사가 무리한 부탁을 해서 일이 이렇게 되었으니 서운해서 집으로 돌아갔습니다.

다음 주일날 회계 집사는 교회 출석을 하지 않았습니다. 김익두 목사는 깜짝 놀랐습니다. 어찌 되었든 자기 때문에 성도가 상처를 입었다는 사실에 놀랐습니다. 예배가 끝나자마자 서둘러 회계 집사의 집으로 찾아갔습니다. 회계 집사는 이불을 뒤집어쓰고 누워 있었습니다. 김익두 목사는 방에 앉자마자 큰소리로 기도했습니다.

"하나님 아버지! 종이 잘못했나이다. 성도의 마음을 이렇게 아프게 했사오니 종의 잘못을 용서해 주시옵소서!"

백발의 노목사가 눈물을 흘리며 기도하니, 회계 집사도 그만 무릎 꿇고 용서를 빌었습니다.

"아닙니다, 목사님! 제가 잘못했으니 용서해 주십시오."

아들 같은 젊은 집사가 성질부린 것을 오히려 백발의 노구를 이끌고 친히 찾아와 만 가지 체면을 다 접어두고 무조건 잘못했다고 눈물을 흘리던 김익두 목사였습니다. 심성이 착한 회계 집사도 그의 손을 잡고 울며 눈물 흘렸습니다. '한 영혼을 이렇게 아끼시는가!' 생각하며 감명을 받았던 것입니다.

그는 한 영혼이라도 실족할까 봐 진실로 가슴 아파하며 자기 잘못을 행동으로 회개하던 참된 목회자였습니다.

양을 위해 한 끼 금식도 못 하는 목사가…

김익두 목사가 전국을 일주하며 부흥회를 인도하고 복음을 전하러 다닐 때 수많은 이적과 병 고침의 역사가 일어났기 때문에, 이 문제를 주제로 황해노회의 많은 목사들 사이에 교리논쟁이 일어났습니다. 이적을 행하는 것이 성경적으로 합당치 않다는 주장과 합당하다는 주장이 서로 엇갈려 갑론을박 매우 시끄러웠습니다. 영혼을 구원하는 기독교가 육신의 병이나 고치는 종교로 오인되는 것은 옳지 못하다고 주장하는 목사들이 있는 반면, 이적은 믿음의 증표로서 전도를 위해 역사하시는 성령의 능력인데 누가 감히 성령의 능력을 부인하느냐 하는 논리가 서로 맞서 격론이 벌어졌습니다. 노회 중에 이러한 교리 문제로 설왕설래하느라 시간만 끌고 있었는데, 이런 논쟁 중에도 김익두 목사는 시종(처음부터 끝까지) 듣기만 하고 아무 말도 하지 않았습니다.

다음날 새벽기도회 시간이었습니다. 어제 갑론을박하던 황해노회 소속 목사들이 모두 참석한 가운데, 김익두 목사가 설교를 진행하던 중 질문을 했습니다.

"자기 교회의 성도가 병들어 고통 중에 있을 때 7일 이상 금식기도하며 병 낫기를 위하여 기도한 분 있으면 손 들어 보시오!"

아무도 손 드는 사람이 없었습니다. 다시 물었습니다.

"그러면 6일 금식기도 해보신 분은?"

"그러면 5일은? 4일은? 3일은? 2일은? 하루 금식한 분은?"

여전히 아무도 손드는 사람이 없었습니다. 한동안 대답을 기다렸으나 어느 목사도 손드는 이가 없었습니다. 모두들 민망하여 부끄러운 기색으로 머리를 숙이고 감히 고개를 들지 못했습니다. 그제야 김익두 목사는 진실 어린 목소리로 차분하게 말했습니다.

"나는 앉은뱅이가 어찌나 불쌍하던지, 작심하고 7일 금식 기도하며 하나님께 매달려 부르짖었습니다. 그랬더니 하나님께서 그를 일으키셨습니다. 결코 내가 고친 것이 아닙니다."

김익두 목사는 앉은뱅이가 일어나던 때의 상황을 소상히 설명하고 성령께서 역사하심을 따라 그가 고침을 받았다고 증거했습니다. 장내는 물을 끼얹은 듯 침묵이 흘렀습니다. 이어서 그는 타이르듯 목소리에 힘을 주어 후배 목사들에게 말했습니다.

"자신이 담임하는 교회의 병든 성도를 위해 한 끼 금식기도도 아니하고 어떻게 주님의 양들을 돌보는 하나님의 종이라고 말할 수 있습니까?

약간은 격앙된 목소리로 다시 말을 이어갔습니다.

"주님의 양을 위해 하루 금식도 못하는 목사가 주님 앞에 무슨 할 말이 있다고 그렇게 말들을 많이 합니까?"

성령의 권능을 받은 김익두 목사는 말 많은 목사들을 향해 신랄하게 교훈하였습니다. 장내는 숙연해져서 누구 한 사람 변론해 볼 용기를 내지 못하고 고개를 숙인 채 숨소리마저 크게 내지 못하고 있었습니다. 그 후 황해노회에서는 김익두 목사의 이적에 대해 누구라도 거론하는 일이 없었고 일언반구(한 마디 말과 반 구절, 아주 짧은 말) 그 문제를 제기하는 사람조차 없었습니다.

퉤 하고 뱉어버린 술

김익두 목사가 회심한 직후의 일입니다. 두문불출하고 열 달 동안 신약성경을 백번 이상 읽으며 기도와 경건 생활로 시간을 보냈습니다. 그러다가 실로 오랜만에 외출해서 길거리에서 예전의 망나니 친구들을 만나게 되었습니다. 열 달 만에 만난 김익두를 보고 그들이 반가워서 손을 잡고 흔들며 말했습니다.

"야, 익두야! 도대체 그동안 어디 있었드랬나?"

"이거 그냥 지나칠 수 있나? 자, 한잔하러 가세."

여러 명이 싫다는 김익두의 등을 떠밀다시피 해서 술집으로 밀고 들어갔습니다. 모두가 자리에 앉자 김익두가 옛 친구들에게 간곡히 말했습니다.

"난 이제 예수교인 되었으니 술을 먹지 않을 작정이네. 그러니 내게 술은 권하지 말게."

"뭐라고? 예수쟁이가 되었다고 그랬나?"

모두들 깜짝 놀랐습니다. 하지만 그들이 김익두를 가만 내버려둘 리가 없었습니다. 아무리 사양해도 억지로 술을 권했습니다.

"미안하이. 난 절대 술을 안 마신다!"

"쓸데없는 소리 집어치우게. 자! 한잔 받아."

그러나 김익두가 한사코 사양하니까 몇 차례 권하다가 끝내 망나니 여럿이 덤벼들어 김익두의 양손을 잡고 또 한 사람이 술잔이 넘치도록 술을 채워 그의 입에 강제로 부어 넣었습니다.

"됐다, 됐어! 이제 입에 술 들어갔다."

재미있어하며 모두가 박장대소 웃어댔습니다. 그러나 김익두는 입에 들어온 술을 삼키지 않고 머금고 있다가 친구들이 붙잡았던 팔을 놓자 퉤! 하고 뱉어버렸습니다. 온 바닥에 술이 튀었고, 김익두는 쏜살같이 밖으로 도망가 버렸습니다. 술친구들이 어이가 없어 멍한 얼굴로 그의 뒷모습을 바라볼 뿐이었습니다.

그의 이러한 과감한 결단성을 하나님께서 기쁘게 사용하신 것이 틀림없습니다.

무아지경의 기도

"어떤 목적을 두고 하나님께 기도할 때는 여러 가지 기도 제목을 섞어 기도하지 말고 오직 한 가지만 가지고 집중적으로 기도하라."

이 말은 김익두 목사가 평소에 교회 성도들에게 늘 강조하던 기도의 교훈이었습니다.

"온 정신을 통일하여 하나의 기도 제목을 놓고 집중적인 기도를 해야지, 이것저것 중언부언 기도하면 하나님의 응답을 기대하기 어렵다. 금식기도도 목적을 여러 가지 나열하지 말고 오직 한가지 목적을 두고 간절히 기도하라."

일생토록 기도를 통해 하나님의 일을 수행했던 사람이었던 만큼, 이는 그가 하나님으로부터 받은 기도의 응답을 면면히(끊어지지 않고 계속하여) 보여주는 증거의 말이라 하겠습니다.

남을 시기하다가

김익두 목사가 평양신학교 시절, 같은 학년에 이 조사라는 매우 똑똑하고 신실한 학우가 있었습니다. 강의 시간에 선교사가 질문을 하면 앞자리에 앉아 있던 이 조사가 언제든지 척척 대답했기 때문에 교수들이나 학우들 모두 그의 박식함에 탄복하지 않을 수 없었습니다. 그래서 그는 선교사들에게 종종 칭찬을 들었습니다.

남에게 뒤지기 싫어하는 김익두는 이 조사가 언제나 자기를 앞서는 것이 기분이 좋지 않았습니다. 그래서 그를 이겨보려고 결심했습니다.

"다음번엔 교수가 질문할 때 단단히 준비했다가 이 조사가 손들기 전에 내가 먼저 냉큼 손을 들어야지."

단단히 채비하고 그 다음 강의 시간에 질문이 나오기만 기다렸습니다. 하지만 얼마나 이 조사의 대답이 빠른지 교수가 질문하기가 바쁘게 번쩍 손을 들고 대답을 해버렸기 때문에, 김익두의 실력으로는 도저히 그를 앞지를 수가 없었습니다. 그가 어물어물 생각하는 동안 이미 이 조사의 대답이 끝나버리고 교수의 칭찬을 받고 있었습니다. 이런 일을 몇 번이나 되풀이하다 보니 김익두는 약이 바짝 올랐습니다.

"저 친구는 결석도 안 하나? 남들은 감기도 잘 걸리는데 말이야."

마음속으로 그가 아프기라도 했으면 하는 생각이 들기도 했습니다. 아무래도 실력으로 그를 이기기는 어려울 것 같으니까 별별 생각이 다 났습니다. 하지만 이 조사는 아무리 추운 겨울에도 감기 한번 걸리지 않고 결석 한번 하지 않는 모범생이었습니다. 김익두는 이 조사에 대해 더욱 질시하는 마음이 일어나 한번은 문득 이런 생각을 하게 되었습니다.

"저 친구, 사고라도 나서 죽어 버리지는 않나?"

그때 김익두는 자신에 대해 소스라치게 놀랐습니다. 정말 그는 자신이 그렇게까지 악한 생각을 하리라고는 꿈에도 생각지 않았던 것입니다. 그런데 지금 자신이 마음의 살인을 하고 있는 것을 깨닫게 되었습니다.

"아니, 내가 사람의 영혼을 구원하겠다고 신학교에 와서 공부하면서 어찌 잠시나마 살의를 품을 수가 있단 말인가? 이래서야 어떻게 타인의 영혼을 인도하는 목사가 될 수 있으리오!"

그는 참으로 놀랐습니다. 자신의 악한 죄성에 대해 깊은 죄책감과 양심의 가책을 느끼고 괴로워 견딜 수 없었습니다. 그때부터 3일간의 철저한 금식기도를 시작했습니다. 물 한 모금 마시지 않고 회개하며 시기와 질투의 죄성에 대해 깊이 성찰했습니다.

3일간의 금식기도를 끝낸 후, 김익두는 교회의 성도가 선물한 흰 털 재킷 한 벌을 들고 이 조사를 찾아갔습니다.

“이 조사, 이 옷 입으라우.”

이 조사는 아무런 이유도 없이 김익두가 불쑥 내미는 흰 털 재킷을 받아 들고 영문을 몰라 어리둥절하지 않을 수 없었습니다.

“김 조사, 이 좋은 것을 왜 날 주나?”

“이 조사가 나보다 추위를 더 타는 것 같아서 주는 거야!”

김익두는 남을 시기한 죗값으로 애지중지하던 흰 털 재킷을 고스란히 내놓고 말았습니다.

아마도 김익두 목사의 이러한 성품이 그의 일생을 하나님의 도구로 쓰임 받는데 적절한 성품이 아니었나 생각됩니다.

청진 부흥집회 때 어떤 여인이 김익두 목사를 연모하여 밤중에 몰래 그의 방에 숨어 들어왔습니다. 김익두 목사는 잠에서 깨어나는 순간 버럭 소리를 질렀습니다.

“사단아, 물러가랏!”

그리고 그 여인이 도망해 버리자 이렇게 탄식했습니다.

“이 늙은 가죽이 무에(무엇이) 탐이 나서 여인네가 침범하는고. 가엾다!”

재령 거부 정찬유 장로

정찬유 장로는 당시 동양에서 건축 규모가 제일 크다고 하는 재령동부교회를 건축할 때 제반 건축비용을 거의 혼자 부담하다시피 했던 큰 부자였습니다. 명신고등학교, 병원 등을 세워 사회사업에도 큰 업적을 남긴 인물이었습니다. 당시 이북 땅에서는 은율의 이찬영 장로, 재령의 정찬유 장로라고 하면 모르는 사람이 없을 정도였습니다. 이찬영 장로는 일본의 천황으로부터 ‘선한 사업상’을 받은 사람이었고 김익두 목사의 이적을 수록한 이적명증집을 출판할 때 모든 재정을 단독으로 부담한 장로였습니다. 정찬유 장로 또한 이찬영 장로 못지않은 부자로서 하나님의 교회를 위해 많은 일을 한 사람이었습니다.

그가 젊었을 때는 너무 가난해서 행상을 하고 살았습니다. 헌 자전거를 타고 이 장 저 장을 떠돌아다니며 돈벌이를 했습니다. 점심밥 먹을 형편이 못되이서 부인이 볶아준 콩 한 움큼을 씹어 먹고 물로 배를 채워 끼니를 때우는 형편이었습니다.

어느 날 김익두 목사가 재령교회에 부흥회 인도차 왔을 때, 정찬유 씨가 김익두 목사에게 단독 면담을 요청하여 질문했습니다.

"목사님, 부자가 되고 싶은데 어떻게 하면 되겠습니까?"

"그럼, 내가 시키는 대로 꼭 할 수 있겠습니까?"

"예! 꼭 하겠습니다."

"그러면 십일조를 하십시오."

"아니 콩죽도 제대로 못 쑤어 먹는 형편에 무슨 십일조를 합니까?"

"있으면 있는 대로 하고 없으면 없는 대로 하시오. 그것이 부자가 되는 방법이니까."

"예, 그렇게 하겠습니다."

정찬유 씨는 그때부터 김익두 목사의 말을 듣고 꼬박꼬박 실행에 옮겼습니다. 그 후부터는 무슨 일을 하든지 하는 일마다 잘 되고 무슨 사업을 하든지 성공을 거두어 그의 사업이 일취월장했습니다. 남들이 버리다시피 한 돌짝밭을 사놓았더니 뜻하지 않게 일본의 큰 공장들이 들어서는 바람에 땅값이 하루가 다르게 뛰어올라 엄청난 이익금이 생겼고, 그는 거부가 되었습니다. 후일에 정찬유 장로는 그가 시무하는 교회의 담임목사가 정년퇴임하자 과수원과 기와집 한 채를 선물하기도 했습니다.

김익두 목사의 권면을 따라 말씀을 순종하고 성공한 사람들이 많았습니다.

우경신 여전도사

신천서부교회에 여전도사로 시무하던 우경신이라는 분이 있었습니다. 평양신학교와 요코하마신학교를 졸업한 우경신 씨는 조선예수교장로회가 나뉘기 전에 전국여전도회 회장을 역임한 바 있었습니다. 1948년도에 월남하여 새문안교회에 여전도사로 다년간 시무한 분입니다.

우경신 전도사의 슬하에 아들 성렬과 딸 현숙 두 남매가 있었는데, 후에 성렬은 새문안교회에 강태국 목사가 시무할 당시 덴마크로 유학을 보내어 목축학을 전공했고 현재는 브라질에서 큰 농장을 경영하고 있습니다. 딸 현숙은 동산교회 김찬주 집사의 부인으로서 성가대 반주자로 봉사하고 있습니다. 당시 우경신 씨가 공부 때문에 늦게 결혼하여 낳은 자녀들이었고 남편도 없이 두 남매를 양육하였기 때문에, 무척 자녀를 사랑하여 애지중지했습니다. 때로는 주위 사람들이 보기 민망할 정도로 끔찍이 사랑했습니다. 이런 모습을 김익두 목사도 늘 눈여겨보고 있었습니다.

어느 날 아침 김익두 목사가 심방대원들과 교회 정문 앞에서 담론하다가 짚고 다니던 지팡이를 가지고 땅에다 큰 원 둘과 작은 원 하나를 그려놓았습니다. 칠팔 명 되는 심방대원들이 호기심으로 내려다보았습니다.

"이것이 뭔지 알겠습니까?"

김익두 목사가 묻자 모두 영문을 몰라 어리둥절했습니다.

"이 큰 원 하나는 성렬이고 또 하나 큰 원은 현숙이야! 그리고 이 작은 원은 하나님입니다."

그러자 모두 그 뜻을 알아차리고 한바탕 크게 웃었습니다.

신천 송화목 큰 거리에 있는 사람들이 들리도록 웃어댔습니다. 우경신 여전도사는 하나님보다 두 자녀를 더 사랑한다는 경고의 일침을 받고 여러 사람 앞에서 잠시 무안을 당하기는 했으나, 크게 깨닫고 오히려 감사했습니다. 후에 두고두고 이 일화를 여러 사람에게 전했습니다. 딸 김현숙 집사의 시모 최하봉 권사(동산교회)와 김영현 장로는 김익두 목사의 신천서부교회 순교 현장에서 구사일생으로 살아났던 사람들입니다.

빨아놓은 이불에서 자 본 일이 없다

이 대목은 평소에 김익두 목사가 서부교회 청년들에게 종종 자랑삼아 하던 말이었습니다. 필자도 김익두 목사가 가끔 청년들과의 대화 중에 자랑삼아 하는 말을 들었습니다.

"나는 빨아놓은 이불에서 자 본 일이 없다. 어디를 가도 새 이불을 내주기 때문에 기분 좋게 잔다."

한번은 청년들이 그 말을 듣고 되물었습니다.

"정말이에요? 목사님 어떻게 그럴 수가 있어요?"

"내가 아는 것이 없지 않으냐? 나는 별로 학문을 하지 못했기 때문에 성경만 죽어라고 읽었다. 그래서 나는 성경만 잘 알고 있다. 내가 성경만 읽었기 때문에 하나님은 나를 총애하시고 내가 가보지 못한 곳이 없도록 전국 방방곡곡 구경시켜 주셨다. 만주, 중국은 물론이고 러시아까지 다 구경하지 않았느냐? 그뿐만 아니라 나는 빨아놓은 이불에서 자 본 일이 없다. 하나님께서는 나를 평생토록 새 이불에서 잠 재워 주시더라."

이 말을 할 때는 꼭 어린아이처럼 기뻐하며 하나님 자랑을 했습니다. 참으로 그의 일생은 하나님이 동행하시는 삶이었고 하나님의 영광을 위해 부름 받은 사역자의 생애였습니다.

그는 순교의 순간까지도 영광을 받은 것이 틀림없습니다. 77세의 천수를 누리고 장례마저도 인산인해로 뒤덮인 성대한 영결식으로 일생을 장식했으니, 순교자가 누리는 영광의 면류관과 함께 하나님의 지극한 사랑을 받은 복된 생애가 아니고 무엇이겠습니까?

아들자랑 딸자랑

한번은 월남했다가 다시 월북한 사람들을 통해 서울에서 열렸던 독창 경연 대회에서 딸 성낙이 1등을 했다는 소식을 전해 들었습니다. 김 익두 목사는 기뻐하며 서부교회 청년들에게 자랑한 일이 있었습니다.

"자! 내 말 좀 들어봐라. 내 큰아들은 한국에서 제일 가는 망나니고, 내 딸은 성악으로 서울에서 1등했고, 용식이는 축구로 한국에서 제일 이고, 나는 부흥사로 제일이니 사람이 무엇을 하든지 제일이 돼야 하 는 거야."

모든 청년이 이 말을 듣고 흐뭇한 감동을 받고 웃었습니다. 김익두 목사는 이따금 셋째 아들 용식을 자랑했습니다.

"용식이는 예수도 잘 믿고 성경도 많이 보고 축구도 잘하고, 무엇을 하든지 둘째는 되지 말아라."

김익두 목사는 큰아들이 회개하는 것을 보지 못하고 순교했습니다. 그가 회개했는지 안 했는지 알지 못하고 세상을 떠났으나, 그 후에 김 용식 집사의 말에 의하면 큰아들은 회개하고 주님을 잘 믿다가 별세 했다고 합니다. 김용식 집사는 잠실단지의 천광교회 집사로 봉사하고 있으며 그의 5녀 순신 양은 아버지와 함께 천광교회를 섬기다가 고모 성낙 권사의 중매로 캐나다로 출가했습니다.

"내가 불량하게 생활할 때 낳은 아들은 영육간에 아무리 애를 써도 잘 안되더니, 셋째 아들 용식이를 낳을 때는 좋은 자식 낳기 위해 기도 많이 하고 착하게 살았더니 착한 아들을 낳았다. 용식이는 무슨 말을 하던 순종을 잘한다."

김익두 목사는 이렇게 술회한 적 있습니다. 좋은 자식을 얻기 위해서 그 부모가 얼마나 하나님 앞에 바르게 살려고 노력해야 하는지를 증언한 것입니다.

제 5 부

세 편의 설교

김익두 목사와 함께 동고동락하며 그의 그림자처럼 동행하여 복음 사역을 돕던 한태선 집사의 증언에 의하면, 김익두 목사가 순교한 후 1·4후퇴로 월남할 때에 150편의 설교 원고를 땅속에 묻어두고 왔다고 합니다. 언제 다시 햇빛을 볼지 알 수 없으나 지금 보존되어 있는 몇 편의 원고를 게재하여 그의 영감 넘치는 메시지가 독자들의 가슴에 그대로 전달되기를 바랄 뿐입니다.

설교 1: 회개하라 천국이 근(近)하니라

"그때에 세례 요한이 이르러 유대 광야에서 전파하여 가로되 회개하라 천국이 가까웠느니라 하였으니 저는 선지자 이사야로 말씀하신 자라 일렀으되 광야에 외치는 소리가 있어 가로되 너희는 주의 길을 예비하라 그의 첩경을 평탄케 하라 하였느니라"(마태 3:1-17).

"전일에 우리는 아메리카 대륙이 있음을 몰랐습니다. 콜럼버스 이래에 비로소 알게 되었습니다. 이와 같이 천국이 있음을 옛날에는 몰랐습니다. 예수 그리스도 이래 비로소 천국이 있다는 것을 듣게 되었습니다. 그 나라는 신(神)이 사는 나라입니다. 옛날 요(堯) 임금에게 신하가 세 가지로 축복했습니다. 즉, 수(壽), 부(富), 귀(貴)를 축복하니 요는 기뻐하지 아니했습니다. 수즉다욕(壽則多辱, 오래 살수록 그만큼 욕됨이 많음)하고, 부즉다사(富則多事, 재물이 많으면 일도 많아짐)하고, 귀즉다난(貴則多難, 지위가 높아질수록 어려움이 많음)이라고 하니 신(神)이 또 말하기를 기수영창(其壽永昌, 수명이 길고 오래도록 번성함)하시다가 세(世)를 염(掩)하시옵거든 백운(白雲)을 타시고 제성으로 가셔서 극락하시리라 한 말을 무슨 말인고 하였더니 금일 예수교와 대조하니 꼭 맞는 말입니다.

보시오, 현하 저 서양 문명인들의 생활이 여름에는 빙실(冰室), 겨울에는 전기난로, 비단요로 빈대, 벼룩, 모기, 파리 한 마리 침입케 안하고 음식은 자양 비타민을 맞추어 잘 먹고, 피아노, 자동차를 두고 천국과 비슷하게 사는 모양입니다마는, 아무리 전기망을 벌려 놓는다 할지라도 병이란 것은 막을 수가 없습니다. 마치 그림자가 우리를 따르는 것과 방불합니다. 그러다가 오직 저 천국에 들어갈 때에만 병이란 것은 작별을 고하는 법입니다.

이런고로 천국은 우리가 사모하는 곳이요, 신앙하는 곳입니다. 우리 인간은 세 분의 자녀라 할 수 있으니, 즉 아버지의 아들, 어머니의 아들, 하늘 아버지의 아들이 분명합니다. 우리 육체라는 것은 아버지의 몸, 어머니의 몸에서 한 조각씩 모여서 된 것이요 영혼은 하나님께 온 것입니다. 그런고로 육체는 아버지 어머니를 닮은고로 해 갈수록 쪼그라져 늙습니다. 그런고로 꼭 닮았습니다. 하나, 영혼은 하나님을 닮은고로 늙지 않는 것입니다. 보시오! 백수한산 심불로라니 뉘가 마음 늙는 자를 보았느뇨. 그러므로 이 육신을 벗고, 불로(不老)하는 영혼이 장차 갈 나라이매 그 나라는 영원이요 무궁입니다.

오늘날은 참 천국이 가까웠습니다. 우리가 옛날에는 부산에서 서울 한번 내왕하려면 한 달이 걸렸습니다. 고로 서울 간다는 사람을 훌륭히 여겼습니다. 그때는 그렇게 멀던 서울이 오늘날 철도가 생겨 가까워졌습니다. 전일에는 훌륭한 사람만 서울을 다니던 것이 철도가 생김으로부터는 앉은뱅이라도 다 앉아서 서울을 구경하게 되지 않았습니까?

이제 예수의 도가 철도와 같아서 천국이 가까워진 것입니다. 불교를 보시오. 소위 극락세계 가겠다고 밤낮 수도(修道)를 하는 모양이나 자력, 인력을 가지고 보행하는 사람과 같고 유교도 그러하고 기타 종교가 다 그러합니다마는 예수교만은 성신(聖神)의 힘과 십자가의 공(功)을 가지고 가는 꼭 기차 탄 사람입니다. 고로 예수의 도라야 천국을 갈 것입니다. 도(道)라는 글자는 마음을 변화시키는 것이라야 도(道)요, 약이란 것은 병을 낫게 하여야 약입니다. 금일 인간의 내심을 완전히 변화시키는 교는 아무리 객관으로 보더라도 외타 종교에서는 보기 힘들 것입니다. 예로부터 강도가 가슴을 치고 회개하였다든가, 음녀(淫女)가 개심하고 거룩한 사람이 되었다는 예는 예수교 역사에서만 볼 수 있는 일이 아닙니까.

고로 회개할 수 있는 도가 참 도요, 참 도라야 천국을 갈 것이니 회개하라 그리하면 천국이 가까우리라 하신 말씀은 가장 합당하고 옳은 말씀입니다. 그러므로 회개의 문을 지나고야 참 도 위로 걸어 나갈 것이요, 참 도로 끝까지 가서야 천국에 이를 것이니 곧 천국에의 제 일보는 회개입니다. 출발점이 회개요, 종지점이 천국입니다. 그래서 회개를 시작하는 시간이 천국에 가까워지기 시작되는 시간이 아니겠습니까? 신자로서 천국을 바라지 않는 자 없을 줄 압니다. 그러나 믿은 지가 아무리 오랠지라도 진정한 회개 없이 교회에 다니는 이가 많습니다. 대단히 위태한 것이니 부디 회개하시오. 회개는 천국 가는 걸음임을 확실히 깨달읍시다.

설교 2: 신자의 즐거움

"주 안에서 항상 기뻐하라 내가 다시 말하노니 기뻐하라"(빌 4:4).

동양 성현의 말씀에 세 가지 즐거움이 있다고 했으니, 위로 하나님을 섬겨 두려워 아니하고 아래로 사람에게 부끄러움 없음이 첫째 즐기움이요, 부모와 형제가 구비하여 있음이 다른 하나의 즐거움이요, 천하의 영재를 많이 교양하는 것이 또 다른 하나의 즐거움이라는 것입니다. 이와는 달리 믿는 자에게는 믿지 않는 자가 깨닫지 못하는 즐거움이 여덟 가지가 있습니다.

1. 감응의 즐거움(感應之樂)

이것은 하나님이 우리의 기도를 들으시는 즐거움입니다. 어느 나라 백성이든지 그 백성이 그 임금에게 상소하여 그 상소에 응답해 주면 그 백성의 즐거움은 비할 수 없을 것입니다. 하물며 천지의 대주재가 되시는 하나님께서 그 기도를 들으시사 응답해 주시면 그 즐거움이야 무엇으로 비교할 수 있겠습니까?

옛날에 어떤 임금이 7년 동안 비가 오지 않으므로 자기를 낮추고 하나님께 잘못된 것을 자복하고 구했습니다. 이에 응답이 있어서 비가 내릴 때, 그 임금은 비가 오는 것보다 자기의 기도에 하나님께서 응답해 주신 것을 얼마나 즐거워했겠습니까? 임금으로서 자기의 기도를 들어 주신 것을 즐거워했다면, 하물며 우리의 기도를 믿는다는 그것으로 들어주실 때에 그 즐거움을 다 말할 수 있겠습니까? 이에서 더 크고 영광스럽고 즐거운 일이 어디에 있겠습니까? 실로 이것은 신자의 가장 즐거워해야 할 것이요, 권위가 되는 일입니다.

성경을 보면 히스기야 왕이 밤을 맞도록 눈물을 흘리며 기도한 결과 앗수르 대왕의 수모를 면했을 뿐만 아니라 변하여 즐거움이 되었으니 이는 감응의 즐거움입니다. 모르드개와 에스더도 기도하여 하만의 화를 면하고 슬픔이 도리어 즐거움이 되었으며 근심이 변하여 즐거움이 되었으니, 이것도 감응의 즐거움입니다.

우리도 어려운 일 당할 때에 기도함으로써 어려운 일이 변하여 즐거운 일이 되도록 합시다.

2. 도미(道味)의 즐거움이다

유치한 교인은 성경의 맛을 몰라 권면에 이기지 못하여 몇 장 보는 것도 무슨 말인지 모르고 보지만, 성경의 그 보는 이치를 성령의 감화로 깨달을 때에 그 말씀은 꿀송이보다 더 달고 정금보다 더 귀한 것입니다(시편 19편). 실로 우리에게 영화를 받게 하고 윤택하게 하여 힘을 주시고 장성케 하며 영생케 하는 것이 성경 말씀입니다. 하나님의 성경을 알게 되면 하나님의 경륜을 알게 되고 하나님의 능력을 깨닫게 되면 하나님의 지혜를 배우게 됩니다. 이것이 곧 성경입니다.

사람은 지혜가 높고 학문이 높은 사람에게서 그 말하는 바를 듣고자 합니다. 들을 때에 유쾌함이 있는 것입니다. 그렇다면 하물며 지혜가 우주에 충만하고 무소부재(無所不在)하신 하나님의 교훈이 어찌 인간의 즐거움을 이루지 못하겠습니까?

그러나 성경에 취미를 붙이지 못한 이는 맛이 없다고 합니다. 이것은 예컨대 앓고 있을 때는 단 꿀이 입에 쓴 것과도 같습니다. 그 꿀이 쓴 것이 아니라 입맛이 없는 연고입니다. 이와 같이 성경 말씀 자체가 재미없는 것이 아니라 그 사람의 믿음이 병들어서 재미가 없게 된 것입니다. 그러므로 성경이 재미가 없다는 사람은 반성하여 다시 도미(道味)의 즐거움을 얻기 바랍니다.

3. 극기(克己)의 즐거움이다

혹은 풍금을 치며 즐겁다 하고 아름다운 여자를 보고 즐겁다 하며 혹은 이기고 즐겁다 하지만, 오직 신자는 자기 마음속에 있는 원수를 이기는 즐거움이 가장 큰 즐거움인 것입니다. 원수가 무엇입니까? 곧 교만입니다. 이 교만은 자기를 지옥으로 이끌고 뭇 사람에게 미움을 받게 하는 것입니다. 교만으로 사람을 업신여기면 업신여기는 대로 몇 배를 거둘 것은, 그가 그것을 심었기 때문입니다. 이 교만을 이기고 겸손한 자리에 앉게 되면, 나보다 나은 사람에게는 모든 것을 배워 지혜 있는 자가 되고 나보다 못한 자에 대하여는 불쌍히 여기며 위로하고 도와주게 되니, 하나님 앞에 가도 설 만하며 뭇사람에게도 대접받을 만한 것을 이루었으므로 즐거움이 되는 것입니다.

또 자기에게 있는 음욕을 이기는 즐거움이 있습니다. 뭇사람이 음란한 바다에 빠져서 눈은 여자와 더불어 노는 것으로 범죄하고 귀는 더러운 소리를 듣는 것으로 영혼을 더럽게 하며 정신과 마음과 생각과 뜻이 음란한 일에 빠져 쉬지 않고 죄를 짓는 것이 마치 구더기가 더러운 속에서 춤추며 즐거워하는 것과 같이 행동하는 때, 이 일을 분토같이 여기고 그들을 불쌍히 여겨 구원하고자 하는 마음을 일으키면 비록 땅에서 먹고 입지만 이는 하나님 나라에 있는 천사와 같이 거룩한 삶이며 할렐루야 찬송할 즐거움인 것입니다.

4. 교인을 양성하는 즐거움이다

신자가 다른 사람을 주께로 인도하고 가르치는 것이 겉으로 보기에는 쉽고 아무 재미없는 것 같으나 그중에는 즐거움이 있는 것입니다. 비유하면 부인이 아기를 많이 낳아 기르는 수고가 많으나 그 즐거움은 날로 더하여 그 어린이의 날로 자라는 것을 볼 때 수고를 모두 잊어버리는 것입니다. 남을 인도하는 자도 그 교인이 어린이의 상태에서 변하여 장성하여 가는 것을 볼 때 그 재미는 자녀를 키우는 부인의 즐거움과 같은 것입니다. 얼마 전에 찬미를 못 하던 교인이 찬미를 하게 되는 것을 볼 때, 기도를 못 하던 교인이 기도하게 될 때, 성경으로 남을 가르치게도 되고, 직분이 무엇인지도 모르는 교인이 믿어 중한 직분을 받아 하나님을 영화롭게 하는 것을 볼 때, 그리하여 하나님께 영광을 돌리는 즐거움은 가히 비할 것 없이 큰 것입니다.

5. 환난 안위의 즐거움(患難安慰之樂)

신자가 주를 위하여 환난을 받게 될 때에, 신자는 그 중에서 사람들이 알지 못하는 즐거움을 맛보는 것입니다. 바울이 옥에 갇혔을 때 즐거워한 것은 다름이 아니라, 다른 죄인들은 죄로 인하여 옥에 갇혔지만 자기는 주의 도리를 위하여 갇혔으므로 그 욕이 도리어 상이 될 것을 즐거워했으며, 그 고난은 인내를 낳고 인내는 연단을 낳아 소망이 부끄럽지 아니할 것을 즐거워했으며, 그 고난으로 복음이 더욱 증거됨을 인하여 즐거워했으며, 그 고난으로 인하여 남이 고난을 당할 때 속히 위로할 만한 자가 될 것이므로 즐거워했던 것입니다. 우리도 환난 중에 즐거움이 있음을 깨달을 것입니다.

6. 영생의 즐거움(永生之樂)

사람들이 가장 슬퍼하며 가장 두려워하는 것은 죽음입니다. 이 죽음은 죽은 후에는 영영 없어지는 것으로 생각하기 때문에 두려워하는 것입니다. 그러나 믿는 자는 요한복음 3장 16절의 말씀을 믿고 믿음으로 세상을 떠나면 이 세상보다 억만 배나 더 나은 영생이 있음을 알아 즐거워하는 것입니다. 이 영생은 이 몸을 벗은 후에 영혼, 곧 속사람, 다시 말하면 정신과 마음과 뜻과 성품이 이 몸을 벗어나서 하나님 계신 곳에 가서 괴로움 없이 평안함이요, 슬픔 없이 즐거워하는 것이며 병 없고 건강하며 죽음이 없고 영영 사는 것입니다. 또 밤이 없고 낮뿐이며 원수가 없고 사랑만 있는 곳에서 무궁토록 그 영화를 누리는 것으로, 이 어찌 즐겁다 하지 않겠습니까? 그러므로 신자는 죽는

것을 마치 배를 타고 먼 바다를 건너가 고향에 내리는 것 같이 생각하
는 것으로 즐거움을 느끼는 것입니다.

7. 주님과 동행하는 즐거움

천한 사람이 귀한 사람과 같이 있는 것을 즐겁다 하며 어진 친구를
만나 같이 있는 것을 즐겁다 한다면, 신자가 하나님의 아들과 같이 있
게 되는 즐거움을 어찌 다 말할 수 있겠습니까? 다니엘이 사자굴에
갇혔을지라도 주께서 사자의 입을 봉하여 해롭게 못할 때 비록 사자
굴에 있었지만 그 즐거움은 말할 수 없었을 것입니다. 다니엘의 친구
세 사람이 비록 불화로 가운데 던진 바 되었을지라도 주님이 같이 하
셔서 불이 그들을 해하지 못할 때, 그 즐거움은 말할 수 없었을 것입
니다. 사도 요한이 밧모섬에 정배 갔을지라도 주께서 같이 하시고 계
시(啓示)를 보여주시는 때, 그 즐거움은 말할 수 없었을 것입니다.

이와 같이 우리도 어떠한 때를 막론하고 주님께서 같이하셔서 혹
암시로 성경의 교묘한 이치를 알게도 하시고 말할 수 없는 깊은 이치
를 보여주시기도 하시며 강론할 좋은 제목을 알려 주시기도 하고 실
수할 것을 붙들어 실수 못하게도 하시며 잘못하면 통회하는 마음도
주시며 우리 소망되는 하늘나라를 보여 알게도 하시는 때, 그 즐거움
이야말로 어떠하다고 말할 수 있겠습니까? 주와 같이 동행하면 무엇
이 두려우며 무엇이 부족하겠습니까? 신자에게는 이에서 더한 즐거
움이 없는 것입니다.

8. 만물을 관할하는 즐거움

사람이 만물을 볼 때 꽃이나 초목이 무성하고 만발할 때에 그 나타
나는 빛을 보고 좋다고 하지만, 그보다 더 오묘막측한 것은 모든 꽃
이 땅에 올라오는 것으로 각각 그 유를 따라 빛이 다르며 나무는 각각
유를 따라 별스럽게 된 것과 모든 실과는 그 유를 따라 각각 맛이 다

른 것입니다. 짐승은 그 유를 따라 모양이 다르며, 바다에서 물을 끌어 올려 구름을 만들고 비를 주시는데 폭포와 같이 하지 않으시고 방울방울이 내려 초목에 해(害)를 주는 일이 없이 유익하도록 한 것이며, 추울 때는 얼음장으로 내리지 않고 백화 모양의 눈을 내려 상치 않도록 하십니다. 또 일월성신을 궤도에 따라 운행하시며 인생에게 가장 특별한 지혜를 주시어 만물의 영장이 되도록 하신 것으로, 이것이 어디서 온 것을 깨닫지 못하는 자는 무미하게 보지만 오직 신자는 대주재 되시는 우리 하나님 아버지의 주장이심을 깨닫는 동시에 모든 물건을 볼 때 찬송치 아니할 것이 없고 그 지혜와 공의와 능력과 절제를 배우지 않을 것이 없으며 감사함이 심중에 솟아나는 즐거움으로 가득한 것입니다.

9. 이 즐거움은 수고가 지나간 후에 오는 즐거움

기도하는 수고가 없이는 응답의 즐거움이 없을 것이고, 성경을 상고하는 수고가 없이는 십자가 도에의 낙이 없을 것이고, 진기를 이기려고 하나님 앞에 직고하는 수고가 없이는 극기의 낙이 없을 것이고, 순복하는 수고가 없이는 동행의 낙이 없을 것이고, 주를 위하여 핍박받는 수고가 없이는 환난안위의 낙이 없을 것이며, 성령의 감동시킴을 따라 수고함이 없이는 영생하는 즐거움을 깨닫지 못할 것이고, 만물을 연구하는 수고 없이는 관할의 낙도 없을 것입니다. 이 즐거움을 보고자 할진대, 수고를 아끼지 말고 즐거움으로 지내시기를 바랍니다.

설교 3: 성령의 세례

"해 받으신 후에 또한 저희에게 확실히 많은 증거로 친히 사심을 나타내사 사십 일 동안 저희에게 보이시며 하나님 나라의 일을 말씀하시니라 사도와 같이 모이사 저희에게 분부하여 가라사대 예루살렘을 떠나지 말고 내게 들은 바 아버지의 약속한 것을 기다리라. 요한은 물로 세례를 베풀었으나 너희는 몇 날이 못되어 성령으로 세례를 받으리라 하셨느니라"(사도행전 1:3-5).

주님은 30년간을 인륜을 배워 지키시고 3년간은 하나님의 말씀을 전파하셨습니다. 그 때에 수종자는 많았으나 끝까지 수종한 자는 120명인 줄 압니다. 평소에 주를 따른 자는 그 이적과 기사를 본 연고입니다. 그러나 십자가의 고통이 찾아올 때는 수종 들던 자들이 다 흩어졌습니다. 베드로도 가고 요한도 물러갔습니다. 주님은 전 세계를 구원할 책임을 그 제자들에게 맡기려 할 때에 다른 말씀하시지 않고 다만 예루살렘을 떠나지 말라 하시고 또는 아버지의 허락을 기다리라 하셨습니다.

성령의 세례 받지 않은 교회는 아무리 교회 건물이 장엄하고 음악의 설비가 야단스러워도 소용없는 것입니다. 성령의 세례를 받아야 참 교회가 되는 것입니다. 예수의 원수는 미신자보다 신자 중에 많은 것입니다. 성경을 모르는 자보다 성경을 잘 아는 자 중에 있는 것입니다. 예수님 당시 성경학자이던 바리새인이 예수를 십자가에 못 박아 죽인 것을 보십시오. 근대에 있어서도 신학자가 예수를 반대하지 않았습니까? 요한복음 14장을 보면 예수님이 말씀하시기를, 내가 가서 보혜사를 보내겠다고 하셨습니다. 우리 예수교의 특색은 성령의 세례 받는 것입니다. 유교나 불교에도 도덕적 방면은 좋으나 성령의 세례 받는 것만은 우리 예수교에만 있는 복된 은총의 특권입니다.

그러면 성령의 세례란 무엇일까요? 원산 어떤 곳에는 기도하는 여인이 있다고 합니다. 그 여인은 성령을 받았노라고 돌아다니며 별소리 다하면서 사람을 유혹한다는 것입니다. 그 여인은 공교하게 사람을 만나면 사람의 지나간 일을 말한다고 합니다. 이것은 무당도 하고 사주(四柱)장이도 하는 일입니다. 그런데 어리석은 사람들은 그런 것을 보고 성령 받은 자로 알아 미혹 받는다고 하니 어찌 한심한 일이 아니겠습니까? 이제 성령의 세례 받는 일을 말하려고 합니다. 성경에 성령은 불, 물, 바람, 비둘기, 기름 등의 여러 가지 말씀으로 비유하여 기록되어 있습니다.

1. 불의 성령

불에 두 가지 특성이 있습니다. 첫째로 불은 광명한 빛을 가지고 있습니다. 그러므로 성령의 불 세례를 받은 자는 빛 가운데 있게 되어 하나님을 알고 예수를 알며 자기 죄를 알고 영생을 알며 부활을 알게 되는 것입니다. 불이 없는 곳에는 흑암뿐입니다. 그러므로 세인들은 천문과 지리는 통달하면서도 하나님은 모릅니다. 천국도 모르고 지옥도 모르는 것입니다. 이와는 달리 성령의 불 세례 받은 자는 자연과학은 모를지라도 하나님은 분명하게 의심 없이 알게 됩니다.

둘째로, 불 세례를 받으면 열이 생기는 것입니다. 나는 예수를 믿은 지 2개월 만에 확실히 성령을 받았습니다. 나는 눈물 속에서 몇 날 동안 주야로 통회의 생활을 했습니다. 드디어 나는 완전히 세상과 작별하게 되고 전에 좋아하던 것과 시원히 절연하게 되었습니다. 그 다음부터는 남을 사랑하는 뜨거운 눈물이 있게 되고 남을 사랑하는 뜨거운 사랑이 있게 되었습니다. 하루는 주일인데 집에 돌아온즉 나의 어머니는 바느질을 하고 계셨습니다. 그때 나는 가슴이 아파 견딜 수 없어서 눈물을 흘리며 울었습니다. 어머니가 왜 우느냐고 하셨습니다. 나는 대답으로 "어머니 오늘이 무슨 날입니까?" 했더니 어머니는 "내가 하지 않을 터이니 울지 말아라" 하셨습니다. 또 나는 아내가 잘못할 때에 전 같으면 완력으로 제재했을 것이나 아내를 향하여 울게 되었습니다. 이렇듯 나의 마음에는 불이 일어나게 되었습니다. 교인이 잘못하는 것을 보면 눈에서 눈물이 나서 견디지 못하게 되었습니다. 에레미야가 왜 울었습니까? 죄 중에 사는 그 민중을 볼 때 속에서 불이 일어났던 까닭이 아니겠습니까? 그러므로 성령의 세례를 받게 되면 이런 뜨거운 불이 마음속에 붙게 되는 것입니다.

2. 비둘기의 성령

비둘기는 순한 것을 의미합니다. 예수님은 순하기가 비둘기 같으십니다. 그러므로 예수교인도 순해야 합니다. 서양 격언에 설교는 사자같이 하고 남을 해하는 데는 비둘기같이 하라고 했습니다. 사도 바울은 종교가이면서도 교회를 박해하고 혈기로써 사람을 해하며 별별 잔인한 일을 기도하였습니다. 그러나 성령 받은 후에는 맞아 죽는 경우에 이를 때에도 경찰에게 의뢰하지 않고 고소 한번 않고서 다시 일어나서는 또 전도하러 나갔습니다. 각 교회가 저만 잘한다고 뽐내지만, 성령을 받게 되면 즉석에서 겸손하여지는 것입니다. 욕을 먹을 때, 좋지는 않다마는 같이 욕은 하지 않게 됩니다. 매 맞을 때에 같이 대항하지 않게 되는 것입니다. 내가 전도지를 행인에게 주면 보통 거절하면서 받지 않습니다. 그래도 기어이 전하면 노해서 담뱃불이 뻘건 담뱃대로 때리는 일도 있습니다. 그래도 쫓아가면서 주면 전도지를 받아 코를 풀어 버립니다. 나는 그때 기도하기를 '하나님, 저런 코는 썩어지게…' 하다가 '아! 하나님 잘못했습니다!'하고 회개했습니다. 말 한마디라도 실수하고는 아파서 견디지 못합니다. 예수께서 말씀하시기를 나는 온유하고 겸손하니 나를 배우라고 하였으니, 이는 비둘기 같은 성령의 소리입니다.

내가 제일 무서워하는 것은 교만입니다. 기도 많이 하면 교만해지고 성경 많이 보면 교만해집니다. 나는 신구약 성경 연 3회 통독하는데 그것으로 자만하지 못하겠습니다. 엘리야가 '주여! 나만 남았습니다'고 하였으나 주님은 7000명을 남겨두셨다고 했습니다. 그러므로 신앙에 있어서 교만이 무서운 것입니다. 한국교회가 장로파니 성결파니 감리파니 하고 서로 업신여기는 것은 구원이 떠난 증거라 할 수 있습니다. 미국은 서편에 있으나 동으로부터 가는 것과 같이 천국은 위에 있습니다. 그러나 천국에 가는 길은 아래로 내려가는 것입니다. 낮아지고 낮아지고 하는 그곳에 천국의 영광이 빛나는 것입니다. 다윗이나 솔로몬은 제일 은혜 받았을 때 실패하였습니다. 설교 잘한다, 찬송 잘한다 칭찬 받을 때에 교만죄에 떨어지기 쉬운 것입니다. 승리했다고 자력을 믿는 것이 교만이란 죄의 장본입니다. 비둘기의 성령은 온유와 겸손인 것입니다.

3. 물의 성령

물은 정결케 하는 것입니다. 성경에 성령을 물과 같다고 하였습니다. 세상에 제일 괴악한 죄는 음란한 죄입니다. 성령의 물 세례 받은 자는 범죄할 경우에도 요셉과 같이 범죄하지 않게 됩니다. 이는 성령이 그의 마음을 주관하게 되는 까닭입니다.

4. 바람의 성령

바람에는 사람의 눈으로 볼 수 없는 능력이 있는 것입니다. 그러므로 바람은 성령의 능력을 의미합니다. 성령의 세례 받는 자에게 신비한 능력 두 가지가 있습니다. 하나는 자기 죄를 이기는 능력입니다. 일곱 가지의 죄를 이기는 승리하는 능력입니다. 가나안의 7족을 멸하는 능력입니다. 외부의 죄뿐 아니라 내부의 죄까지 승리하는 능력입니다. 또한 마음을 변화시키는 능력입니다. 사람의 마음은 도덕적으로나 수완으로 개혁하지 못합니다. 그러나 성령이 임하시면 개혁이 생기는 것입니다. 바람이 한번 지나가면 동서남북을 진동하는 것과 같이, 성령의 바람이 한번 불어오면 전 가정과 전 교회 및 전 사회가 크게 변동되는 것입니다.

5. 기름의 성령

이 집회에 오신 여러분! 성령의 세례를 받으면 세계라도 두려울 것이 없습니다. 이제 우리는 조선 사람됨을 불행으로 생각지 맙시다. 할 일 많은 곳은 조선입니다. 그러므로 우리는 이 일을 감당하기 위해 성령의 세례를 받아야 하겠습니다. 이제 성령의 세례를 받기 위해 기도합시다. 예루살렘을 떠나지 말고 아버지의 허락함을 기다립시다. 주의 제자들은 10일간을 떠나지 않고 기도하였습니다. 우리도 이 자리에서 성령을 확실히 받을 증거가 있기까지 기도합시다.

성령 받은 동기는 추호만 한 죄라도 범하지 않고 성결한 생애에서 활약하는 그것입니다. 성령을 받으려 할 때 무슨 신비를 구하려고 하지 말 것입니다. 인도의 선다싱처럼 이상한 신비를 구하려다가 탈선되는 자가 많습니다. 성경에 기록된 말씀 외에 무슨 다른 진리가 있겠습니까? 성경에는 무엇이든지 기록되어 있습니다. 부족된 것 조금도 없습니다. 자기 영광을 받으려고 성령을 구하지 말 것입니다. 사도 바울은 성령 받았으므로 모든 고생, 모든 핍박, 모든 환난, 끝으로 죽음도 감당할 수 있게 된 것입니다. 그러므로 성령 받은 사람은 이 고난과 박해를 두려워하지 않고 복음을 전하기 위해 기쁨으로 나아가게 되는 것입니다. 우리는 성령의 세례 받아 사명을 감당하여 봅시다.

증언의 말씀

이 책은 사실(寫實)하고 진실(眞實)하고 신실(信實) 합니다. 나는 김익두 목사님의 증인으로서 이 책에 대한 증언을 합니다. 이 책은 추호의 거짓도 없고 보탬도 가감도 없습니다. 역사적인 사실 그대로를 정직하고 솔직하게 저술하였습니다.

그러므로 나는 이 책에 대하여 분명하게 증거합니다.

한춘근 박사님은 나의 아들과도 같은 목사님으로서 신천서부교회에서 5년 동안을 하루 같이 동고동락하며 살았습니다. 때문에 우리 사이에는 비밀이 없었습니다. 한 목사님의 생각이 곧 나의 생각이었고 나의 사상은 곧 한 목사님의 사상이었습니다. 마침 나와 김익두 목사님의 호흡이 동일했던 것과도 같았습니다.

한춘근 박사님은 책벌레로 교회 안과 밖에 그 소문이 나 있었고 또한 신앙이 돈독하여 자아비판을 거부하다가 퇴학을 맞을 뻔하기도 하였고 정치보위부에 잡혀가 죽을 뻔하기도 하였고 월남하다가 고문을 당하기도 하였고 인민군에게 끌려갔다가 삼팔선에서 도주하여 오기도 하였습니다. 때문에 김익두 목사님은 한춘근 목사님을 눈여겨 봐 오다가 마침내 평양신학교에서 자비로 공부시키려고까지 하였던 것입니다.

김익두 목사님은 한춘근 목사님을 무척 사랑하고 총애했습니다. 한춘근 목사님이 인민군에 나갔다가 도피하여 온 것을 김익두 목사님은 사택에서 10미터도 되지 않는 유치원 2층에 숨겨놓고 망을 보아주었습니다. 만일에 그것이 발각이나 되었더라면 김 목사님은 어떻게 되셨겠습니까?

그래서 한춘근 박사님을 오늘에 이르도록 하나님께서는 보존하여 두셨다가 김익두 목사님의 순교사화(殉敎史話)를 쓰게 하신 것으로 믿습니다.

한춘근 박사님과 나는 쌍벽을 이루고 김익두 목사님에 대하여 증언을 합니다.

김익두 목사님과 나는 옛날부터 잘 아는 사이였습니다. 한창 김익두 목사님이 부흥회를 하면서 전국을 누비고 있을 때 김 목사님은 나를 데리고 다니며 독창을 시키곤 하였습니다.

해방 이후에 신천서부교회에서 다시 김익두 목사님을 만나게 되었고 그때부터 김 목사님의 비서 노릇을 했습니다. 모든 결정은 나와 의논해서 하셨고 토요일이 되면 김익두 목사님과 나는 마주 앉아 설교를 기록했습니다. 김 목사님은 설교를 하고 나는 그것을 받아서 썼습니다. 1·4후퇴로 피난 나올 때 단지 속에 150편의 설교를 넣어 땅에 묻고 왔습니다.

평양 만경대 노동절 경축식 때에도 강양욱이가 신천에 왔다가 간 다음에 평양에 정말 갈 것인가? 가지 말 것인가? 간다면 무어라고 연설할 것인가? 에 대하여 김 목사님은 나와 의논하고 기도하고 결정하였던 것이며, 만경대 식장에서도 나는 주석단의 단 바로 앞에 자리하여 앉았었고 김일성을 비롯하여 김두봉, 최용건 등의 연설과 김익두 목사님의 연설 내용 시종을 눈앞에서 똑똑히 들었습니다. 이 책에 기록된 사실에 일푼의 가감도 없습니다. 강양욱과 김익두 목사님과의 관계도 나는 너무 잘 알고 있습니다. 그 내용은 두말할 것도 없이 이 책의 기록과 같습니다.

나는 이 책을 보고 놀랐습니다. 한춘근 박사님이 어떻게 이렇게 정확하게 모든 것을 알고 있었을까? 하고…….

그래서 한춘근 목사님에게 녹음과 원고와 자료를 다 제공하였습니다.

진실로 한춘근 목사님께 감사를 드립니다.

한국 기독교 100년사를 돌이켜 보며 과연 김익두 목사님과 같은 분이 언제 또 일어날 것인가 하고 고개 숙여 그분을 추모하며 기도합니다.

한국교회는 김익두 목사님의 신앙을 표본으로 삼고 그의 숭고한 순교를 본받아 제2세기의 선교 한국을 빛내 주시기를 바랍니다.

천호동 기슭에서 한태선

증인 한태선 장로와의 관계

김익두 목사 생전의 증인 한태선 장로는 김익두 목사를 그림자처럼 따라다니며 그의 복음 사역을 돕던 동역자였습니다. 신천서부교회를 섬기던 당시에는 집사로서 김익두 목사의 비서 역할을 전담하여 그의 사생활은 물론, 교회의 대소사까지도 항상 함께 의논하고 결정하는, 김익두 목사에게는 없어서는 안 될 신실한 동역자였습니다. 설교 원고를 정리하고 교회 행정을 도맡아 하다시피 하고 특별히 음악에 재능이 있어서 찬송을 썩 잘 불렀습니다. 김익두 목사가 부흥회를 인도할 때마다 동행하여 부르게 하였는데, 마치 세기적 부흥사 무디를 도와 영감의 찬양을 불러 수많은 성도들에게 은혜를 끼쳤던 생키를 연상케 하는 분이었습니다.

한태선 장로는 1·4후퇴 때 마산으로 내려가 창신공업고등학교 교감을 지내면서 신마산교회의 집사로, 전도사로 8년간을 봉사하였고 그 후에 상경하여 서울 새문안교회에서 장로 장립을 받았습니다. 후에 천호동 광성교회를 창립(김창일 목사 시무)하여 오늘의 부흥된 교회를 세웠던 것입니다.

한태선 집사(당시)는 황해도 송화에서 민족의 지도자 조만식 선생이 이끄는 조선 민주당 군당을 조직하고 남한의 조병옥 박사, 원세호 씨, 서상일 씨, 송진우 씨, 허정 씨 등과 연계하여 민족 통일을 위해 활약하면서 38선을 무려 17회나 왕래한 분입니다. 그는 공산당으로부터 황주의 깊은 산골로 가서 살라는 이주 명령을 받고 한동안 그곳에서 살다가, 도저히 살 수가 없어서 신천서부교회 근처에 살고 있던 누님 한태복 집사를 찾아왔다가 김익두 목사와 다시 상봉하게 되었습니다. 그러나 그는 곧 체포되어 정치보위부에 연행되어 조사받고 40일 동안이나 갇혀 있다가 김익두 목사에 대한 모든 동태를 일일이 보고한다는 조건으로 석방되었습니다. 그러나 그가 공산당에게 무엇을 보고할 수 있겠습니까? 그가 도무지 시간이 지나도 아무런 도움이 될 만한 정보를 보고하지 않으므로 공산당에서는 다시 한태선 씨를 불러 다그쳤습니다.

"왜 아무 보고를 않는 게요?"

"앞으로는 하겠습니다."

"무슨 정보라도 좋으니 그동안 활동에 대해 보고하시오."

"예, 미군기가 날라오면 모든 교인들은 예배당에 모이라고 김익두 목사가 광고하였습니다."

"그것 말고는 없습니까?"

"없습니다."

한태선 집사는 김익두 목사가 순교하던 그날까지 그의 손발이 되어 협력했으며 어디를 가든지 동행했고 무슨 문제라도 함께 의논하던 관계여서 두 분 사이에는 따로 비밀이 없었습니다. 매주 토요일마다 두 분은 마주 앉아서 김익두 목사가 설교를 하면 한 집사는 설교 원고를 기록했습니다. 후일 한태선 장로의 증언에 의하면, 김익두 목사의 설교 원고 약 150편을 땅속에 감춰두고 월남했다고 합니다. 멀지 않아 통일이 되면 햇빛을 볼 날이 있을 것으로 기대합니다.

1·4 후퇴 당시 슬하의 6남매 중 3남매만 데리고 피난하여 아래로

남겨 놓고 온 3남매는 이북 땅 어디에서 어떻게 살고 있는지 알 길이 없으니, 생각만 해도 가슴 아픈 일이 아닐 수 없습니다. 한태선 장로는 평양만경대 노동절 경축식장의 김익두 목사의 연설 가짜 녹음테이프 사건의 살아있는 증인입니다.

아버님 순교사 발간에 즈음하여

저는 고(故) 김익두 목사님의 삼남 김용식입니다.

아버님 순교사화가 한춘근 목사님의 손을 통해 출간되는 것에 대해 저의 온 식구들은 기쁨을 가누지 못하고 있습니다. 저는 열두 살 때 아버님을 떠나 공부하며 축구공만 찬 사람으로서 아버님에 대하여서는 잘 모릅니다.

그런데 한춘근 박사님께서 순교현장을 목격하고 사실 그대로 세상에 알려 주시는 데 대해 고마움을 금할 길 없습니다. 한춘근 박사님은 해방 후 사변 때까지 5년 동안을 신천서부교회의 한 울타리 안에서 같이 살면서 아버님의 일거수일투족을 눈여겨 보았고 그래서 아버님을 자세히 아시는 유일한 증인입니다. 그래서 저는 한춘근 박사님이 아버님 순교집을 기록하시는 일에 가장 적절한 작가라고 인정하고, 사진과 녹음과 필요한 자료를 제공하여 협조하였습니다. 우리 삼 형제가 다 목사가 되려고 하지 않아서 아버님께서는 아들 대신에 자비로 여덟 명의 목사를 길러냈던 것인데, 아홉 번째로 한춘근 박사님을 택하여 5년 동안을 슬하에 두셨습니다. 그래서 한춘근 박사님은 이북에서 5년간 지내신 아버님의 보이고 안 보이는 모든 세계를 아들처럼 알고 계셨고 또 순교하시던 그 당시 그 순간에도 내내 같이 거동하셨습니다.

또 아버님의 비서 역할을 하였던 한태선 장로님께서 평양 만경대 노동절 방송 사건과 관련하여 시종 아버님과 동행한 증인으로 이 순교집에 녹음과 자료를 제공하여 주신 데 대해 감사를 드립니다.

저는 오직 공밖에 몰랐던 사람이고 아버님은 오직 양 떼밖에 몰랐던 분이십니다. 제가 믿기는 아버님은 어머님보다도 아들딸들보다도 오로지 하나님만을 믿고 사랑하고 섬겼던 분으로 알고 있으며, 그래서 저는 아버님을 존경하고 추앙하고 있습니다. 목사가 되지 못하였던 것이 아버님께 죄송하지만, 대신 한춘근 목사님께서 아버님의 전기를 기록하여 주신 데 대하여 다시 한번 감사를 드립니다.

이 책을 읽으시는 여러분들에게 큰 은혜가 있으시기를 바라며 한국 교회 백년사와 함께 아버님의 업적이 알려지게 되기를 두 손 모아 기도드립니다.

　　김용식 올림

김익두 목사 연대표

1874. 11. 3	(1세)	황해도 안악군 대원면 평촌리에서 출생
1880.	(6세)	서당 입당
1890.	(16세)	과거 응시, 낙방
1891.	(17세)	부친 별세
1892.	(18세)	결혼, 상업 시작
1894.	(20세)	불도 입문, 방랑생활
1900.	(26세)	회심, 금산교회 입교
1901. 4.	(27세)	세례 받음(소안론 선교사)
1902. 10.	(28세)	재령교회 전도사 부임
1903.	(29세)	신천서부교회 개척
1906.	(32세)	평양신학교 입학
1911.	(37세)	평양신학교 졸업
1912. 12. 5	(38세)	목사 임직
1913.	(39세)	신천서부교회당 건축
1914.	(40세)	부흥사로 전국 순회, 이적 시작
1920.	(46세)	8회 총회 부회장
1922.	(48세)	9회 총회장, 남대문교회 부임
1926.	(52세)	남대문교회 위임목사
1927.	(53세)	남대문교회 사임
1935. 7. 8	(61세)	숭동교회 8대 당회장 부임
1938.	(64세)	종로 경찰서 투옥, 고문
1938. 7. 10	(64세)	숭동교회 사임 (일경에 의해 강제 면직)
1938. 12. 28	(64세)	황해도 직전리로 이주 (일경에 의해 목사직 박탈)
1945. 8. 15	(71세)	직전리교회 부임
1946.	(72세)	신천서부교회 부임
1950. 10. 14	(76세)	순교 (신천서부교회에서 인민군에 의해 피살)
1950. 11. 29	(76세)	장례식